.

中国低碳发展宏观战略丛书 · 领域篇

解振华　张　勇　主编

中国低碳发展
公众参与战略研究

李国平　等　著

人民出版社

中国低碳发展宏观战略研究项目领导小组：

组　长：解振华　张　勇
副组长：张少春
成　员：杜占元　宁吉喆　刘世锦　李　扬　谢克昌
　　　　朱善璐　陈吉宁

中国低碳发展宏观战略研究项目专家委员会：

主　任：厉以宁　杜祥琬
成　员：郑新立　刘燕华　章新胜　冯之浚　刘　伟
　　　　牛文元　何建坤　王一鸣　薛　澜　李晓西
　　　　樊　纲　李京文　李俊峰　蔡洪滨

中国低碳发展宏观战略丛书编委会：

主　编：解振华　张　勇
编　委：（按姓氏笔画排序）
　　　　田成川　华　中　孙　桢　苏　伟　邢佰英
　　　　李　高　陆新明　姚　薇　蒋兆理　谢　极

中国低碳发展公众参与战略研究课题：

负责人：李国平
成　员：赵成根　刘　丽　石敏俊　孙铁山　张志强
　　　　冯楚军　费轶群　刘红岩　仇泸毅　相　楠
　　　　陈　曦　鞠立新　赵　迪　张灵鸽　杨守涛
　　　　龚洋冉　谌　丽　张杰斐　徐庭娅　魏　娜
　　　　朱劭佳　王　帅　李玉洁　方　怡　尚纹如
　　　　梁　岩　胡　乐　田和璧　董美玲　侯　韵
　　　　王　颖　吴雪尧　崔子贤　方晓晖　肖　羽
　　　　张芝毓　金　航　肖卓慧　李哲宇　席强敏
　　　　吴爱芝　赵浚竹　王志宝　原　嫄　李　楠

中国低碳发展宏观战略研究项目重点课题及负责人

1. 中国低碳发展宏观战略总报告　解振华
2. 低碳发展宏观经济理论框架研究　厉以宁　朱善利
3. 低碳发展对我国经济增长影响研究　雷　明
4. 低碳发展对我国物价水平影响研究　黄　涛
5. 低碳发展对我国就业影响研究　张一驰
6. 低碳发展对我国国际收支影响研究　周黎安
7. 中国未来经济社会发展总体态势研究　龚六堂
8. 中国低碳发展与生态文明建设关系研究　张东晓　王景福
9. 中国能源低碳发展战略研究　李俊峰
10. 中国节能减碳的潜力、路径与政策研究　戴彦德
11. 中国到2050年温室气体减排路线图研究　陈文颖
12. 中国低碳技术发展战略研究　程天权　邹　骥
13. 中国低碳发展公众参与战略研究　李国平
14. 中国建筑低碳发展战略研究　林海燕
15. 中国交通低碳发展战略研究　李忠奎
16. 中国低碳发展国际环境研究　邹　骥
17. 经济全球化对中国低碳发展影响研究　何建坤
18. 全球可再生能源发展展望研究　韩文科　王仲颖
19. 中国低碳城镇化问题研究　潘家华
20. 中国碳汇潜力与林业发展战略研究　肖文发
21. 中国工业领域低碳发展战略研究　张东晓　王习东　温宗国
22. 全球碳市场研究　张希良
23. 中国低碳发展投融资政策研究　张长春
24. 中国低碳发展消费政策研究　刘　强
25. 中国低碳发展区域政策研究　姜克隽
26. 中国低碳发展产业政策研究　史　丹
27. 中国碳交易市场机制研究　李佐军
28. 中国低碳发展立法研究　徐华清　丁　丁
29. 中国低碳发展财税政策研究　贾　康
30. 中国低碳发展社会政策研究　范　必
31. 广东省珠海市低碳发展研究　章文光
32. 河北省保定市低碳发展研究　赵新峰　王延杰
33. 河南省济源市低碳发展研究　谷树忠
34. 黑龙江省伊春市低碳发展研究　魏一鸣
35. 陕西省神木县低碳发展研究　李江涛
36. 天津滨海新区低碳发展研究　梁言顺
37. 云南省昆明市低碳发展研究　张春敏
38. 浙江省杭州市低碳发展研究　杜　平

总　序

国家发展和改革委员会主任　**徐绍史**

气候变化是 21 世纪人类生存和发展面临的严峻挑战。努力推进低碳发展、积极应对气候变化，已成为国际社会的普遍共识，更是处在不同发展阶段国家如何处理经济发展和生态环境关系的极具探索性的理论和实践命题。在工业化进程中，我国碳排放总量大，能源资源环境约束紧，破解我国日益严峻的资源环境瓶颈制约，实现全面建设小康社会和现代化奋斗目标，必须把低碳发展作为推动生态文明建设的基本途径，作为统筹推进产业结构和能源结构调整、节能提高能效和生态环境保护的战略选择，促进经济发展方式转变，为实现中华民族伟大复兴的"中国梦"奠定重要基础。

党中央、国务院历来高度重视气候变化问题，明确提出要把积极应对气候变化作为我国经济社会发展的一项重大战略，作为加快转变发展方式和结构调整的重大机遇。习近平总书记强调，应对气候变化是中国可持续发展的内在要求，也是负责任大国应尽的国际义务，这不是别人要我们做，而是我们自己要做。李克强总理指出，面对当前经济下行压力和应对气候变化等多重挑战，关键是要通过结构调整和提质升级发展，拓宽经济增长与环境改善的双赢之路。党的十八届五中全会提出了创新、协调、绿色、开放、共享五大发展理念，"十三五"规划纲要确定了"十三五"期间单位国内生产总值二氧化碳排放下降 18% 的约束性目标，并以专章明确了"积极应对全球气候变化"各项工作任务。2015 年 6 月，我国向国际社会公布了《强化应对气候变化行动——中国国家自主贡献》，提出了二氧化碳排放 2030 年左右达到峰值并争取尽早达峰；到 2030 年，单位国内生产总值二氧化碳排放比 2005 年下降 60% － 65%，非化石能源占一次能源消费比重达到 20% 左右，森林蓄积量比 2005 年增加 45 亿立方米左右等一系列目标，彰显了我国积极负责任的大国形象，体现了我国推进低碳发展的信心和决心。为了确保这一目标的实现，需要全面贯彻落实党的十八大和十八届三中、四中、五中、六中全会精神，按照中央经济工作会议决策部署，以供给侧结构性改革为主线，用低碳理念引导各领域、各行业积极行动起来，共同探索低碳发展之路。

低碳发展是一场涉及生产模式、生活方式、价值观念变革的创新实践，是一项关系国家权益、经济增长、民生改善、能源利用、区域发展的系统工程，是关系人类长远发展的全球性、战略性重大议题。实践离不开理论的指导，为了做好中国低碳发展的战略谋划，国家发展改革委会同财政部组织开展了中国低碳发展宏观战略研究，成立解振华同志任组长的领导小组以及厉以宁教授、杜祥琬院士任主任的专家委员会，他们既有理论高度，又有实践经验。在他们的悉心指导下，在各研究单位的辛勤努力下，该项目根据我国经济社会发展的总体战略部署，在分析和判断我国低碳发展面临形势的基础上，研究提出了我国到 2050 年的低碳发展分阶段、分领域的战略目标、基本思路、主要任务和政策建议，为我国制定低碳发展长期战略提供决策支撑。

在对中国低碳发展宏观战略研究成果总结梳理的基础上，此次编辑出版中国低碳发展宏观战略丛书，全面、系统呈现了我国低碳发展到 2020、2030、2050 年各阶段，工业、建筑、交通、能源等重点领域目标任务，对于关心和从事低碳发展事业的社会各界及时了解国家低碳发展的战略部署，具有重要参考价值。

低碳发展事关中华民族和全人类的长远利益，事关我国经济社会发展全局。希望社会各界携起手来，共建低碳美丽中国。

前　言

　　气候变化和低碳发展问题是 21 世纪全球共同面临的重要挑战,呼唤着人类发展方式的深刻变革。以"低能耗、低污染、低排放"为基本特征的低碳革命,作为迈向可持续发展新阶段的理念与道路创新,已经成为全球发展的新趋势。当前,世界各国都在积极研究和制定推动本国低碳发展的宏观战略,探索最适合本国的低碳发展模式。低碳发展的实质是以低碳技术为核心、低碳产业为支撑、低碳政策制度为保障,实现全社会生产方式、生活方式和消费方式的全面低碳转型。低碳发展是全体社会及其所有国民共同的事业,从理念到行动都需要全社会各个行为主体的共同参与。公众既是"政策参与者",又是"低碳实践者"。

　　首先,公众参与可以直接对低碳发展产生正面的影响。公众积极参与低碳的日常生活方式,包括衣、食、住、行、用方面,可降低资源的浪费、减少能源的消耗。"低碳生活"既节能环保,减缓全球气候变暖和环境恶化的速度,又能戒除浪费,降低开支。

　　其次,公众参与可以通过影响社区、团体进而通过扩散和良好的示范效应将公众参与低碳的经济发展进行拓展。将公众参与低碳发展的战略从自身、社区、团体等方面扩大到城市、城市群,进而带动更多的地区和区域参与到低碳发展的战略中来。

　　再次,公众参与可以通过低碳消费促进低碳生产。公众的行为方式和消费选择是企业生产的方向盘,也是政府决策的指南针。消费品都是企业制造的,消费者处在经济链条的末端,但这一末端可以影响和导引生产环节。

低碳发展公众参与，作为我国国家治理过程中公众参与的一种崭新形态，在我国经济发展模式转型升级这一新的历史条件下应势兴起。然而，我国的低碳发展公众参与目前还处于初级阶段，低碳发展公众参与研究也相当薄弱，亟需加强理论和实践研究，形成清晰的低碳发展公众参与战略，以促进广泛的低碳发展公众参与。

国家发展和改革委员会于2012年启动了《中国低碳发展宏观战略研究项目》，向社会招标了系列研究课题，其中包括《中国低碳发展公众参与战略研究》（课题编号：201315）。北京大学、中国经济体制改革研究会、中国传媒大学、中国国际民间组织合作促进会绿色出行基金会共同承担了该研究课题。为加强研究力量，课题还邀请中国人民大学、中国农业大学参加了本课题的研究工作。

本书是在《中国低碳发展公众参与战略研究》课题研究报告基础上形成的。本书力图将现代公共管理与气候变化以及低碳发展研究相结合，改变现有低碳发展研究忽视公众参与，弥补现有低碳发展和气候保护研究中重视经济过程，而忽略实现途径、治理结构缺失和缺乏有效的制度设计缺陷。本书试图明晰低碳发展公众参与的概念内涵，梳理国内外相关实践，为提出我国低碳发展公众参与的相关战略及战略实施提供理论基础和实践依据。

本书利用文献梳理及问卷调查分析我国低碳发展公众参与的现状、问题和影响因素，并采用多目标决策分析、政策综合评估、情景模拟等多种研究方法，分析低碳发展与公众参与的互动机制，掌握我国低碳发展公众参与的实际情况、关键性问题，以及明确低碳发展公众参与的过程机理。

全书提出了适合我国基本国情和低碳发展宏观目标的公众参与总体战略。考虑到宏观战略的实施，在国内典型案例基础上，开展了对我国提升公众意识、扩大公众参与领域、推动全社会行动、发挥民间组织作用以及管理体制等方面的政策研究，提出了包括《低碳发展公众参与促进办法》（建议稿）在内的低碳发展领域促进公众参与的制度设计，以期对加强低碳发展公众参与，落实国家低碳发展总体战略目标具有政策应用价值。

本书由八章构成。分别为低碳发展公众参与的缘起及概念内涵，低碳发展公众参与的国际案例，低碳发展公众参与的现状基础，低碳发展公众参与的互动机理,低碳发展公众参与的总体目标、总体战略及战略重点,低碳发展公众参与的宣传、教育和培训,低碳发展公众参与的政策设计,"酷中国—全民低碳行动"计划》,各章主要观点与内容如下:

第一章低碳发展公众参与的缘起及概念内涵,梳理了国家治理中的公众参与相关理论,重点探讨了公众参与的概念、技术和方法,结合低碳发展现实,提出了低碳发展公众参与的概念内涵,指出"低碳发展公众参与"是公众在其生产、生活及参与公共事务治理过程中秉持低碳意识、践行低碳理念、促成低碳社会的一切亲环境行为。在低碳发展公众参与过程中,公众既是"政策参与者",又是"低碳实践者",其价值主要表现在遏止不必要的能源浪费,提高能源利用率,逐步破除对传统能源的依赖,促进环境健康,助力可持续发展、促成人与自然的和谐,一定程度上实现经济发展与环境保护的并行不悖,增强公众责任意识、民主意识和民主能力,以及有利于多元共治的现代治理模式的形成等八个方面。最后,本章还对低碳发展公众参与的实现机制和践行领域等问题进行了探讨。

第二章低碳发展公众参与的国际案例,对低碳发展公众参与的国际案例进行了剖析,从构建"低碳社会"行动计划的日本模式,政策战略指导和高新技术发展带动"低碳参与"的英国模式,政府引导、企业助力、全民参与的丹麦模式,以及可持续行动计划:参与、合作、共赢的瑞典模式中,梳理并总结了低碳发展公众参与的实践经验,以期为我国践行低碳发展公众参与提供重要参考。

第三章低碳发展公众参与的现状基础,旨在研究我国低碳发展公众参与的现实状况和存在问题。本章一方面梳理了学者、政府、企业和公众等低碳发展公众参与主体的发展脉络,并结合我国低碳发展实际和相关研究成果,总结了经济、文化、政治、法律等各领域,杭州、保定、珠海、济源、昆明等低碳试点城市,以及企业和非政府组织(NGO)等参与低碳发展的现状。另一方面,针对全国各省市成人公众和中小学生公众进行实地调研,通过调查问卷和深入访谈,具体了解和分析了个体公众对于低碳发展的认知、态度以及生活中的低碳行为。通过上述两个途径,本章研究得出了以下结论:中国低碳发展公众参与理论研究处于启动期;理论研究与实践行动具有一定的同步性;在政府引导下,各主体不同程度的参与低碳发展;低碳发展公众参与具有一定的群众基础,但并不牢固;中小学生在实施低碳发展公众参与中占有重要地位。

第四章低碳发展公众参与的互动机理,首先对以个人为主体的低碳发展公众参与的行为方式和渠道进行了梳理。其次,结合低碳发展公众参与的个人、企业、政府和非政府组织(NGO)等四大行为主体,阐明了公众参与低碳发展的互动作用机理和机制。再次,通过调查问卷,揭示了公众参与低碳发展的影响因素,以及低碳发展政策干预对公众参与行为转变的效果。从绿色出行和绿色生活两方面来看,经济手段是促进居民参与低碳发展的最重要手段;针对不同收入群体,需要采用不同的激励方式;完善公共交通等基础设施建设对于缓解交通碳排放具有关键作用;居民的节能意识对促进公众参与低碳发展作用明显。最后,本章以环境拓展型的投入产出模型为基础,构建了公众参与低碳发展的政策响应模型,分析了政策冲击对居民生活用能和碳排放的作用和效果,从而用科学的方法得出了相应政策的环境经济影响。

第五章低碳发展公众参与的总体目标、总体战略及战略重点,从政府角度出发,首先将"法律体系完善、利益激励和文化引导手段丰富、政治参与渠道通畅、社会力量协同整合的全民互动的低碳发展公众参与"的低碳发展公众参与总体目标具体化为法律、经济、文化、政治和社会等五个方面的内容,并将其分解为近期、中期和远期三个阶段性目标,以明确低碳发展公众参与从政府主导的意识提升,到法律、政策框架下的行为规范,再到最终实现政府与公众协调互动、全民自觉参与的发展过程。提出利益激励战略,文化引导战略,立法保障战略,政治参与战略,以及社会协同战略等五大低碳发展公众参与总体战略,为具体落实低碳发展公众参与总体目标提供了战略支撑。最后,本章还提出了加快公众参与法制建设,编制公众参与推动规划,创新经济利益激励途径,加大低碳宣传教育力度,倡导社会力量协同参与,以及推动公众参与试点建设等六个方面的低碳发展公众参与战略重点,为具体落实低碳发展公众参与总体目标和总体战略提供了战略途径。

第六章低碳发展公众参与的宣传、教育和培训,在梳理了我国低碳发展公众参与宣传、教育和培训等方面的现实状况、效果成就和存在问题的基础上,分析了低碳发展传播机制的要素定位,明确了政府的主体地位,媒体和非政府组织(NGO)的双重身份,以及公众的角色转变,并提出了线性传播、互动传播、自传播等低碳发展传播模式,还进一步指明了低碳发展传播的配套机制,即制定和完善系统的法律制度,加强传播媒介的制度创新,建立合理的激励和补偿制度,以及建立气候传播效果的评价体系。最后,为提升传播有效性,拓展传播途径,本章还提出了加强组织机制建设,加强资金投入,培育和规范市场中介组织,以及加强人才队伍建设等政策建议。

第七章低碳发展公众参与的政策设计,首先总结了低碳发展公众参与的相关法律法规体系,并从参与决策监督,参与宣传倡导,个人低碳生活实践,以及政府组织保障等方面梳理了低碳发展公众参与的相关政策措施体系。在此基础上,本章重点围绕《低碳发展公众参与促进办法》设计,提出了问题导向原则,不侵犯行政权与企业自主经营权原则,多方借鉴原则,以及有序参与原则等设计原则,并最终形成了《低碳发展公众参与促进办法》(建议稿)。

第八章"酷中国——全民低碳行动"计划,以环境保护部宣传教育中心、国家应对气候变化战略研究和国际合作中心、美国环保协会主办,中国民促会绿色出行基金承办的"酷中国—全民低碳行动"计划(简称"酷中国项目")为案例,生动形象的展现了目前我国低碳发展公众参与的现状成效和美好前景。"酷中国项目"致力于我国低碳家庭碳排放调查研究和低碳生活的宣传倡导,通过丰富多样的"低碳生活进社区"巡展活动、低碳小管家活动、中国城市社区居民低碳意识调查、社区低碳生活馆建设等,获得了社区居民和学校学生的广泛参与,引起了社会媒体的持续关注,并作为气候变化公众参与活动的典型案例,被写入了《中国应对气候变化的政策与行动》白皮书。

目　录

第 一 章

低碳发展公众参与的缘起及概念内涵

公众参与一直是政治学与公共管理学中一个主流的研究命题,在学术理论发展进程中,国内外学术界不断推出新的公众参与研究议题,出版发表了大量学术文献,提出了诸多的理论观点。最近若干年来,低碳发展研究兴起以后,低碳发展中的公众参与,又成为公众参与研究中的一个新的研究议题,一批相关研究成果相继问世。在制定我国低碳发展公众参与战略,推动低碳发展公众参与模式创新的过程中,如何借鉴现代国家治理中公众参与的理论实践成果,消化吸收低碳发展公众参与的理论研究成果,是探寻符合中国国情的低碳发展公众参与之道必须认真研究的关键议题。

第一节　国家治理中的公众参与概念内涵

公众参与源于政治参与,分析公众参与一般从公众政治参与开始,逐步扩展到对各领域公共事务的参与[1]。早期的公众参与以政治领域的参与为主,主要表现为选举中的政治参与等方式。进入 19 世纪 80 年代以后,公众政治参与的范围和程度都有所增加。在民主管理实践中,公众逐渐突破传统的参与范围和模式,积极参与到更广泛的公共事务的决策和管理中。在现有文献

---

[1]　刘红岩:《国内外社会参与程度与参与形式研究述评》,《中国行政管理》2012 年第 7 期。

中,使用得较多的是"政治参与"、"公民参与"和"公众参与",还有"公共参与"、"大众参与"和"民间参与"等。这些概念都有其各自使用的学术领域和议题范围,但在参与的理论基础、参与行为和参与意义方面,又表现出一致性。通过检索文献发现,对于公众参与的涵义,有不同的界定视角。

一、政治学对公众参与内涵的界定

"政治参与"和"公众参与"一般都是从政治学角度来界定的,在英语中有"political participation"、"public or citizen involvement"、"public or citizen engagement"等。"political participation"直译为"政治参与",是一种传统的用法,强调公民或社会成员参与政治活动或政策制定,从而分享决策权力、影响政治决定的行为。"public or citizen involvement"在美国是从 20 世纪六十年代中期"新公众参与运动"(new public involvement)开始使用的,强调公众在城市规划和项目管理中的参与权力。"public or citizen engagement"的开始使用离不开非政府组织的发展,强调公众在大量公共事务、社区事务上和政府的合作以及共同管理权①。这些概念开始使用的时期和所蕴涵的含义不同,但共同表达了"通过参与行为所表现的公民资格、权利和义务。"②作为一个完整清晰的概念,政治参与或公众参与最早是在第二次世界大战前后研究比较政治的学者提出的,如阿尔蒙德和维巴比较了美国、英国、联邦德国、意大利和墨西哥等 5 个具有不同文化背景、处于不同政治发展阶段的国家,从政治文化的角度探讨了公众参与的差异③。

西方学者对公众参与有不同的理解,主要从四个不同层面探讨了公众参与的涵义。第一,从公共政策层面看,公众参与是公众或者社会成员参与政治活动或政策的制定与执行,并试图影响政治决定的行为。科恩在《论民主》中

---

① [美]约翰·克莱顿·托马斯:《公共决策中的公民参与:公共管理者的新技能与新策略》,孙柏瑛等译,中国人民大学出版社 2005 年版,第 10 页。
② 李图强:《现代公共行政中的公民参与》,经济管理出版社 2004 年版,第 37 页。
③ 李图强:《现代公共行政中的公民参与》,经济管理出版社 2004 年版,第 17 页。

指出,"民主过程的本质就是参与决策"。① 浦岛郁夫认为,"政治参与是旨在对政府决策施加影响的普通公民的活动。"②亨廷顿和纳尔逊认为,政治参与是试图影响政府决策的活动③。贾森和威廉姆斯指出,"公民参与是在方案的执行和管理方面,政府提供更多施政回馈的渠道以回应民意,并使民众能以更直接的方式参与公共事务,以及接触服务民众的公务机关的行动。"④但不同的是,在回应型民主政治范式中,政治参与是试图影响政府工作人员及其决策的行为;在参与民主范式中,政治参与是公众自己直接参与决策的制定;在协商民主范式中,政治参与指讨论、协商或审议,就是公共协商的过程⑤。第二,从政治合法性层面看,公众参与是合法的活动,是公众自愿通过各种合法方式参与政治生活,并影响政治体系的构成、运行方式、运行规则和政策过程的行为⑥。如诺曼·H·尼和西德尼·伏巴指出,"就政治参与的术语来说,我们指的是平民或多或少以影响政府人员的选择及(或)他们采取的行动为直接目的而进行的合法活动。"⑦第三,从公众权利的层面看,公众参与是透过参与的行动所表现的公众资格、权利和义务。如 Sherry R.Ernestine 认为,"公民参与是一种公民权力的运用,是一种权力的再分配,使目前在政治、经济等活动中无法掌握权力的公众,其意见在未来能有机会被考量。"⑧第四,从公众意识方面看,公众参与是社会成员直接或间接地在形成公共政策过程中所分享的那些自愿活动。例如,帕特里克·孔奇认为,公众参与是在政治体制的各个层次中,意图直接或间接影响政治抉择的个别公众的一切自愿活动⑨。迈伦·

---

① [美]科恩:《论民主》,聂崇信、朱秀贤译,商务出版社 2004 年版,第 219 页。
② [日]浦岛郁夫:《政治参与》,经济日报出版社 1989 年版,第 4 页。
③ 黄玲:《政治参与理论研究综述》,《黑河学刊》2010 年 9 月,第 77 页。
④ 戴烽:《公共参与——场域视野下的观察》,商务印书馆 2000 年版,第 8 页。
⑤ 陈剩勇、钟冬生、吴兴智:《让公民来当家.公民有序政治参与和制度创新的浙江经验研究》,中国社会科学出版社 2008 年版,第 17 页。
⑥ 邢铃:《公共政策价值和法性危机探究》,《中共南京市委党校南京市行政学院学报》2005 年第 4 期。
⑦ [美]塞缪尔·P.亨廷顿、[美]乔治·I.多明格斯:《政治发展》,载[美]格林斯坦、波尔斯比编,储复耕译《政治学手册精选(下卷)》,商务印书馆 1996 年版,第 188 页。
⑧ 转引自戴烽:《公共参与——场域视野下的观察》,商务印书馆 2000 年版,第 8 页。
⑨ 王中华:《论政治参与的核心内涵》,《湖北社会科学》2004 年第 3 期。

维纳也主张公众参与具有自愿性,认为公众对候选人没有选择余地的投票不应该属于公众参与。

上述西方学者对公众参与涵义描述虽有不同,但在结构方面,都包含了三个要素,即"谁参与"、"参与什么"和"如何参与",也就是说,参与主体、参与客体和参与途径是定义公众参与的三个基本要素①。但不同学者对这三个问题的回答不同。关于"谁参与"的问题,有学者认为,主体包括所有公众;也有学者认为,主体是指不在政府机构中担任公职的公民;还有学者认为,主体仅指不以政治为职业的普通公民,而不包括职业的政治活动家和政党的主要成员。对于"参与什么"的问题,主要有"参与政治生活"、"影响政治生活"、"分享公共政策制定过程"的表述。对于"如何参与"的问题,学者之间的观点差异主要体现在两个方面:其一是公众参与中可否包括一些非法的途径;其二是被动参与或"动员型"参与是否应该被视为政治参与的一种形式②。

国内学者对公众参与问题的研究,主要始于 20 世纪 80 年代。在政治学领域,国内学者的参与研究也主要集中于研究政治参与和公众参与。例如陶东明和陈明明在《当代中国政治参与》中指出,"公民参与主要是指公民依据法律所赋予的权利和手段,采取一定的方式和途径,自觉自愿地介入国家社会政治生活,从而影响政府政治决策的政治行为。"③马振清认为,"公民参与是指公民试图影响和推动政治系统决策过程的活动。"④李图强在《现代公共行政中的公民参与》中指出,"所谓公民参与,就是为了落实民主政治、追求公共利益及实现公民资格,由公民个人或公民团体从事包括所有公共事务与决定的行动,这些公共事务是以公民本人切身的地方性事务为基础,再逐步扩大到全国性的公共政策,因此,可以由每一个公民密切的关心与适时的投入来实现;而公民参与的行动必须是建立在合法性的基础上,并且依参与者根据本身所拥有的知识与能力、花费的成本、预期的影响力等,理性地选择最有效的途

---

① 吴锦旗:《从政治参与到公民参与的范式转换》,《中国石油大学学报(社会科学版)》2010 年第 6 期。

② 陶东明、陈明明:《当代中国政治参与》,浙江人民出版社 1998 年版,第 103 页。

③ 陶东明、陈明明:《当代中国政治参与》,浙江人民出版社 1998 年版,第 104 页。

④ 马振清:《中国公民政治社会化问题研究》,黑龙江人民出版社 2001 年版,第 138 页。

径与策略。"①罗豪才指出:"公民参与,不仅是公民政治参与,即由公民直接或间接选举公共权力机构及其领导人的过程,还包括所有关于公共利益、公共事务管理等方面的参与。为了保证有效的公民参与,应从三个方面进行:信息公开,满足公民的知情权;加强公民参与的制度化、程序化建设;健全机制、保证公民的监督权。"②

二、公共管理学对公众参与内涵的界定

20世纪70年代中后期,随着新公共管理改革运动的兴起和开展,学者们开始关注公共管理和公共事务中的公众参与。在公共管理学领域,学者们一般使用"公众参与"、"公共参与"、"大众参与"的概念。他们从公共政策、公共事务和公共生活的角度,将公众参与界定为提升公共管理者的管理绩效和公共服务能力的新策略和新途径,并且已经深入探讨现实中的具体的、可操作性的问题。例如尼古拉斯·亨利写道,"所谓参与,是将公共部门与私人部门区分开来的开放程度。参与包括活动的参与性(比如镇民大会是公共的,因为所有人都可以参与,而公司的董事会是私有的,只有董事会成员才能参加)、空间的参与性(镇会议厅与公司的董事会会议厅)、信息的参与性(所有人都可以阅读镇会议的记录,但只有董事才能阅读董事会议记录)、资源的参与性(割草机一般是私有的,而可饮用的公共自来水是公共的,因为任何人都可以用)。"③再如,谢尔·奥斯汀在比较不同国家公众参与发展水平和制度演进的基础上,探讨了公众参与发展的不同阶段及其参与形式;美国学者约翰·克莱顿·托马斯就公共管理者在不同决策情况下如何选择和提供有效的公众参与途径进行了思考和讨论。

在公共管理学领域,国内学者对公众参与的集中研究始于20世纪90年代,对于其涵义的界定比较有代表性的观点有以下几种。俞可平是比较早地

① 李图强:《现代公共行政中的公民参与》,经济管理出版社2004年版,第37页。
② 胡纹菘:《城市公共交通管理中公民参与研究——以重庆市为例》,重庆大学博士学位论文,2009年6月。
③ [美]尼古拉斯·亨利:《公共行政与公共事务》,项龙译,华夏出版社2002年版,第35页。

涉猎公众参与研究的学者,他认为,"公民参与又称为公众参与、公共参与,是公民试图影响公共政策和公共生活的一切活动。"①他指的公民参与是一个广泛意义上的概念,包括:"投票、竞选、公决、结社、请愿、集会、抗议、游行、示威、反抗、宣传、动员、串联、检举、对话、辩论、协商、游说、听证、上访等。"②清华大学贾西津引用美国学者和《布莱克维尔政治学百科全书》中的观点,认为"经典意义上的公民参与是指公民通过政治制度内的渠道,试图影响政府的活动,特别是与投票相关的一系列的行为。"③北京大学法学院王锡锌对公众参与的定义:"在行政立法和决策过程中,政府相关主体通过允许、鼓励利害相关人和一般社会公众,就立法和决策所涉及的与利益相关或者公共利益的重大问题,以提供信息、表达意见、发表评论、阐述利益诉求等方式参与立法和决策过程,并进而提升行政立法和决策的公正性、正当性和合理性的一系列制度和机制。"④蔡定剑认为,公众参与可以作广泛的理解,"所谓参与就是让人们有能力去影响和参加到那些影响他们生活的决策和行为;而对公共机构来说参与就是所有民众的意见得到倾听和考虑,并最终以公开和透明的方式达成决议。作为一种制度化的公众参与民主制度,应当是指公共权力在进行立法、制定公共政策、决定公共事务或进行公共治理时,由公共权力机构通过开放的途径从公众和个人利害相关的个人或组织获取信息,听取意见,并通过反馈互动对公共决策和治理行为产生影响的各种行为。它是公众通过直接与政府或其他公共机构互动的方式决定公共事务和参与公共治理的过程。公众参与所强调的是决策者与受决策影响的利益相关人双向沟通和协商对话,遵循'公开、互动、包容性、尊重民意'等基本原则。"⑤目前关于公众参与的定义,除了从环境参与等社会公共事务的管理角度出发,也有从专门的公共项目的发展的角度来展开的,如黄海艳认为,"公众参与就是通过利益相关群体的民主协商,通过群众积极参与决策过程和专家的辅助作用,使利益相关群体中的

---

① 贾西津:《中国公民参与——案例与模式》,社会科学文献出版社 2008 年版,代序第 1 页。
② 贾西津:《中国公民参与——案例与模式》,社会科学文献出版社 2008 年版,代序第 4 页。
③ 转引自蔡定剑:《公众参与:风险社会的制度建设》,法律出版社 2009 年版,第 3 页。
④ 王锡锌:《行政过程中公众参与的制度实践》,中国法制出版社 2008 年版,第 2 页。
⑤ 蔡定剑:《公众参与:风险社会的制度建设》,法律出版社 2009 年版,第 5 页。

普通群众真正地拥有自我发展的选择权、参与决策权和收益权。"①

第二节　公众参与的技术与方法

目前的公众参与研究主要集中于公众参与必要性、重要性以及公众参与一般理论的论证与研究,对公众参与的技术与方法重视程度不够。实际上,对于一次具体的参与实践而言,公众参与方法和技术的研究,即公众参与具体操作化的研究更为重要。公众参与的方法和技术包括参与主体的确定、参与领域的选择、参与形式的选择、参与程度的界定等。

一、公众参与的主体

参与的主体是指"谁参与"的问题。不管是"政治参与"、"公众参与"还是"公民参与",参与的主体是公民,具体指一切非政府的公民个体或公民团体行为者。只要具有一国公民的资格,就有参与的权利和义务。理论上讲,每一个现代民主国家都拥有一部至高无上的宪法。公民不仅具有国籍身份,更有权行使宪法赋予每一个公民的所有权利。"公民不仅是一个国家的基本成员,而且拥有相应的法定权利和责任,包括政治权利、公民权利、社会权利、经济权利等。在当今社会,随着社会政治、经济、文化、教育和科学的迅猛发展,公民在教育、卫生保健、宗教信仰、失业、保险、隐私、老年退休等方面的权利不断扩大。"②关玲永认为,"宪法的权利并不是公民以外的权利,宪法来源于人民的意志。""公民实际上既不是被动地接受权利,也不是消极地享受权利,而是积极地去影响权利、创造权利。这种过程就是公民的参与过程。在政治学意义上,公民的本质是参与,没有参与的公民并不是法律意义上的公民。换句话说,公民的身份实际上是在公民的参与过程中反映出来的。因此公民参与

---

① 戴烽:《公共参与——场域视野下的观察》,商务印书馆 2000 年版,第 9 页。
② 关玲永:《我国城市治理中公民参与研究》,吉林大学出版社 2009 年版,第 22 页。

保证了公民的身份。"①

我国宪法和法律对公众的规定，不同于历史上和其他社会对公众的规定。李图强在《现代公共行政中的公民参与》中从历史的角度阐述了我国宪法和法律对于"公民"的规定及其来龙去脉。他认为，与历史上和其他社会对"公民"的规定的根本不同之处在于，在我国，国籍是取得公民资格的唯一条件，如我国宪法第33条规定：凡是具有中华人民共和国国籍的人都是中华人民共和国公民。在我国，"公民"一词是自1953年选举法开始使用的，在1957年反右政治运动过程中，"54宪法"中的"公民在法律面前一律平等"的原则被批判为"敌我不分"，在此后很长一段时间内，"公民"的称谓被"人民"代替。但从现代法学的角度看，根据阶级出身和历史判定"敌我矛盾"，从而将其用于法律范围，是毫无法理根据的。到党的十五届五中全会，《关于制定国民经济和社会发展第十个五年计划的建议》"建议将法治从工具论的观念提升到'重要目标'的理念上，同时，重新确认了'公民'及'公民参与'的概念，明确提出了'扩大公民有序政治参与，引导人民群众依法参与经济、文化和社会事务的管理'，特别是2004年3月14日十届全国人大二次会议通过的《中华人民共和国宪法修正案》在第18条中增加了推动'政治文明'发展这一概念，这对公民参与的有力实施和公民政治权利是有力的保障。"②因此，政治参与、公众参与的主体在一般性意义上没有区别，皆指公民。在此基础上，又有"倡导参与论"、"限制参与论"以及持"中立态度"的区别。

"倡导参与论"倡导公众参与，持这种观点的学者和学派居多数。从具体观点看，"倡导参与论"包括"全面参与论"、"多元民主论"、"后现代主义政治学"和"新社会运动"等。

"全面参与论"的核心是卢梭的人民主权学说。人民主权学说认为，国家主权永远属于公民，是不能被代表的。因此，该学说主张公众的全面参与，认为公众只有不断地参与社会和国家管理，其自由和发展才能得到实现；主张代议制与直接民主的结合，将直接民主广泛运用于政治、经济和社会领域。倡导

① 关玲永：《我国城市治理中公民参与研究》，吉林大学出版社2009年版，第23页。
② 关玲永：《我国城市治理中公民参与研究》，吉林大学出版社2009年版，第24页。

"全面参与"的主要有新自由主义学派、法团主义学派、社群主义学派和民粹主义学派。新自由主义的代表人物罗尔斯强调平等自由的"参与原则"在政治程序中的具体应用,参与原则要求所有公民拥有平等权利参与政治过程,要求"所有公民至少在形式上应有进入公职的平等途径。"①法团主义主张国家与社会通过社会组织进行合作以减少冲突,维持稳定。社会组织的代表性地位和联系渠道受到政治组织的承认和保护,同时社会组织参与决策制定和决策执行的义务。社群主义认为,公民积极参与政治生活和国家事务既是公民应尽的职责,也是公民的美德。因此,它倡导公众参与政治生活和国家事务,并尽可能地扩展其参与范围。民粹主义指动员大众参与政治进程的方式。它倡导直接民主,倡导普遍的群众参与和广泛的政治动员。

　　"多元民主论"赞同公众参与,但在参与方式上与全面参与相反②。多元民主论主要以达尔和拉斯基为代表。达尔认为,民主是各种利益集团和社会组织共同参与决策并最终达成妥协的过程。各种利益集团和社会组织相对独立地存在,且能有效地参与决策,是维持民主政治的重要条件。同时,多元民主论认为,个人直接参加决策是不可能的,只能通过利益集团和社会组织来实现参与的目标。因此,多元民主论主张参与但不赞同全面参与,而且达尔强调的"寡头政治"属于"精英主义"的范畴,其实属于限制参与论。

　　另外,还有后现代主义政治学和新社会运动的公众参与观。"后现代政治批判'共识论',主张实现'差异统治',允许新思想、新发明的表达,为公民参与和影响清除障碍。"③如哈贝马斯认为社会公共生活标准只能产生于大众参与政治的决策过程,倡导公众运用政治参与权利。新社会运动如绿色运动、女权运动、基督教社会运动等,其本身就是一种公众参与的行为。

　　"限制参与论"主张公众参与的主体应该是以政治家(精英)为主,普通公众是有限参与或者限制参与。新保守主义和精英主义都主张精英统治和限制公众参与。新保守主义恪守传统保守主义的基本信条,认为人是平等的,但统治权只能由精英人物行使。专家治国论的创始人伯纳姆在《管理革命》中指

---

① ［美］罗尔斯:《正义论》,中国社会科学出版社 1988 年版,第 213 页。
② 段朝晖:《论政治参与的核心内涵》,《湖北社会科学》2004 年第 3 期。
③ 杨波、刘锦秀:《国外政治参与理论综述》,《甘肃理论学刊》2004 年 11 月刊,第 11 页。

出,因专门知识和能力的局限,普通公众对政治的参与仅限于工会、职业的专门团体和合作社的范围。精英主义认为,"处于政治决策系统之内的精英具备丰富的文化知识、政治经验,能很好地代表公众的意志和利益,进而能使政治决策反映公众的利益。而人民充其量不过是'政府的生产者'。熊彼特指出,普通公众缺乏责任心和有效意志,对国内和国际政策普遍无知,缺乏判断力,行为迟钝,思维缺乏理性,以至于在政治领域,普通公众成为政治上的'原始人'。韦伯也认为,群众的直接民主带有强烈的感情因素,鼓励这些人参与政治会对民主造成破坏,易于造成无序、非理性的街头政治。"[①]亨廷顿在《民主的危机》中指出,"美国有关统治的一些问题是因为民主过剩引起的,把政治秩序而不是政治民主当作衡量国家政治发展与否的标尺,当政治秩序与民主发生冲突时宁可对民主作出限制。因此,有限制的民主是民主制度正常运转的前提和基础,纯粹的民主制度会导致独裁,最终必然毁掉自由或文明"[②],要限制参与或有限参与。

对公众参与持中立态度的是新自由主义的部分学者。他们既不鼓励公共积极参与政治生活和国家事务,也不鼓励国家去积极争取公众参与政治生活。威尔·凯姆利卡明确指出,"公民是否参与政治生活完全应当听任他们自己的选择,政府不应当采取某种措施使他们不情愿地参与政治生活。"[③]

二、公众参与的领域

从政治参与、公民参与到公众参与,公民参与的称谓本身反映了其参与领域从政治领域向公共管理、公共事务领域的跨越。关玲永在界定公民参与的定义时指出,"广义上的公民参与除了政治参与以外,还必须包括所有关于公共利益、公共管理等方面的参与。""在代议制民主中,公民在政治上的参与越来越成为次要角色,而公民在公共行政活动中直接参与关系到公民切身利益

---

① 关玲永:《我国城市治理中公民参与研究》,吉林大学出版社 2009 年版,第 32、33 页。
② 杨波、刘锦秀:《国外政治参与理论综述》,《甘肃理论学刊》2004 年 11 月刊,第 12 页。
③ 俞可平:《权利政治与公益政治》,社会科学文献出版社 2000 年版,第 248 页。

的公共决策以及公共事务的处理,这日益成为民主行政的主要内容。"①李图强在《现代公共行政中的公民参与》一书中写道,"公民参与绝不是仅仅只局限于'投票'行为,还应该包括公民对公共事务积极而深入的主动介入;这样的行动不仅是积极地维护公民自身的利益,更可以创造公共利益;参与的人员也不只局限于社会或政治精英,还包括一般民众,可以对与己有关的社区事务具有决定的权力。"②"把公民参与的范围落实到与每个公民息息相关的周围事务,公民参与的内容也将会从代议民主的投票扩大到包含所有的公共事务,这将会成为一种发展趋势。每个公民对于与己相关的事务必然有能力、有意愿去参与;而对于专业性较高或范围较大的全国性公共政策,也可以经过适当的代理制度设计或现代电子科技的协助,发挥公民参与的影响力。"③蔡定剑从三个层面界定了现代公众参与的领域:"公众参与的内容可以分为三个层面:第一个层面是立法层面的公众参与,如立法听证和利益集团参与立法;第二个层面是公共决策层面,包括政府和公共机构在制定公共政策过程中的公众参与,如环境保护和城市规划政策中的参与;第三个层面是公共治理层面的公众参与,包括法律政策实施、如行政许可、行政裁决中的听证、基层公共事务中公民的直接决定管理。最早期的公众参与主要是从微观治理领域如社区、工厂、农村、学校等单位政策制定和事务决策开始的。传统的公众参与被理解为公众对政府政策参与,后来发展到对公共事务的直接治理,特别是在社区层面的公民自治。它反映了现代公共治理从政府组织中心向公共事务结果中心的发展趋势。"④公众参与比较活跃的领域有:"第一,在立法领域,公众参与主要有两个方面:一是立法听证,二是立法游说。第二,在政府决策和公共治理领域,公众参与主要有:环境保护、公共预算、城市规划、公共卫生、公共事业管理等领域。第三,在基层治理方面,公众参与主要有:一是农村村民民主治理,二是城市社区中的民主治理,三是新型居民区中的业主自治。"⑤

---

① 关玲永:《我国城市治理中公民参与研究》,吉林大学出版社 2009 年版,第 18、19 页。
② 李图强:《现代公共行政中的公民参与》,经济管理出版社 2004 年版,第 36 页。
③ 李图强:《现代公共行政中的公民参与》,经济管理出版社 2004 年版,第 31 页。
④ 蔡定剑:《公众参与:风险社会的制度建设》,法律出版社 2009 年版,第 5、6 页。
⑤ 蔡定剑:《公众参与:风险社会的制度建设》,法律出版社 2009 年版,第 14 页。

总体来说,公众参与的领域有 8 个。其中,蔡定剑①在《公众参与:风险社会的制度建设》中介绍了中国公众参与的领域,分 3 个层次、7 个领域:第一,在立法决策层面,(1)公众参与主要有立法听证和立法游说两种途径。第二,在政府决策管理层面,公众参与的领域比较广,而且发展很不平衡,包括:(2)环境保护;(3)公共卫生;(4)公共事业管理;(5)城市规划(城乡规划);(6)公共预算。第三,在基层治理方面,主要有(7)农村民主自治,城市社区治理等方面,公民参与体现了直接民主决策和管理。此外,王锡锌教授还补充了第 8 个领域:政府绩效评估活动中的公民参与②。

三、公众参与的形式

在人类文明长期发展实践中,曾经出现了多种多样的公众参与模式,其中的许多参与模式,在当下的国家治理中,依然发挥着非常重要的影响作用。

(一)公众创制与复决

公众创制与复决最初产生于古希腊罗马直接民主制中,是比较传统的决定公共管理事项和制度的公众参与形式。它是指在地方立法议程中,公众有权对相关法律的创立、修改和撤销发表意见,施加影响。公众行使其权力的方式是,通过联合投票,建议、倡议制定某项法律,或者提议修改、废止带来不良影响的法律条款。公众投票包括两种形式:公众创制权和公众复决权。公众创制权是指公众可以通过创制方式,对立法机构尚未执行的,或尚未完成立法议程的,或正在修正的原有法案提出要求、建议和意见,使得立法法案能够反映民意。公众复决权指公众对已经完成立法程序的或已经执行的法律法案进行公决,以表达公众支持、反对和要求的声音。复决权既可以由公众个体联合,并达到最低法定支持人数的群体提出,通过签名联署的方式实施,也可以由法人、公众组织联合发起,采取复决行动。公众创制和复决是制度化程度较高的公众参与形式,它将公众意愿和对公共问题的思考,通过法定渠道传导给

---

① 蔡定剑:《公众参与:风险社会的制度建设》,法律出版社 2009 年版,第 14 页。
② 王锡锌:《行政过程中公众参与的制度实践》,中国法制出版社 2008 年版,第 282—301 页。

公共政策制定者,并敦促其进入政策议程,明确表现在法案制定中。创制和复决的关键在于,公众提出的倡议具有重要价值和影响力,能够直接进入决策议程并在最终的决策结果中得到反映①。

(二)公众论坛

公众论坛是"20世纪90年代以后地方治理中迅速发展起来的公众参与社区政治生活的一种形式,它是由生活在社区中,具有面对面交往条件的公众自发组织而形成的。公众论坛依托于社区公众的志愿、公益、互助等行动,投身于社区公共事务管理,从而表现出公众具有关注公共生活,承担自主管理责任的强烈意愿。"②

公众论坛具有如下功能:第一,公众论坛为公众共同商讨社区公共事务管理,关注社区发展提供了一个制度平台。公众论坛定期举行由邻里参加的会议,讨论近期社区内出现的问题和需要大家关心的事情,对共同面对的问题提出解决方案。公众论坛的议题来自投入公众议题箱的建议,经社区理事会(community council)和工作室(community workshop)筛选、归纳之后,将比较重要的议题提交到公众论坛讨论。第二,公众论坛也是社区公众的学习性组织。社区公众在共同面对问题、回应问题的过程中,学会了彼此分享信息;学会了理解对方的价值观;学会了描绘和分享社区发展的共同愿景。因此,公众论坛也提供了公众自我学习、相互学习、共同学习的场所。第三,公众论坛是社区互助服务、自主管理的互助组织。公众论坛并没有停留在讨论和商议上,它更是一个行动组织。通过大量社区公益性和互助性服务活动,公众论坛向社区需要帮助的群体提供了关怀与扶助。第四,公众论坛是与政府联系沟通的重要渠道,是地方政府倚重的民间力量,促进了政府与公众组织间

---

① 孙柏瑛:《当代地方治理——面向21世纪的挑战》,中国人民大学出版社2004年版,第213—249页。孙柏瑛教授从公共政策过程和参与形式两个维度总结了地方治理中公民参与的形式并给出了具体的涵义:公民创制与复决(citizen referendum);关键目标群体接触和公民原创性接触(key focused-groups contacts, citizen surveys, and citizen-initiated contacts);公民大会(public meeting);咨询指导委员会(advisory committees);公民论坛(citizen forum);公民宪章运动与公民满意度投票(citizen charter and satisfaction poll);社区服务的共同生产(coproduction and collaboration)。

② 孙柏瑛:《当代地方治理——面向21世纪的挑战》,中国人民大学出版社2004年版,第237页。

的互动。

公众论坛还有很多其他形式,如邻里专题论坛(neighborhood panels)、公众跨社区的地区重大事务论坛、公众主题讨论与发言、利益共享与分享者论坛等。

(三)市民意见征询组

市民意见征询组用来提供一个有代表性的公众意见,它们通常用于有关服务的改善。市民意见征询组通常用于正在发生的事情的调查,但更喜欢提出一些问题以了解人们想知道和关心的问题。市民意见征询组组成十分灵活,从12人到几千人,有代表性的市民意见征询组由500—2500人组成。通常是通过调查问卷的形式了解有关地方公共服务的意见反映和建议。选出的小组成员通常要能够反映他们所代表群体的意见,所以,市民意见征询组的成员需要经常更新以保持其代表性。

(四)焦点小组

焦点小组是指被邀请参加的一小群人,通常是由6—12人组成,在会议引导员引导下深入讨论特别话题。成员从有代表性的特定群体中谨慎挑选。他们主要用作详细研究深层的、细微的问题。这个小组可能开一次或一些会。通常有一两个会议引导员和一个观察记录人员观察和记录对特定问题或事件的反映,为小组提供细致的服务。采用焦点小组的目的是寻找对建议的定性的反馈,产生新思想,为一个更大的咨询实践鉴别、追踪问题的理解,寻求理解行为和动机,以及试图获悉一个主题的调查等。运用这种方法时要详细考虑小组成员在整个参与程序中的作用,以及需要从这一程序中获得的东西。

(五)街区议事会

2002年,在《近距离民主法》的规定下,法国建立了"街区议事会"制度。根据该法的规定,人口超过8万的市镇必须建立街区议事会,人口介于2万与8万之间的市镇可以设立街区议事会。有的地方规定一年至少召开两次会议,有的地方每一个街区议事会内部又分成若干个工作小组,不定期地分主题召集会议。与会者来源广泛,议题广泛,街区议事会的主要活动形式是由街区居民参加的居民大会或居民代表会议。除了讨论与其日常生活密切相关的社会事务,纯粹个人性质的问题或直接带有政治性的问题被排除在谈论范围之外,涉及城市全局性利益的政策也被排除在外。

(六)城镇电子会议

城镇电子会议是把许多人聚集起来一起讨论问题,了解他们慢慢形成的想法。参与者10—15人一组进行讨论。每一组都设有一个主持人,也是负责人,他负责监督讨论,以保证会议顺畅、民主地进行。讨论和专家发表意见交替进行,各小组会议主持人会收集讨论中的突出观点和建议,向专家提出疑问。会议还可以组织专家对讨论的主题进行辩论。最终,参与者通过自己手上的遥控系统,用电子票表达自己的意见。

(七)政府工作公开展示会

意大利托斯卡纳大区一种新的参与形式,称为"政府工作公开展示会"。展示会在一个类似展览中心的地方举行,大厅中的展厅布置与商品展销会无异,不过展览的不是商品,而是政府的服务。他们参观的展示会的名称叫"说与做"——2007年主题:权利、价值、创新、支持。意思是政府去年向人民说了什么,现在要展示做出了什么具体成果,同时还要告诉人民新一年的工作计划和承诺。主办者是市镇协会,参加展示会的是大区政府以下的各级政府。展示会每年举办一次,各级政府及部门自行报名参加。展示会的功能在于:第一,通过向人民报告工作和作出新一年的工作计划和承诺,实现公众对政府工作的参与和监督,政府通过这种方法得到很多决策和改进工作的信息;第二,交流政府工作经验和成果;第三,宣传政府的政策主张。

(八)民间思想库

自1990年代以来,民间思想库兴起,它是独立的公共决策机构,它们独立于政府、企业、政党、利益集团,乃至大学,从而可以有更中立的公共利益取向。民间思想库在两个方面促进了公众权力的增长:第一,民间思想库对重大政治经济问题的专家研究为公众参与架起了桥梁。"思想库的本质是专家参与公共政策,从而使公共决策民主化、科学化的体现;同时,通过专家的独立研究和公开研讨,有利于公共议题的公众参与和民主决策,它也是公共决策公开化的体现。如海南(中国)改革发展研究院、深圳综合开发研究院等,通过汇集专家进行独立研究,承接政府委托研究,开展不同层次的研讨等方式,促进了重大经济、政治等问题的公共决策机制的形成。"①第二，"直接参与基层民主发展的程序设计、公民教育等实践，促进公民权力在政治体制中实现。"②

（九）民主恳谈

在浙江省温岭市新河镇，选举产生的人大代表将直接参与镇政府预算过程，镇政府的所有预算都要在人大会议上公开审查和讨论，公众则以民主恳谈的形式参与这一过程。具体过程大致如下：选举→培训→草案提交→草案初审→草案修改→草案二次审查→草案二次修改→草案三次审查（终审）→修正案通过→预算执行监督。从2005年开始，新河镇开始参与式预算试验，至今已经进行了四次，并取得了较好的绩效。参与式预算通过将决策的焦点从政治家和技术官僚的办公室转移到公共论坛，决策的参与者越来越广泛，促进了参与和政治决策的透明；参与式预算激发并改变了人大的作用，越来越多的参与增强了民意的表达和公众在决策过程中的影响力；参与式预算像是一所"公众学校"，提高了公众的参与能力；参与式预算启动以后，整个镇的人们的生活质量，以及公共服务的提供，都有很大改善③。

（十）公益诉讼

这是"特定的国家机关和相关的组织和个人，根据法律的授权，对侵犯国家利益、社会利益或不特定的多数人的利益的行为，向法院起诉，由法院依法追究其法律责任的活动。普通公众提起公益诉讼是一种公共参与行为。美国的环保领域，已经有成熟的环保公益诉讼制度。然而，我国的公益诉讼立法准备不足，无争议的公益诉讼个案很少。中国环境公益诉讼成功第一案是陈岳琴律师于2005年4月25日起诉北京市园林局，要求其根据我国《城市绿化条例》第十六条和相关强制性国家标准在一个月内履行对华清嘉园绿化工程进行验收并出具绿化工程竣工验收单的法定职责。"④

---

① 贾西津：《中国公民参与：案例与模式》，社会科学文献出版社2008年版，第9页。
② 贾西津：《中国公民参与：案例与模式》，社会科学文献出版社2008年版，第9页。
③ 慕毅飞：《温岭公共预算民主恳谈的实践与思考》，载刘平、[德]鲁道夫·特劳普—梅茨主编：《地方决策中的公众参与：中国和德国》，上海社会科学院出版社2009年版，第107—115页。
④ 中央编译局比较政治与经济研究中心、北京大学中国政府创新研究中心：《公共参与手册：参与改变命运》，社会科学文献出版社2009年版，第15—24页。

(十一)联络小组

创建联络小组通常是为确保在对某一状况或项目的负责当局与地方社区之间定期沟通渠道的畅通。他们往往涉及相对较少的一群人,有时仅五六个,其工作就是保持联络线为他人开放,并确保当问题出现时,他们可以迅速处理,并将结果反馈给那些检举问题的人。在项目或局势持续的情况下,联络小组有时会持续多年,成员必要时也随之改变或更换;或者他们可能以具体的存在方式来处理一些特定的情况①。

(十二)路演和展览

路演、展览和其他展示方法启用了"一图道千言"的传达信息的理念。可以在人们所到之处,如学校、购物中心和居住区展示,这比不得不吸引他们前来观看要好,并且它们可以吸引诸如青年这样不愿对文件或会议等作出回应的群体。举办一个展览是很有价值的:它可以帮助提炼想法或发现某些东西的不切实际。展览还可以用来收集观察者的现场反应,并且以系列的展览,来说明一个项目在参与过程中的进展情况。这样,可以为当地利益相关者和社区建立持续的关系奠定基础。但是,好的展览需投入大量的时间和金钱。不仅是印刷、摄影及可能的短片拍摄成本,还有组织工作人员为展览服务的费用,以便能及时答复观察者的问询②。

(十三)网络参与

近几年,基于网络的参与过程开始被广泛使用。它提供了很多好处:人们可以不必跋涉而参与;节约经费;使人们把重点放在特别关涉其利益的相关问题上;对在公共场合下感到拘谨或比起发言更愿意书写的人们更为有效。网络参与过程可以单独使用,也可以与其他方法结合使用。网络参与过程主要有三种形式:第一,跟帖论坛;第二,网上问卷调查,网上问卷的最大优点是可以捕获大量数据,并迅速对其进行分析,但它花费的时间不比纸面问卷少;第三,网上咨询文件,其优点是,数百或数千的人可以在同一结构方式中评论,它

---

① 安德鲁·弗洛伊·阿克兰:《设计有效的公众参与》,苏楠译,载蔡定剑:《公众参与:欧洲的制度和经验》,法律出版社 2009 年版,第 323—324 页。

② 安德鲁·弗洛伊·阿克兰:《设计有效的公众参与》,苏楠译,载蔡定剑:《公众参与:欧洲的制度和经验》,法律出版社 2009 年版,第 324—325 页。

同时需要参与者做一个合理的时间承诺。

四、公众参与的程度

公众参与的程度是指公众参与对整个政治运作过程的重要性程度。一般来说,参与程度和公众在国家中的地位及其参与能力有直接关系[1]。随着公众参与的更加频繁地使用,公众参与的频率不断提高,人数不断增加。"公民参与从过去的'偶然性'延伸到'经常性'","越来越多的社会阶层被纳入到政治过程之中,参与大众化。"[2]一方面,保证公众参与的程度是实现民主政治、提高公共管理绩效、最大限度地保障民众利益的良好途径;另一方面,也并非毫无限制地适用于各种公共议题,必须要根据实际情况作弹性与制度性的策略设计。

关于公众参与的程度,李图强有这样的论述:"在传统的代议制下,公共行政人员控制了公民参与的整个过程,由他们界定议案或改变行政程序,再决定或允许公民参与的范围。""此模式最大的问题在于,行政专家并不是真的了解民众的需求,甚至某些公共政策的决定产生了众多利害相关的人群。"[3] King 也提出,真实的参与或直接参与是通过衡量全社会中参与的比例来确定的,这是一种由公众亲自深入而持续的参与过程,以便影响某种公共行政或政策情境[4]。什么是"亲自深入而持续的参与"以及具有广度和深度的参与呢?

---

[1] 李图强在《现代公共行政中的公民参与》写道:"从民主政治的内涵来看,民主政治的实践,基本上必须建立在'人民的同意'、'知的公民'以及一个'有效的公众参与系统'这三个必要条件之上;而在这三个条件之上,公民参与乃是人民或民间团体基于对人民主权的认知及实践,对于政府的公共行动及政策,充分发表意见和对公共事务进行管理的机会。一方面,政府必须提供各种渠道,使公民可以获得充分的信息,同时,还要有制度化的健全的参与渠道和机会。人民从'知的过程'中可以掌握较丰富的信息,培养受尊重的认知权利,进而将感情、知识、意志及行动在自身生活中做累积性的付出。而另一方面,政府则可以透过人民的主动参与,与人民产生良性的互动、赢得人民的信任及同意,为行政机关本身提供合法性的基础。"

[2] 李图强:《现代公共行政中的公民参与》,经济管理出版社 2004 年版,第 31、32 页。

[3] 李图强:《现代公共行政中的公民参与》,经济管理出版社 2004 年版,第 64、65 页。

[4] King, Cheryl Simrell, Kathryn M. Feltey, and Bridget O'Neil Susel (1998). The Question of Public Administration Review, Vol. 58, No. 4, pp. 317-326.

李图强进一步强调,"就其民主本身来说,真正的民主化就是视为扩大公民参与社会公共事务的过程,今日社会所迫切需要的是扩展公民参与的深度、广度,需要的是提高已经实现的参与的质量,使之更加充实。理想的公民参与不仅仅是让公民在选择代表后就算是参与了管理,而应该让他们在力所能及的范围内识别问题,提出建议,权衡各方面的证据与论点,表明信念并阐明立场,推选政府候选人——一般而论,即促进民主并深化思考。如果公共行政不仅准许公民持续、有力、普遍参与而且鼓励公民了解情况,并且把决定权留给参与者,那么可以讲,这种社会的公民参与就是既有广度又有深度的参与。"①对于什么是"既有广度又有深度的参与",关玲永认为,衡量公众参与的程度从三个方面进行,即公众参与的广度、深度及效度。

关于公众参与的限度,或者说参与的程度选择问题,学者们主要从公共决策的角度进行研究。有些学者认为,公众较适于参与地方层面的、与其生活相关度较强的、有能力也有意愿参与的决策议题,而对于中央层面的、与其生活距离较远的议题,民众通常不愿意、也没有能力参加。例如,阿尔蒙德与维巴对5个国家的研究结果显示,比较中央政府而言,公众较有能力影响地方政府的决策。R·Box 所主张的"公众治理模式"也是建立在"社区治理"的基础上的②。奥斯特洛姆也认为,"每个人在对自身事务的管理中是最有主权的,每一个镇区在自身事务上最有主权,在超越镇区之上的一般事务依从于国家的主权。"③

托马斯更为具体地通过变量化和指标化的方法界定公众参与的程度,也即"公民参与的适宜度"。托马斯指出:"界定公民参与的适宜度主要取决于最终决策中政策质量要求和政策可接受性要求之间的相互限制。一些公共政策问题更多地需要满足决策质量要求,也就是说,需要维持决策的专业化标准、立法命令、预算限制等要求。而其他一些公共政策问题则对公众的可接受性有较大的需求,即更看重公众对政策的可接受性或遵守程度。"④在此基础

① 李图强:《现代公共行政中的公民参与》,经济管理出版社 2004 年版,第 65 页。
② 参见李图强:《现代公共行政中的公民参与》,经济管理出版社 2004 年版,第 30 页。
③ 唐兴霖:《公共行政学:历史与反思》,中山大学出版社 2000 年版,第 515 页。
④ [美]约翰·克莱顿·托马斯:《公共决策中的公民参与:公共管理者的新技能与新策略》,孙柏瑛等译,中国人民大学出版社 2004 年版,第 32 页。

上,孙柏瑛详细解析了托马斯理论中公众参与范围和程度的选择问题。孙柏瑛分别就"政策性质变量"和"政策可接受性"提出了关于公众参与范围和程度选择的问题。她还总结了"三种不同范围的策略性选择与方向:一是政府单独进行公共政策制定,没有开放公民参与途径;二是咨询性的公共政策制定,公民有一定形式的参与,但主要作为咨询对象发挥作用,对政策制定的影响力极为有限;三是参与式的公共政策制定,公民以多种参与形式参与公共政策制定过程,并对政策产生直接的影响。由此,根据公民参与的范围和程度,各种参与形式表现为不同的参与范围和等级。"①这些参与形式是:政府独立决策;修正后的政府独立决策,如以信息获取为主导的公众调查、目标群体接触等;分散性公众咨询和协商;单一性公众咨询和协商;公众参与公共决策,如公众论坛、公众创制、公众投票、咨询指导委员会等②。

公众参与程度的选择是针对公众参与过度问题提出的,而实际上,现实生活中公众参与不足的现象大量存在。近年来许多学者提出政治参与不足甚至政治冷漠的问题。美国著名政治学家罗伯特·帕特南在《独自打保龄:美国社会资本的衰落与复兴》中明确提出,美国社会资本正在流逝,社区生活走向衰落,公众参与热情度降低、投票率下降……他通过深入美国社区生活发现了这一问题并对其原因做出解释。美国学者卡尔·博格斯也指出,"20世纪90年代美国社会存在普遍的政治冷漠和公共领域的衰落,日益缺乏公民参与精神,其原因是自由市场意识形态和公司权力的影响削弱了公民责任、民主参与。"③法国学者居伊·埃尔梅在《老牌的民主国家:对民主的冷漠》中也指出,西方主要民主国家的公众正在与政治活动脱离,积极参与的公众精神或民主修养正在逐渐丧失④。

---

① 孙柏瑛:《当代地方治理——面向21世纪的挑战》,中国人民大学出版社2004年版,第243页。
② 这五种参与形式对应于托马斯有效决策模型中的自主式管理决策、改良的自主管理决策、分散式的公众协商、整体式的公众协商、公共决策。它们在内涵上的意义也一致。
③ Carl Boggs:The End of Politics,New York:Gulford Press,2000.转引自杨波、刘锦秀:《国外政治参与理论综述》,《甘肃理论学刊》2004年11月,第13页。
④ 中国社会科学杂志社:《民主的再思考》,中国社会科学出版社2000年版,第31—50页。

五、公众参与的限制性因素

公众参与程度的选择或者说公众参与的限度还与公众参与的影响因素，更具体地说，与公众参与的限制性因素相关。台湾学者陈金贵从参与主体、参与制度和参与实务三个方面总结了公众参与的限制性因素："第一，在参与主体方面：必须使得公民具备参与的意愿与能力，每个人有平等接近公共决策的机会，并能够预期参与行动的影响力；第二，在参与制度方面：必须具备有效的决策过程、公平的执行程序、完整的民众参与制度，以及具有高法律位阶的法定依据；第三，在参与实务方面：公民参与必须具备有效的信息传递渠道、有意义的政策效应、经过成本效益的评估、弹性化的参与方式、政府回应民意的接受程度等。"[①]

赵成根在《民主与公共决策研究》中从公众参与的动力机制和行为取向的角度论证了公众参与的限制性因素。从成本收益分析的角度看，只有当参与的收益大于或至少等于其成本、自己的利益不受损害时，公众才有参与的可能性。因此，公众参与的限制性因素与社会主体的利益得失相关。社会主体是否会自主地参与和会采取怎样的方式参与，受以下因素影响：公众参与中的"搭便车"行为及政治判断力下降会导致公众参与的冷漠；决策议题与社会主体的利益关联度决定了公众参与的积极性；政府与公众之间的力量对比决定了其博弈结果，从而决定了公众在决策过程中的政治影响力，而一般来说，这种影响力是微弱的，公众参与主体的参与态度也因此是消极的。因此，公共决策中的公众参与实施起来是困难的。

公众参与的限制性因素在更深层次的意义上被延伸至对公众参与的价值的思考。有些学者和实践工作者对公众参与的价值提出异议。如 Kweit 等提出了公众参与在实践中容易产生的若干问题："第一，增加政治系统内的冲突，包括职业政治家、行政官僚与公民之间的冲突，以及公民之间的利益冲突。第二，政府决策的问题：公民参与的增加意味着需求的增加，使得共识的建立

---

① 陈金贵：《公民参与的研究》，《台湾行政学报》第 24 期，第 95—128 页。转引自李图强：《现代公共行政中的公民参与》，经济管理出版社 2004 年版，第 41 页。

越加困难,并且花费更多的时间去倾听、沟通,这些都会造成决策上的困难。第三,减少社会公平性:参与需要若干资源,某些具有优越资源的公民或团体以其优势能产生更多的影响力,而非反映全体公民的需求。"①

哈特也对公众参与的必要性提出质疑:"第一,参与到底是为了公共利益还是公民个人的意见? 第二,有些需要专业技术知识的事务,无法透过公民参与来决定;第三,不参与的问题,有许多人不愿参与政治或从事任何公共事务,其理由有懒惰、个人隐私需要、不同意参与式民主等;第四,参与需要时间,因此无法应付立即的危机;第五,为了要使全面参与的社会运作,需要更多的公民共识,但是,如此却容易形成一种专制(即托克维尔曾担心的'多数人的暴政')。"②

托马斯对此也有同样基调的论述:"那些自发、无意识、不加限制、没有充分考虑相关规则的公民参与运动,对于政治和行政体系可能带来功能性失调的危险。""而且,一些相关调查数据显示,公民参与带来的最根本的问题是,它可能对社会控制产生一定的威胁。"③此外,许多地方官员也认为,公众参与将使他们必须投入相当多的时间和精力来应付,而影响到日常事务的进行④。

六、公众参与的设计

如何形成有效的公众参与,是公众参与理论研究和实践运作的一个关键问题。蔡定剑指出,"有效的参与意味着能保证公众从决策体系或决定过程中尽可能早地注意到那些影响到他们事务建议,公众清楚地了解通过参与使自己可以对决策作出贡献的那些事实情况,哪些是可以改变的和不可以改变

① Kweit,Mary Grisez and Rodert W.Kweit:Implementing Citizen Participation in a Bureaucratic Society:A Contingency Approach. New York:Praeger Publisher,1981.
② David K.Hart:"Theories of Government Related Decentralization and Citizen Participation",Public Administration Review,1983,Vol. 12,Special Issue.pp. 603—621.
③ [美]约翰·克莱顿·托马斯:《公共决策中的公民参与:公共管理者的新技能与新策略》,孙柏瑛等译,中国人民大学出版社 2004 年版,第 11 页。
④ 全钟燮:《公共行政:设计与问题解决》,黄曙曜译,台湾五南图书出版公司 1994 年版,第 397 页。

的,公众有机会和途径参与并使他们的意见被决策者知晓,公众可以得到清晰的关于决策如何作出、为什么会这样作出的解释。有效的公众参与并不意味着公众的意见必须被采纳,但是他们应该知道公众意见不被采纳的公开合理的解释。"①

因此,一个有效的公众参与,在程序上须满足公众以下的基本要求:(1)可以获得相关信息;(2)可以提出自己的意见及表达想法,并相信有关程序会考虑其所提出的意见;(3)可以积极参与提出意见与选择方案;(4)可以评论部分正式方案;(5)能得到政府的反馈,并被通知进程及结果。

有效公众参与的一个关键问题是寻找利益相关者(stakeholders)。利益相关者参与决策是决策合法和公正的必要程序。如何寻找利益相关者是公众参与的必要条件,也是公众参与的重要方法。"有效的参与应该是一种有组织的参与,非政府组织和利益团体在公众参与中的作用就十分重要。社区委员会、自发性社团、利益集团和环保组织就是参与的基础性组织。"合作伙伴(partnership)是有效公众参与的重要形式。邻里合作伙伴、地区战略合作伙伴、社区共同体等能够把不同的利益通过一个平台得以反映。

安德鲁·弗洛伊·阿克兰在阿恩斯坦公众参与阶梯理论的基础上提出了设计公众参与的方法。要设计公众参与,首先需要确定的是参与类型。以下问题可能有助于理清在某一确定的场景下的真实参与目的:

(1)确定参与类型:①是否是为了在数目有限的几种选项中,找出有多少人赞成其中的哪些选项? ②是否只是为了提供信息? ③是否是为了通过从人们那里收集意见来完善一项政策、一个提议或一个决策? ④目的是否更为复杂? 人们是否应该更深地参与到制定决策或寻找解决途径的过程中? ⑤是否应该建立一种超越此刻参与的人际关系,以便建立一种可以共享决策和资源的工作伙伴关系。⑥是否是为了把权力转移给他人,并帮助他们作出决策?

(2)使用设计桥:"设计桥"能理清公众参与详细规划的过程。图1-1解释了设计桥及其使用方法。

---

① 蔡定剑:《欧洲的公众参与的理论与实践》,载蔡定剑:《公众参与:欧洲的制度与经验》,法律出版社 2009 年版,第 19 页。

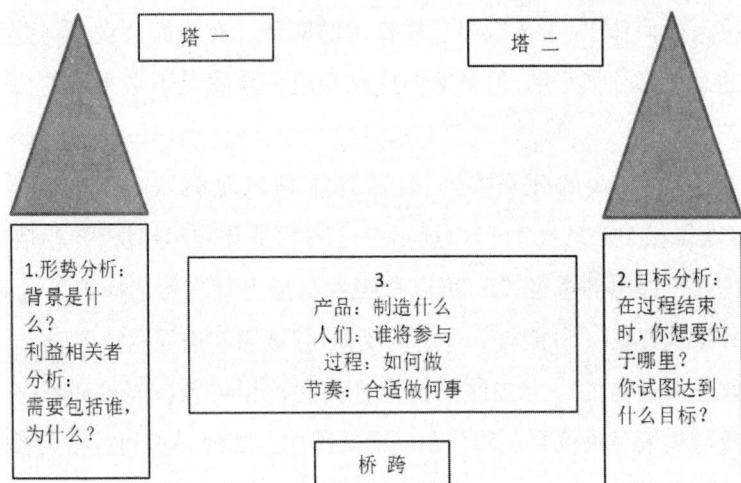

图 1-1　设计桥

塔一:理解背景和确定利益相关者。以下问题对这一过程有所助益:第一,需要参与的事件的背景是什么? 对于正在发生的事情有一个大体感知是有益的:政治、经济,甚或个性的。第二,该情形的历史背景是什么? 第三,对谁而言重要的是什么? 第四,关于形势已经公开了什么? 这部分主要用来确定公众参与开始时都有哪些限制。第五,将要围绕哪些具体的问题开展参与? 参与事件的性质可以深刻影响公众参与的过程。第六,人们假想了什么问题? 要了解当地谣传事件,因为误解或歪曲会使一个过程的发展超出常规。在问这些问题时,最好能记下一些人的名字,这些人将可能成为参与者或成为信息和想法的源泉。做这些前期形势和利益相关者分析是有益的,到底是利益相关者界定问题,还是问题界定利益相关者? 这个难题出现在几乎所有需要公众参与的情况下。

塔二:在设计任何公众参与过程时要问的最重要问题是:"总体来说,在该过程结束时,我们要达成什么现在还未达成的目标?"所以,建立一个所需达成目标的清单是有益的。当对情形和需要实现什么有了清楚的了解,便可以为谁需要参与和采用什么方法参与制定详细的规划。

桥跨:过程设计的心脏。产品、人们、过程和节奏四个关键变量通常会影响公众参与过程的设计。这四个变量都需要分开来考虑,也需要相互联系起来考虑。

"产品"是指参与过程的产出,如文件、行动计划、新的政策;新的关系,增进的信任,对某事更多的了解;更好的沟通;详细和仔细考虑的意见,专业知识;为大量的反馈所建立的数据库;利益相关者渴求更多的参与和持续的对话。要仔细考虑什么是过程所需要的结果和怎样使用这些结果。

"人们":塔桥中最初的利益相关者分析已经界定了谁可能成为潜在的参与者,现在的问题是,需要谁和谁有助于这一过程。

"过程":设计的挑战在于决定什么方法或方法的结合,将使参与的人们在一定的时间和可得的预算范围内产生所需的产品。关于方法的确定,必须要与构成设计桥跨的所有其他因素并行考虑。有一些因素必须牢记:什么方法可能会排除一些人?什么方法会帮助建立关系?什么方法会帮助交流或生成信息?什么方法会发现总体的态度和观点?什么方法会产生详细的意见和专业知识?

"节奏":可用的时间是设计任何参与过程的另一个决定性因素。

一个月:时间非常有限,可够发送一些传单,有可能在做一个迅速调查或开一次公开会议——如果并不需要大量的准备工作。

两个月:可组织一次公开会议。

三个月:设计和向他人寻求建议所需的最低限度的时间跨度,一个系统的公众参与过程包括召开会议和其他的方式。

四个月:规划并进行正式咨询过程所需的最低限度时间跨度。

五个月:一个真正的公众参与,从过程设计到合作分析和结果考量的所有阶段所需要的最短时间。

六个月以上:足够的时间设计和执行一个围绕复杂问题开展的参与,人们可以开展调研进而恰当的理解问题,并完全地参与到过程中,或者逐步建立坚实的伙伴关系或者合作。

(3)规划公众参与过程:规划一个公众参与,最简单的方法是找到一面很大的墙,在上面贴上一张白纸,在左下角写上设计桥的桥跨内容作为标题,并在这一结构旁构造一个网络(表1-1)。

表1-1　规划公众参与表

产品:你将制造什么有形产品					
人们:具体的参与人					
过程:你如何做——你将采用什么方法					
节奏:一切都将在何时发生	一月	二月	三月	四月	五月

网格和沿着底部的时间标注有助于明确在过程中,每个元素之间的相互关系和与项目时间表的关系。如果项目的不同元素被写在纸片上,可以围绕网格移动它们直到其相互关系合理。

例如,如果总的目标是要通过得到公众对政策草案的反馈来完善一项政策,那么"改善的政策"可以写在一张纸上参照时间列于"产品"行中。它可能列在最后一行中——但在改善政策之后可能还会有其他内容,也许是一个在与此(政策)相关的参与结束后持续的网络关系的继续存在。如果是这样,那么它在产品行中将会出现在"改善的政策"之后。

与此同时,"公众反馈"是另一项产品。显然,它先于"改善的政策",但是,为了得到"公众反馈",之前还需要哪些产品?也许需要能够引出该反馈的调查问卷。在印刷前,获得对问卷草稿某种形式的评论会不会有用?在这种情况下,"调查问卷草稿"和"对草稿的意见"是"产品"行中另外两个产品。由谁来完成问卷?也许是一群当地百姓?在这种情况下,他们在"人们"行中位于"公众反馈"之前。

一旦"产品"和"人们"行越来越清楚,就可以考虑"过程"一行了。什么方法可以确保对的"人们"创造所需的"产品"。调查问卷可以满足所有需要吗?

这一过程可以继续——确定所要实现的不同元素,需要谁参与和中间步骤——直到清楚地知道整个过程将要发生什么,以及所有与项目节奏——重要的时间表相关的事项。同时,要在时间表中列明一些无法控制的事情,如暑假、选举、可能影响项目的特别会议。也可增加"价格"行——如果预算对于做这个项目至关重要。

这个简单的"网格规划"体现出,"设计桥梁"过程的价值在于,不得不对公众参与真正所包含的内容进行系统性的思考。

第三节　低碳发展公众参与的概念与实现机制

　　和其他任何事关公共生活的事务一样,低碳发展要有效推进,也必须仰仗于有序的公众参与。关于此,实际工作者们有着清醒的认识,各个国家和地区都在努力践行低碳发展公众参与理念。就拿中国来说,就有着若干值得称道的实际行动,比如近年来政府持续支持碳交易所成立以鼓励和引导企业加入低碳发展主体队伍,又比如"国务院决定从 2013 年起每年设立全国低碳日,开展应对气候变化知识和全民低碳行动的宣传教育活动"[1],等等。和实际工作者们一样,理论研究者们对低碳发展与公众参与的密切关系也早有察觉,他们声称"公众参与和低碳发展已经密不可分"[2],并就低碳发展中的公众参与作了一系列的研究。

一、低碳发展公众参与的概念

　　何谓低碳发展公众参与呢? 目前很多研究文献都没有对此作出过明确说明,而是简单地把公众参与植入低碳发展讨论之中,如欧洲环境局编著的《气候变化与欧洲低碳能源体制》[3]、阿克塞尔·博伊勒的《中国的可持续式低碳城市发展》[4]。但也有一些学者对低碳发展公众参与作出了较为明确的阐述,较有代表性的是龚洋冉等人的观点,他们认为,低碳发展公众参与是低碳概念族的组成部分,并指出"低碳发展公众参与有可能表现为主动式参与、引导式

---

① 程晖:《社会广泛参与,共建低碳美丽家园》,《中国经济导报》2013 年 6 月 18 日,第 A01 版。

② 龚洋冉等:《我国低碳发展公众参与的现状研究——低碳概念族的演变和创新》,《中国农业大学学报(社会科学版)》2014 年第 1 期,第 1—17 页。

③ European Environment Agency,Climate change and a European low-carbon energy system,Luxembourg:Office for Official Publications of the European Communities,2005.

④ AxelBaeumler,Sustainable low-carbon city development in China,Washington,D.C.:World Bank,2012.

参与、被动适应式参与 3 种类型",随后分别对主动式参与、引导式参与、被动适应式参与进行了界定①。

　　既有的研究性与非研究性文献并未直接界定低碳发展公众参与,而是简单地将低碳经济与公众行为结合起来。我们认为,低碳发展公众参与,是公众在其生产、生活及参与公共事务治理过程中秉持低碳意识、践行低碳理念、促成低碳社会的一切亲环境行为。公众既是"政策参与者",又是"低碳实践者"。低碳发展公众参与的典型特征有:(1)主体呈现形式多样,有个体与家庭、社区、非政府组织、企业、科研机构、媒体等;(2)涉及的社会活动范畴广泛,主要是一系列的生产过程、生活过程、公共事务治理过程;(3)参与行为不仅可以是秉持低碳意识,也可以是践行低碳理念,当然还包括其他促成低碳社会的种种行为;(4)参与者的角色是多重的,既可以是低碳行为实践者,也可以是低碳政策形成的影响者,当然还可以是低碳政策施行的拥护者,以及低碳政策执行绩效评价的配合者;(5)参与者的参与意识有强弱之分,因而参与者有可能是主动型参与者、激励型参与者或被动适应型参与者。

二、低碳发展公众参与的价值

　　低碳发展公众参与的价值是多方面的,在不同的参与环境中又有着不同的具体体现。奥利维尔·鲁斯指出,目前在碳交易市场,越来越多的组织建议公众加入碳抵消交易,其目标在于满足不断增长的公众参与阻止气候变化的需求②;雅艾尔·保劳格和莎拉·达比认为公众对低碳创新、技术和行为的追求会推动企业的减碳行动③;露西·米度美斯和布拉德利·D·帕里什认为

①　龚洋冉等:《我国低碳发展公众参与的现状研究——低碳概念族的演变和创新》,《中国农业大学学报(社会科学版)》2014 年第 1 期,第 1—17 页。

②　Olivier Rousse, Environmental and Economic Benefits Resulting from Citizens' Participation in CO2 Emissions Trading: An Efficient Alternative Solution to the Voluntary Compensation of CO2 Emissions, Energy Policy,2008,36(1), pp. 388-397.

③　Yael Parag, Sarah Darby, Consumer-supplier-government Triangular Relations: Rethinking the UK Policy for Carbon Emissions Reduction from the UK Residential Sector, Energy Policy, 2009, 37 (10), pp.3984-3992.

"草根运动"促进低碳社团的建设，打破社会的传统，为社会变革创造新的能力[1]；李贵波在讨论能源利用时指出，目前许多城市在发展低碳经济过程中仍然沿袭政府单一治理的模式，并呼吁"建立一种新的城市能源利用的模式"，他所说的"新的城市能源利用的模式"就是一种强调公众参与的模式[2]。正因为低碳发展公众参与的价值重大，所以研究者们都力倡低碳发展公众参与——如贝恩德·克什米尔和乌尔斯·达欣登指出，制定有效的气候政策必须结合社会科学的研究成果，特别是必须包括从普通公众到商业人士这些利益相关者的参与之研究[3]；又如马燕合和黄晶认为全民参与是实现节能减排目标的根本要求，应动员企业、普通民众等多方参与主体积极参与，以产生显著的经济、社会、环境多重效益[4]。

显然，已有研究论述较为零散，如促进低碳创新、达到不同类别公众参与更加成熟的目的、实现低碳发展机制创新等。我们归纳总结出以下八点：(1)遏止不必要的能源浪费；(2)提高能源利用率；(3)逐步破除对传统能源的依赖；(4)促进环境健康；(5)助力可持续发展、促成人与自然的和谐；(6)一定程度上实现经济发展与环境保护的并行不悖；(7)增强公众责任意识、民主意识和民主能力；(8)有利于多元共治的现代治理模式的形成。

三、低碳发展公众参与的实现机制

低碳发展公众参与的价值重大，践行低碳发展公众参与理念势在必行，那么何以实现低碳发展中有效的公众参与呢？加利·希格斯等人研究了如何利用 IT 技术，使不同参与群体之间达成共识，从而改善地区环境的可行性，并通

① Lucie Middlemiss, Bradley D. Parrish, Building Capacity for Low-carbon Communities: The Role of Grassroots Initiatives, Energy Policy, 2010, 38(12), pp. 7559-7566.
② 李贵波：《低碳经济参与式治理初探——以工业余热资源社会化开发为例》，北京大学硕士学位论文，2010年。
③ Bernd Kasemir, Urs Dahinden, Citizens' Perspectives on Climate Change and Energy Use, Global Environmental Change, 2000, 10(3), pp. 169-184.
④ 马燕合、黄晶：《加快节能减排技术研发迎接低碳经济到来》，《中国科技产业》2008年第3期，第62—66页。

过运用基于 IT 技术的地理信息系统和复合标准决定分析技术,结合风电厂的建设实例进行相关分析①;还有研究者从个体低碳消费行为的重塑角度,分析了低碳发展公众参与的实现问题②;洪大用则认为低碳经济建设应与社会变革联系起来,建立政府、市场与公众社会之间有效合作的新机制③。有些研究者则讨论得更深入,有的论及了低碳发展公众参与的现实困难以及其克服办法,如埃米尔·胡安和莎拉·多尔尼卡指出了游客在低碳旅游决策时遭遇的"环境信息困局"(perplexity of environmental information)及其克服措施④;有的论及了低碳发展公众参与的宏观运作模式,如有研究者在讨论中国低碳城市建设时提及了"政府主导多元主体参与"模式⑤。

四、低碳发展公众参与的践行领域

关于低碳发展公众参与的具体践行领域目前研究颇多。就国外研究文献来看,如前文所提到的埃米尔·胡安和莎拉·多尔尼卡的研究,该研究论及旅游业中的低碳发展公众参与;而前文提到的、关于个体低碳消费行为的研究则可以纳入日常生活消费中的低碳发展公众参与研究范畴。在国内,这方面的研究也很多。一些学者就公众参与低碳城市建设问题进行了部分探讨:如辛章平和张银太认为,基于公众行为的低碳消费模式对低碳城市的建设有着十分重要的意义⑥;又如付蓉对低碳城市建设的相关概念和公众参与低碳城市建设的论述、对中国公众参与低碳城市建设的现状和存在的问题及其背后的

---

① Gary Higgs, et al, Using IT Approaches to Promote Public Participation in Renewable Energy Planning: Prospects and Challenges, Land Use Policy, 2008(25), pp. 596-607.

② Chen Hong, et al, How does individual low-carbon consumption behavior occur? -An analysis based on attitude process, Applied Energy, Mar2014, Vol. 116, pp.376-386.

③ 洪大用:《中国低碳社会建设初论》,《中国人民大学学报》2010 年第 2 期,第 19—26 页。

④ Emil Juvan, Sara Dolnicar, Can tourists easily choose a low carbon footprint vacation? Journal of Sustainable Tourism, Mar2014, Vol. 22 Issue 2, pp. 175-194.

⑤ 田甜:《论政府主导多元主体参与我国低碳城市建设》,呼和浩特:内蒙古大学硕士学位论文,2012 年。

⑥ 辛章平、张银太:《低碳经济与低碳城市》,《城市发展研究》2008 年第 4 期,第 98—102 页。

深层原因的分析、对完善中国公众参与低碳城市建设的政策建议阐释①。还有些研究者讨论了低碳发展公众参与在农业发展中的应用②。此外,还有低碳社区建设、低碳旅游、低碳出行等方面,这里不再赘述。

---

① 付蓉:《低碳城市建设中的公众参与研究》,武汉:华中科技大学硕士学位论文,2009 年。
② 漆雁斌、江玲:《我国农业低碳发展参与主体的博弈行为与困境化解》,《农村经济》2013 年第10 期,第 8—12 页。

第 二 章

低碳发展公众参与的国际案例

西方国家自工业革命以来,在应对经济社会发展中的资源短缺和环境污染问题,以及提升经济社会发展效率的过程中,逐渐摸索出了各具特色的低碳发展公众参与模式,这些先进的模式,是我国落实低碳发展公众参与过程中可供借鉴的宝贵财富。

第一节　日本模式——构建"低碳社会"
行动计划

日本是《京都议定书》的倡导国家之一,在低碳社会方面,日本设计出了相应的构想方案以及行动计划。日本领导者给出了"低碳社会"的理念,并认为如果没有"低碳社会","低碳经济"的发展便无从谈起。"低碳社会"的发展需要遵循一定的原则,这些原则包括:降低排放,人人树立节俭意识,简化生活方式,提高生活质量,高消费社会逐渐被高质量社会所替代,社会发展与自然发展相协调,将实现社会与自然共同发展作为人类发展经济的一致目标。总体而言,日本"低碳社会"的公民参与主要包括以下几个方面:

一、推广"低碳社会"基本理念,形成全体国民"共同参与"的社会氛围与共识

(一)岛国现实与国民心态,对国家未来发展心存忧患,急切呼唤"低碳发展"

很多国民有着"岛国不安全感"这样的心态,主要表现在资源紧缺的忧虑上。众所周知,日本资源能源匮乏,其经济发展以及居民生活上所需要的天然气、石油及煤炭等,几乎全部进口。这种压力促使日本人开始学习先进的科学技术,并且更新管理方式和管理理念,提高生产效率,减少能源消耗,通过高科技、低成本以及高效率的方式在世界市场上谋发展,能源的过度对外依赖也促使日本开始对低碳发展上下工夫。

(二)国民改变资源浪费型的生活方式,政府作用倡导简单而质朴的生活方式

日本政府以及社会上各个组织借助于网络、报纸等方式针对广大居民宣传节能知识,并且将这种宣传工作持续下去。节能产品不断问世,日本节能中心定期向社会公众公布节能产品排行榜,在当下的日本,节能意识已经具体到日本居民的衣食住行上。

1.衣着方面

在 2005 年,日本环境省提出男士在夏天穿便装同时不准系上领带,冬天和秋天加穿一层毛衣,同时女士放弃裙子改穿裤子①。在夏天空调温度不再是之前的 26 摄氏度,而是被调整到 28 摄氏度,冬天调整到 20 摄氏度。根据数据统计分析,夏天空调从 26 度上调到 28 度后,可以节省 17% 的能源消耗②。

2.饮食方面

在饮食上,经过研究,设计出从购买到烹调再到丢弃的一系列节能技术。比如在食物购进上,购买者购进应季水果或者蔬菜,而不再购买反季节蔬菜,这是因为反季节蔬菜在种植上需要付出更多的能源。并且,尽量选择离居所

① 《节约能源日本精打细算》,《科海故事博览》2010 年。
② 《日本的低碳革命与国民节能自觉行动》,《节能与环保》2009 年第 05 期,第 6—7 页。

近的购物场所,来节省运输消耗。在食物存储上,尽量少存储,冰箱温度也要随着季节变化进行调整。另外冰箱尽量放在通风阴凉的地方,这样一年下来每台可以节约45千瓦时。

3.居住方面

在进行房屋建造的时候,对墙壁和地板的隔热性进行充分考虑,比如应该对窗户进行怎样的设计才能够更好地利用自然光,达到室内通风的目的等①。日本家庭在热量排放上更是成熟,例如有些家庭将洗澡用过的热水进行过滤之后再用来洗衣服。

4.出行方面

很多日本家庭只是在旅游的时候才会使用轿车,在日常生活中上下班的时候,一般会选择公交车。在日本特大城市,轨道交通发达,有着很好的通达性和便捷性,因此轨道公交出行比率很高。居民自己在开车的时候,也注意环保节能,不会猛加速,会定时检查车胎气压,不超载。

(三)"十二项低碳社会行动"方案,引领日本低碳转型

《面向低碳社会的12项行动方案》的研究报告②,汇聚了日本低碳社会研究者的研究成果和专家的观点,针对实现日本到2050年CO_2排放量削减70%的目标(基于1990年水平)提出的行动指南(见表2-1)。每项行动彼此之间

表2-1　日本面向低碳社会的12项行动方案③

方案名称	解释	预计CO_2削减量
1.舒适和环保的建筑	设计能有效利用太阳能和能源利用效率高的智能建筑	住房部门:48-56MtCO$_2$
2.节能设备的合理使用	使用符合"领跑者"计划的产品与合适的节能设备,建立以租赁服务为核心的产品消费模式来减少使用节能设备的成本,提高节能设备的利用率	

---

① 温迪、刘建波:《实用篇:高调节能低调生活》,《走向世界》2007年第20期,第36—39页。
② 陈柳钦:《日本的低碳发展路径》,《环境经济》2010年第3期,第37—41页。
③ 鲍健强、王学谦、叶瑞克、陈明:《日本构建低碳社会的目标、方法与路径研究》,《中国科技论坛》2013年第7期,第136—143页。转引自Japan Scenarios and Actions towards Low-Carbon Societies。

续表

方案名称	解释	预计 CO_2 削减量
3.支持当地时令农业食品	为本地居民提供当地安全低碳的时令食物	工业部门：30-35 $MtCO_2$
4.环保的建筑材料	使用当地可重复利用的建筑材料	
5.注重环保的工商业	建立并发展低碳商业,通过采用节能的生产系统来提供低碳和高质量的产品与服务	
6.快捷畅通的物流	在完善的交通设施与信息通信技术的支持下,实现物流系统与网络的全面结合	运输部门：44-45 $MtCO_2$
7.合理的城市设计	通过高效的公共交通系统,制定与实施适合步行、自行车出行的城市规划	
8.低碳电力	通过大规模发展可再生能源、核能并使用碳捕捉与储存技术,来提供低碳电力	能源转换部门：81-95 $MtCO_2$
9.可再生资源的本地化	对当地的可再生资源进行有效的利用,如太阳能、风能、生物能和其他可再生能源	
10.新一代燃料	发展氢燃料与生物燃料	
11.通过产品碳排放标记引导合理消费,支持低碳产品	通过产品碳排放标记、公开产品能源消耗和 CO_2 排放量的信息来引导消费者合理消费,宣传低碳消费知识	各部门混合
12.建设低碳社会的领导阶层	培养人才将会为实现低碳社会作出非凡的贡献	

紧密联系,某一部门的减排也有利于其他部门的减排。政府必须在建设低碳社会上展现领导力,中央—地方政府、城市、商业团体、非政府组织和其他团体应该理解他们在构建低碳社会中的角色,彼此之间的相互合作并发挥作用,通过各部门的共同努力,创建低碳社会。

（四）清洁可再生能源开发利用,促进人与自然和谐相处

日本在 1992 年尝试在个人住宅内部安装太阳能发电设备①。在这之后,国家以及地方组织对于这种设备予以高度重视和支持,太阳能发电设备在日

————————

① 《世界各国新能源发展战略图概览》,《工程机械》2010 年第 06 期,第 79—82 页。

本得到很好的普及和应用。

当下,日本有着两种民用燃料电池形式,分别是用于车辆能量提供的燃料电池以及用于家庭使用的燃料电池。截至 2008 年,日本已经有三千户家庭安装了家用燃料电池系统。

二、制定长远发展规划和详细目标,建立"产业—政府"一体化 "公民参与"的创新体系和推广途径

在企业落实国家所颁发的节能环保规范的阶段,日本的监督管理方式具有系统化特性,该管理模式细分为四级,依次是首相——经济产业省——每个县的经济产业局——下属资源能源厅①。产业政策推出后,日本大量企业开始将节能视为企业提高市场竞争力的一个方面,纷纷将节能技术研发视为企业重点工作之一。

(一)政府制度建设激励低碳发展

2008 年日本政府对六个积极采取有效措施防止温室效应的地方城市授予了"环境模范城市"的称号,政府开展此活动的目的是促使日本社会向"低碳社会"方向发展,打造世界首个低碳社会型国家。2009 年,日本通过"支援节能家电环保点数"体制,将居民平常的消费活动上升为社会主流观念,来更好的发挥绿色经济社会影响力。

(二)政策法规引导保障低碳参与

为了能够控制二氧化碳的排放量,日本经济产业省开始实施各种新的政策,比如针对太阳能发电设备安装方面给出资金补助,针对石油公司以及煤气公司提供一定的生物燃料等。为了能够促使环境技术得到有效的推行,日本还给出了两个政策性措施,第一个是限制措施,如在日本所推行的《建筑循环利用法》条例中明确规定,日本民众在房屋建造改进阶段有义务循环利用所有建筑材料,日本也因此发明了世界先进的混凝土再利用技术;第二个方面是

---

① 杜婕、贾甲:《基于结合成本收益分析解读日本的低碳经济》,《工业技术经济》2011 年第 12 期,第 115—119 页。

提供一些补助金,目前日本政府针对"恢复家庭购进太阳能发电设备"提供补助展开讨论,或在日后的发展中减少对中小企业购入太阳能发电设备的限制①。除此之外,日本政府已经针对购买清洁柴油车的个人或者企业提供一定的资金补助,希望能够有效的推进环保车辆在社会中的普及②。

(三)低碳发展重点产业:交通运输

在日本,其核心产业便是汽车产业。当下,日本最重要的任务便是发展"低碳汽车",也就是对"环保车"技术进行开发。为了能够有效推动这项研发工作,日本政府构建起"领跑者计划",针对研发成功的团体或者个人给予一定的资金扶持。

与此同时,日本研究组织、企业以及政府在新能源汽车的发展方面已经形成了共识:到2030年实现燃料电池汽车在所有城市中普及的目标。在日本政府与企业行为方面,燃料电池汽车开始投入战略实施,混合动力汽车开始进入市场并形成竞争局面。

(四)低碳参与重点领域:住宅和办公大楼

日本通过财政制度、管制措施等鼓励低碳参与。具体内容主要包括:首先是编制住宅领跑者计划,设立低碳化住宅建设标准,并进一步将这些标准下达给开发商促使其予以贯彻。其次是编制办公楼领跑者计划,即针对办公楼内部的冷冻库、冰箱以及打印机等这些设备实施领跑者计划,国家对使用高效率机器设备的企业在税收上给予优惠。

三、通过财税、金融政策进行鼓励和支持,支撑低碳发展中企业、社区、个人的资金需求

日本构建绿色金融扶持体系,促使大量的社会资金向低碳技术创新项目上进行投资,从而为低碳社会战略的实施注入推动因素。详细的措施包括三

---

① 李然:《低碳经济的国外"先行者"》,《宁波经济(财经视点)》2010年第1期,第44—45页。
② 刘画洁:《个人碳排放行为的法律规制——以碳中和理念为中心》,《江淮论坛》2012年第4期,第23—28页。

方面内容①:第一是引导金融机构积极承担二氧化碳减排的责任。第二是在二氧化碳排放量信息的披露上明确强制性要求。第三是帮助民间资金投资低碳技术创新板块降低和规避风险。除此之外,日本政府如今所打造的低碳经济金融资本市场,主要目的是期望其将低碳经济融资道路拓宽并充实融资途径。

四、自愿协议②广泛而迅猛发展,成为地方低碳发展中企业、政府、居民之间强有力的制衡机制

所谓自愿式环境协议,是日本 20 世纪 60 年代出现的一种协议形式,这种协议在八十年代于欧美国家得到普及。日本自愿式环境协议的主要内容是:公害防止协议/环境保全协议;有害大气污染物质自主管理计划;EC-JAMA机动车燃油费自愿式协议;环境自主行动计划(简称"行动计划");绿色购物网络(GPN)等③。

五、案例分析:日本丰田市的低碳行动④

日本丰田市位于名古屋市东约三十公里,人口 41 万余人(2005 年)。1938 年丰田汽车在该城市设厂,此后该地区汽车行业发展较为迅速,并成为以汽车产业作为发展核心的工业城市⑤。2009 年,丰田市获得了日本十三个低碳示范城市之一的美称。具体而言,丰田市的低碳行动有以下特点:

---

① BouwerM,Jonk M,Berman T,et al:Green Public Procurement in Europe 2006-Conclusions and recommendations [EB/OL].VirageMilieu & Management bv,Korte Spaarne 31,2011 AJ Haarlem, the Netherlands.http://europa.eu.int/comm/environment/gpp.
② 作者注:自愿协议,在日本称为环境和污染控制协议 EPCAs,在地方政府、私营企业和当地居民团体间缔结,根据不同地方特殊的背景来设计环境目标,严于国家和地方官方标准。
③ 胡云红:《日本自愿式环境协议实施评析及对我国环境保护管理的启示》,《河北师范大学学报(哲学社会科学版)》2012 年第 02 期,第 146—152 页。
④ 鄂平玲:《市长牵头组职能机构日本丰田市践行低碳社会》,2011 年 9 月 29 日,见 http://www.chinanews.com/cj/2011/09-29/3361586.shtml.
⑤ 宋雅:《日本丰田市"日本制造"的脊梁丰田》,《城市地理》2012 年第 04 期,第 150—157 页。

（一）以居民为主体，以生活圈、社区为单元，力争实现能源利用的优化

丰田市低碳社会系统实证推进协议会（简称协议会），是该项目实施的重要职能机构，丰田市市长担任该会会长，该协议会成员包括名古屋大学、爱知县、丰田市、三菱、富士通、夏普等团体和企业组织。该协议生效的第二年，丰田市开始展开"家庭、社区型低碳城市构建实证项目"。丰田市以及丰田汽车、交通、流通、能源和住宅等相关政府以及企业，完成了新一代低碳能源与社会系统构建的实证活动。该项目是围绕居民活动路线、日常生活出行方式乃至整个生活范围，在整个社会推进能源利用的优化工作。

（二）构建家庭内及地区 **EMS** 的关键技术——**HEMS**（家庭能源管理系统）

在 EMS 关键技术中，其核心内容是将一切设备上的节能、创能以及蓄能功能统一成为一个整体，来实现真正的自产自用。比如在引入太阳能发电系统的时候，对系统中的措施成本进行控制，尽量促使其维持在较低水平；通过家电遥控器对各种电器能耗状况进行监测，并时时调节维持在节能指标要求范围内；环保汽车夜间进行充电，以保证剩余电能储藏进蓄电池设备内，有利于调节家庭消费。

第二节　英国模式——政策支持与高新技术研发共同驱动"低碳参与"

事实上，英国是第一个提出"低碳"概念并致力于发展低碳经济的国家。英国确定了以 1990 年为基数，到 2010 年减少主要温室气体 CO_2 排放量 20% 的目标。英国率先步入低碳发展之路，在发展低碳经济和构建低碳社会的过程中，积极依靠社会力量，动员社会参与，许多做法值得借鉴。

一、公民参与：从社区到家庭，全民倡导低碳生活

英国政府和社会运用多种手段引导公民由传统生活方式向低碳生活方式转变：

（一）家庭领域零碳排放

在家庭新建房屋方面，英国政府提出所有房屋需要在 2016 年之前实现零排放要求。目前新建房屋中至少有三分之一要体现碳足迹减少计划，不使用一次性塑料袋等①；政府环境、食品与乡村事务部设立了碳信托基金，提供节能服务和贷款等②；节能信托基金诞生，主要为绿色住房服务、能源标识和建筑节能绩效证书制度等提供服务；在家用电器上使用欧盟标准进行规范；合理使用不同的财政工具，如减少增值税等，并制定实施燃料贫困补助计划③。

（二）低碳社区

为了最大限度地宣传和引导居民参与到低碳发展的实践中，英国从政府部门、企业到民间组织，都十分重视"低碳社区"的示范试点与建设，使居民早日体验与享受到别有风趣又分外重要的低碳生活方式。

例如，位于伦敦南郊、始建于 2002 年的伯丁顿零能耗生态社区，是英国首个完整的"零能耗"和"零排放"的样板生态社区，很多节能减排措施在该生态系统社区中体现出来：借助于生物质燃料热电联产来实现小区供暖；借助于屋顶光伏板来实现电动汽车的充电；采用节能电器；不断增加保温绝热材料厚度来减少供暖以及降温等设备的使用④。鉴于此，该生态社区与其他同类型居住区进行对比后显示，其节省了大约 90% 的能耗，用电量下降了 1/4，用水量仅为英国平均用水量的一半，但是该社区居民的生活质量丝毫不受影响。零能耗生态社区的发展仅仅处于起步阶段，运转过程中确实出现了不少问题，但是不能否认的是这种生态社区将成为发展循环经济和低碳经济的一种有效方式和积极选择。

（三）"一个地球生活"

英国生态区域发展集团和世界自然基金共同设立"一个地球生活"项目，其主要目标是促使可持续生活方式在全世界范围内成为一种风尚，并赢得所有人的认可和欢迎。在此基础上，进一步实现对资源的有效利用以构建更加

---

① 贾爱娟、秦建明：《低碳经济下的企业商机》，《科技创新与生产力》2011 年第 1 期，第 76—80 页。
② 《英国发展低碳经济的经验》，《节能与环保》2009 年第 12 期，第 9—10 页。
③ 周洁、王云珠：《国外发展低碳经济的启示》，《科技创新与生产力》2011 年第 5 期，第 52—58 页。
④ 徐锭明、赖江南：《知行结合引领变革——英国低碳发展考察报告》，《能源政策研究》2008 年期。

和谐的世界。根据"一个地球生活"思想,社区在进行建设的时候,需要严格根据十项原则来进行,包括零碳排放、无废弃物排放、可持续性交通、当地材料、本地食品、水低耗、动物与植物保护、文化遗产保护、贸易公平公正以及健康快乐生活方式等,以保证居民方便、高质量的生活状态①。

二、企业参与:统一"碳足迹"测量标准,开展碳排放交易

2009 年《产品与服务生命周期温室气体排放评估规范》由英国标准协会、节碳基金和英国环境、食品与农村事务部联合提出②。该规范是一套全新的标准,具有明显的强制性,用来计算产品或服务在整个生命周期的碳排放量水平,以帮助企业更好地来衡量所提供产品或服务给气候环境造成影响的程度,推动企业不断改进产品,增加其在产品设计、生产和供应等过程中降低温室气体排放的内容,最终提供更加健康绿色和更小碳足迹的产品或者服务③。

在这之后,英国碳信托有限公司开始在各个企业内部,针对七十五种产品推行上述标准(这些公司包括有马绍尔、百事可乐、博姿等)。从总体上看,上述《规范》使得企业可以开始依据"能够测试产品以及服务的碳足迹"的统一标准,能够有效地帮助企业认识到自己内部产品或者服务在碳排放问题上的信息状况,并在此基础上采取可靠可行的方式降低供应链中二氧化碳的排放量。

三、低碳公共政策与公众参与:制定国家低碳发展战略,引导公民参与和完善低碳公共政策

面对气候变化、环境恶化与资源短缺给人类带来的巨大压力,英国政府在

---

① 张贡生、李伯德:《低碳城市:一个关于国内文献的综述》,《首都经济贸易大学学报》2011 年第 1 期,第 107—120 页。

② 中国电子技术标准化研究所相关课题:《国内外碳排放标准组织及相关标准》,《信息技术与标准化》2010 年第 11 期,第 9—10 页。

③ 冯相昭、赖晓涛、田春秀:《关注低碳标准发展新动向——英国 PAS2050 碳足迹标准》,《环境保护》2010 年第 03 期,第 74—76 页。

全世界率先将低碳发展列入国家经济与社会的基本国策与发展战略,并且将低碳发展作为未来企业以及国家提高竞争力的重要方式,进一步提高英国在国际政治经济舞台上的地位。为了保证低碳发展战略获得良好实施,英国政府设立了系统性的政策法规以及具体的指导措施:英国政府为了鼓励和促进可再生能源的开发利用,在 1998 年开始建立了以非化石燃料义务和化石能源税作为核心内容的法律架构①。《英国低碳过渡计划》在 2009 年颁布实施,这意味着英国是世界上首个在政府预算框架内制定低碳排放管理规划的国家。根据这项计划,英国政府还同时提出了三个配套计划,分别是《可再生能源战略》、《英国低碳工业战略》及《低碳交通计划》②。其中,《可再生能源战略》设想英国在 2020 年有 15% 的能源来自可再生能源,《英国低碳工业战略》则旨在给予拥有发展潜力和市场竞争力的企业更多的发展扶持(这些企业包括水力发电、海上风力发电等),《低碳交通计划》提出英国在未来十年时间内交通行业碳排放量能够达到减少 14% 的目标。

四、技术创新与研究:保障低碳公民参与,支撑低碳社会发展

为降低能源替代成本,英国政府发出声明,对商用技术的研发以及推广予以全力支持,希望能够在低碳产业技术上拥有一定成就。

在低碳发展技术创新方面,英国尤为关注的是碳捕获和埋存技术,即 CCS,这项技术在世界各个国家实现温室气体控制目标上发挥了非常重要的作用。英国在 2005 年建立起小型示范基金(涉及金额约 3500 万英镑),并且颁布了《减碳技术战略》。2007 年英国在预算中规划建立首个 CCS 技术示范项目。《能源白皮书》在 2007 年予以颁布并进一步明确了操作细节。与此同时英国宣布举行一场竞赛,其目标在于保证 2014 年做到百分九十以上的能源捕获与埋存(在此计划中,英国政府全额提供了 CCS 示范项目的成本资助)。

---

① 范光:《英国可再生能源政策》,《全球科技经济瞭望》2003 年第 5 期,第 22—24 页。
② 《谁会夺取未来全球经济发展制高点——世界各国经济转型概述》,《四川党的建设(城市版)》2010 年第 7 期,第 37 页。

五、案例分析:苏格兰低碳发展的公共参与战略①

公共需求永远是变化的主要驱动力,虽然有些行动要通过苏格兰政府的建议、政策和英国以及欧盟的决定得以实现。苏格兰的很多民众已经展现出为了应对气候变化所作出的努力。苏格兰政府也通过"气候挑战协会"等其他组织支持和鼓励民众。越来越多的社区在积极地丰富知识和分享可持续生活的实践经验。同样,很多行业领袖也已经践行了他们的承诺:或者帮助推进可再生能源产业,或者鼓励中小企业更有效地管理能源使用,或者创造性地思考新的"绿色"商业机会。与此同时,教育系统(学校、学院和大学)敏锐地意识到要将需要的技能发展与低碳经济的机遇、需求和低碳生活方式联系起来。苏格兰工会一直在伙伴合作的前沿开展工作,以确保苏格兰发展低碳经济在经济、就业、社会和环境效益等方面的收益最大化。

苏格兰的气候变化目标(到 2020 年减排 42%,到 2050 年减排 80%)是很有远见的,同时也是雄心勃勃的。他们在 2009 年得到了来自苏格兰议会跨党派的支持,并在国内外受到广泛的欢迎和支持。但设定目标仅仅是个开始,只有通过政府、私人、公共和第三方、当地社区和个人等多方力量贡献联合的方法才能实现。苏格兰议会认识到这一点,例如 2009 年苏格兰气候变化法案要求苏格兰部长"发布公众参与战略制定他们打算采取的步骤":首先,通过具体的行动实践,告诉人们在苏格兰的气候变化法案中规定的目标;然后,鼓励他们实现这些目标;最后,识别苏格兰民众可能采取的行动和为实现这些目标作出的贡献。

除了法定要求的公众参与策略,苏格兰政府还将工作着力点放在以下两方面:一是告诉苏格兰民众气候变化的影响和后果;二是鼓励行动以确保社区应对负面影响,同时能够充分利用气候变化带来的机遇。

(一)重视研究论证

苏格兰在确定公众参与的方法途径过程中,通过研究结果(来自政府或

---

① 作者注:详细内容参考苏格兰政府制定发布的 Low Carbon Scotland:Public Engagement Strategy,Edinburgh(ISBN:978 - 0 - 7559 - 9912 - 5),2010 年 12 月出版。

其他研究机构)提供的证据来决定相应的观点和态度选择:

苏格兰政府分析人员的研究已经确定了个人行为产生最大影响的领域,在于减少能源需求和为苏格兰气候变化的目标贡献力量。然而,基础设施、服务、产品和社会提供的各种支持,都在塑造着政府开发的习惯和选择。社会和文化规范(包括邻居、朋友、同事和家人等)决定了公民的个体愿意。

苏格兰政府已经推出了一系列措施。例如,气候变化基金,帮助大约250个社区的居民减少排放;家庭隔离项目,目标是50万个家庭;每年1350万英镑资金支持社区能源发电。苏格兰政府还采用了新政策以建立长效机制,例如,当地政府有义务为在家里安装节能措施的家庭提供税收折扣。

苏格兰政府始终强调,弄清楚个人和家庭在哪些方面采取行动是应对气候变化的关键,因为这一直是过去混乱不清的概念。支撑这一战略的分析表明,有四个主要领域个人和家庭的贡献效果是最显著的——家庭能源、交通出行、食物和消费。

1.家庭能源

(1)家庭供暖系统——升级到现代冷凝锅炉对于排放量和账单付费会产生很大影响。在一些地区,通过采用微型技术,如太阳能热水器、生物锅炉、热泵或者参与地区性集中供热方案等方式能够节约大量的能源和花销。

(2)保持热量不流失——隔离设施、防通风设备和双层玻璃可以有效帮助减少房屋的热损失,这意味着可以减少需要的能量,并且省钱。

(3)管理家庭取暖设施——通过及时关闭加热设备和恒温器等,并且确保只在必要时使用它们,能够有效地节省大量能量需求和金钱。

(4)节省电力——当需要替换的时候,购买节能电器并尽可能有效地使用(例如关灯、不让电器处于待机状态、填满洗衣机和烘干机避免负荷不足的使用),这将有助于减少电力消耗和排放,降低花销。

2.交通出行

(1)减少对汽车的依赖性——公路运输占了交通运输能源排放量的70%。运动式短途出行(如步行和骑自行车等)有益于健康、降低成本和低碳生活。在运动式出行不可覆盖的领域,公共交通或汽车共享("拼车")成为替代开车的低碳选择。

(2)增强驾驶的有效性——使用燃油效率高、混合动力、电动汽车替代燃料可以显著减少排放：一流的汽车燃油排放量只是同等条件下最差汽车的一半，可以节省大量燃料。通过遵循环保驾驶的原则更有效地驾驶可以节省燃料和金钱。

3.食物

(1)避免食物浪费——大多数人说不喜欢浪费食物，但证据显示，在苏格兰三分之二的食物丢弃是可以避免的。如果避免食品浪费估计相当于减少四分之一的汽车出行，所以这是一个很重要的方面。

(2)吃健康的食物——选择居住地当地应季的水果和蔬菜，虽然关于低碳饮食存在一些争论，但非常清楚的是，应季食物在季节种植和运输方面通常需要更少的能量，在本地，当地纯天然的水果和蔬菜比大多数肉类和加工后的食物碳足迹更少，健康的饮食可以帮助从所吃的食物中减少碳排放。

4.消费

有证据表明，如果每个人都像西方社会生活方式一样生活，人类需要两倍于地球的资源才能支撑。面临这个问题，需要更多地强调：减少和重复利用，在循环利用方面付出更多的努力。

(二)公共参与原则

必须认识到，公众参与只是一系列试图改变的广泛措施中的一部分，因此，苏格兰政府设定了一些基本原则：

(1)动机先行，注重前瞻，专注机会；

(2)伙伴互相支持，建立系统方法——不是每个人都会在同一时间选择相同的路线和方法；

(3)意识到大部分的参与都将交由其他人执行，苏格兰政府没有能力、也不应该寄希望于集中和统一公众参与；

(4)有效和实用的成本控制，尽可能建立在现有网络和活动基础上，避免重复；

(5)在沟通交流中清晰和连贯一致，尽可能使用白话；

(6)聆听，并参考别人的观点。

（三）公共参与的主体与应对的优先问题

苏格兰政府认为"低碳苏格兰：公民参与战略"的作用是使得更多的公众了解为什么苏格兰能从低碳社会中受益，它可以带来就业机会的增加，技能和生活质量的提高。

苏格兰政府致力于突出低碳社会为公众带来的机遇，并鼓励苏格兰民众参与、帮助实现低碳社会的目标；将使企业和企业主参与其中，促进低碳经济战略实施，并寻求他们对于低碳经济的投入；带领所有的公众参与到渐进行动中——为已经发生的气候变化做好理解和准备；思考进行教育的文化部门的角色。

考虑到包罗万象的挑战，这一战略也为苏格兰政府的各个团队提供了一个机会，使得苏格兰政府可以反复确认规定并确保其有效性和可能性。该战略认为逐渐建成一个低碳社会需要共同努力，需要与公众和组织的广泛合作，包括：社会团体、个人、私人部门、公共部门、教育部门、工会、志愿服务与第三方组织及媒体。

第三节　丹麦模式——政府引导、
企业助力、全民参与

"童话王国"丹麦，作为当之无愧的全球气候领跑者与世界绿色能源的领先者，以其独特的"丹麦绿色低碳模式"享誉全球，堪称低碳发展的典范。2010 年 12 月，《联合国气候变化框架公约》缔约方峰会在丹麦首都哥本哈根顺利召开，更令丹麦模式举世瞩目。从 20 世纪 80 年代至今，丹麦经济累计增长近 80%，能源消耗总量增长趋近于零，二氧化碳气体排放量更是降低了13%，创造了经济繁荣与节能减排互不矛盾的"丹麦绿色低碳模式"（Danish Green Low-carbon example）。

回溯历史，自从 1973 年世界爆发了第一次能源危机以来，丹麦国内的各股力量包括政府力量、各种社会组织力量、民众力量迅速而有效地集结起来，形成一股强大而持续的合力,共同应对与解决当时的能源危机问题,并对未来的低碳发展进行了高瞻远瞩的规划设计。当危机来临时,丹麦人并非仅仅思考如何渡过眼前的危机,也不仅限于制定短期应急措施,做一些被动的、反应式的动作,而是去思考危机最深层的根源何在,从战略的高度抉择今后的发展方向,进而制定出一系列可行有效的方案。

丹麦的绿色低碳模式,是在政府的倡导下,全民的参与中,尤其是在大批企业敏锐洞察、捕捉商机、主动作为中实现的。丹麦的零碳生活,离不开政府政策法规的约束和引导,离不开企业的科技创新,更离不开全体民众的广泛参与与积极行动。①

一、丹麦政府作为低碳发展的领航者和领导内核,引领、掌控着绿色低碳模式的发展方向

(一)高度重视国家能源战略制定,成立专门机构负责主管

丹麦政府尤为重视国家能源战略的制定,认为如此重大且关系到国家长远发展的战略制定工作必须由一个特定的政府部门来负责,其具体职责包括统筹制定丹麦能源发展战略,组织实施、监管反馈战略的执行情况。据此,丹麦能源署应运而生,于1976年正式成立。其设立之初旨在摆脱能源危机与保障能源安全,之后,其管理职能逐渐扩展至国内能源生产、供应、分销与节能控制,并在温室气体减排、新能源开发、节能技术创新等领域发挥着日益重大的作用②。这表明,丹麦能源署是一个集出台能源政策、保障能源安全、提高成本收益和发展国际能源市场等多重职能于一身的高效部门,其在逐年的探索与发展中已然蜕变为丹麦政府实施低碳发展策略的领航员和锐意进取的领导内核。

(二)科学制定、逐步完善低碳法律框架,形成较为完备的制度保障

实践证明,健全的法律制度体系是低碳发展的基本保障,正如成熟的市场

---

① 《丹麦如何零碳生活:政府引导企业助力全民参与》,中国广播网2011年12月6日,http://china.cnr.cn/ygxw/201112/t20111206_508883754.shtml。

② 杨卫军:《低碳发展看丹麦》,《群众》2011年04期。

经济需要成熟的游戏规则。为此,丹麦政府致力于通过一系列健全有效的法律法规来为低碳发展保驾护航,一整套精心制定的法律规范对全国各行各业的节能减排均规定了详细而明确的法律约束与控制指标。比如,丹麦政府于20世纪70年代中后期相继颁布了《供电法案》和《供热法案》,80年代又先后通过了《可再生能源利用法案》与《住房节能法案》,2000年推出的《能源节约法》于2004年12月进行了修订,要求到2025年能耗水平需维持在目前状态①。不仅如此,丹麦政府积极承担国际环保义务,作为经验丰富的资深减排大国、国际减排合作的倡导者与践行者,长期致力于签署、实施国际节能减排合作协议,成为国际低碳发展领域的引领者。

值得提出的是,丹麦是世界上最早对垃圾分类处理进行立法定规的国家,其对于垃圾处理实施了极为严苛的规定。比如,垃圾首先要送到回收站进行分类;只有经过回收再利用流程后剩余的垃圾,才能被送到垃圾焚烧厂;只有焚烧余烬或无法焚烧的垃圾,才允许填埋。而且,丹麦税收部门根据不同的垃圾处理方式,征收不同税率的环境税②,以此来敦促与鼓励民众实施垃圾分类③。如今,丹麦民众对分类投放垃圾已经积久成习,成为一种自觉、自然,甚至是一种被社会所尊崇的行为风尚。

(三)充分利用财税金融等经济政策,引导低碳发展

丹麦政府实施的经济激励政策对于低碳经济的发展至关重要,其犹如一剂推动经济发展的"强心针",准确而有效地注入了丹麦低碳经济的"心脏",使其在短时间内动力倍增,迅速勃发,同时还收获了明显的社会环境效益。

1.定价优惠,财政补贴

能源是经济发展的"动力燃料",可再生能源是国家经济可持续发展的重中之重。丹麦政府采取了诸多措施以助推可再生能源尽快融入市场交易,比如对近海风电、垃圾发电等"绿色电能"实行优惠定价,对生物质能发电给予

---

① 来尧静、沈玥:《丹麦低碳发展经验及其借鉴》,《湖南科技大学学报(社会科学版)》2010年06期。
② 比如分类垃圾收费低,混合垃圾收费高等。
③ 丁海林:《生活垃圾管理的"丹麦模式"》,《中州建设》2011年03期。

相应的财政补贴,以资激励。

2.价格调节,绿色推进

通过价格调节机制,强力支持绿色能源的生产、发展和市场推广。比如采用固定的风电电价,以保证风能投资者的利益,鼓励更多市场主体参与风电投资。

3.税收改革,奖惩分明

自 1993 年通过环境税收改革决议以来,丹麦逐渐形成了以能源税为核心,包括水、垃圾、废水、塑料袋等 16 种税收的环境税体制①。20 世纪 80 年代初到 90 年代中期,所有风电收入一律免税。政府对绿色能源不仅不征税,还提供一定的补贴,以吸引、鼓励对于绿色能源的投资。与此相反的是,丹麦作为最早开征碳税的国家之一,政府对化石燃料所征税收非常高昂,以达到抑制高碳能源使用的目的。

(四)积极开展国际区域合作,保障国家能源安全

在发展风电系统中,丹麦政府格外重视区域合作的力量。1999 年,丹麦通过与邻国电网的对接,形成了"丹麦—瑞典—挪威—芬兰"四国电力交易市场,实现了除冰岛外北欧国家电力的互输流通,从而保障了各国的能源安全并提升了能源使用效益。例如,在风力匮乏时,丹麦会从挪威进口水电,但当风力发电产能过剩时,丹麦则将富余的风电通过北欧电力交易市场转卖给别国,以此盈利。

位于挪威首都奥斯陆的四国电力交易市场为电力在北欧区域的自由交易、流通共赢提供了良好平台,丹麦电力和天然气市场也借此完全开放,充分以国际市场需求为导向,根据市场情况变化灵活开展跨境能源交易,通过电力进出口调节供需,实现国家能源利益的保障兼增值。除此以外,丹麦还将市场触角伸向了整个欧盟市场,向欧盟及海外大量输出丹麦海上风电的优势技术,这让丹麦低碳经济技术出口 13 年来增长了 8 倍。②

---

① 裴桂芬、左晓龙:《国外绿色税收的发展及启示》,《中国财政》2009 年 08 期。
② 董小军:《低碳经济的丹麦模式及其启示》,《国家行政学院学报》2010 年 03 期。

二、各类社会组织作为丹麦低碳发展的动力来源和助推力量，推动、维持绿色低碳模式的不竭发展

(一)政府与私人投资者密切合作，加强低碳技术研发，提升低碳科技创新水平

丹麦早已经充分认识到开发与掌握低碳技术的重要意义，科技创新对于抢占市场高地非常关键。比如，丹麦是一个三面临海的多风之国，得天独厚的风力资源为其占领低碳市场开辟了新的路径。源源不绝的强劲风能是驱动丹麦利用风力发电的外部因素，而国家的引导扶持、政府与企业、私人投资者的密切合作，才是让丹麦风能产业迅速勃兴的内在动力，使其风能技术的应用、发展与创新迅速走到了世界前列。[①]

据统计，丹麦 2014 年风能发电占总电量的 39.1%，该比例位居世界第一；全世界超过 90% 的离岸/海上风力涡轮机都建在丹麦。[②] 因此，丹麦风力发电一直都是世界其他致力于风力发电的国家争相学习之榜样，丹麦更是实至名归的"风电王国"。在发展方式上，丹麦政府依据地区就近原则推广风能项目，根据各地区的实际情况建立规模适中、形式灵活的风机合作社，以此加强与地区组织、家庭个人的密切合作，而且风机合作社的股份也大都被当地投资者持有。丹麦全国 15 万个家庭均是风机合作社的成员，其规模之大、影响之深，令人赞叹。此种组织形式既有效增加了风力发电的装机容量，推动了项目的广泛普及，又提高了以风能为代表的可再生能源在丹麦国人心中的认可度。风电的发展充分融合了广大民众的高度参与，这便是代表能源民主的一个鲜活标本。

(二)高科技企业强势介入节能与新能源研发，在提升企业利润的同时，又实现低碳科技新突破的双赢

在丹麦政府的有效引导下，丹麦诸多的高新科技企业均顺势而为，及时调

---

① 张庆阳：《国外风能开发利用概况及其借鉴》，《气象科技合作动态》2010 年 04 期。

② 《丹麦 2014 年风电比例增至 4 成居全球第一》，2015 年 1 月 12 日，见人民网—环保频道 ht-tp://env.people.com.cn/n/2015/0112/c1010-26368253.html。

整企业战略方向与投资重心,致力于可再生能源的研究开发。比如,丹麦BWE公司率先研发设计了秸秆燃烧发电技术,并于1988年投资建设了世界上第一座秸秆燃料发电厂。[①]

在节能设备领域,国际著名节能企业丹麦丹佛斯公司(Danfoss)的可调式温控阀技术居于世界领先水平,其致力于通过改善建筑物的外维护结构、门窗保温,以及通过安装可调式温控阀提升采暖系统的热效率,共同促进建筑节能。据检测,单是采用丹佛斯高科技温控阀系统一项就能实现能耗节约20%,减少能源费用20%,而且投资小、见效快,两年即可收回成本。[②]

(三)产学研高度融合,研究机构充分发挥科研优势,将低碳科研、教育、生产有机结合以实现协同合作与技术集成化

丹麦奥胡斯大学、丹麦技术大学等高等院校以及诸多专业研究机构,充分结合自身科研优势,用前瞻性的战略视角把握未来低碳发展趋势,将发展目光聚焦于可再生能源开发领域。比如,丹麦技术大学瑞索(Risø)国家实验室对聚合太阳电池的研究位于世界前列,这种聚合电池将成为传统硅太阳能电池的廉价替代品,比起传统的硅太阳能电池,这种以聚合塑料为基础的新型太阳能电池成本较低,因此有着更广阔的市场前景。Risø实验室将通过与工业界合作,来推动聚合太阳能电池在丹麦的工业化,如果成功,这将会成为具有突破性的可持续性能源技术,并有着极大的出口潜力。[③]

再比如,由于丹麦研究机构在垃圾回收技术研发领域的成熟和精湛,使得丹麦从1997年开始就实现了废物回收的流程化管理模式,每年约有超过1/4的废弃物通过热电联产厂进行焚烧,近90%的可燃性废物得到有效处理和循环利用,从而实现了废弃物向再生能源的转化,真正做到了"变废为宝"。

(四)公共组织行动活跃,与政府、领先企业和投资人密切合作,在发展低碳经济中取长补短,高效实现社会公益目标

丹麦绿色发展战略的根基是公私部门和社会各界之间的有效合作

---

① 周建发:《丹麦发展低碳经济的经验》,《合作经济与科技》2012年03期。
② 于萍、陈效逑:《瑞典、丹麦推进低碳住区发展的经验》,《节能与环保》2011年02期。
③ 《丹麦Risø国家实验室:聚合太阳能电池》,2009年7月7日,中国网,见http://www.china.com.cn/fangtan/zhuanti/2009-07/07/content_18084579.htm。

(Public-Private Partnership),这种合作形式广泛存在于国家和地区的大型绿色项目,丹麦南部松德堡地区的"松德堡市零碳项目规划"(project zero)便是一个比较成功的公私合作典型案例。

进入 21 世纪后,丹麦松德堡市诞生了一个名为"南丹麦未来智囊团"的类智库组织,该组织由政府部门、企业界以及能源供应公司等 80 多方共同组成,并获得包括松德堡市政府和丹佛斯集团、丹麦国家能源公司等知名企业在内的五大基金的支持。成立后,组织行动活跃,积极出谋划策,于 2007 年 6 月 24 日推出了"松德堡市零碳项目规划",计划在 2029 年前将拥有 750 年历史的老城转变为零碳城。该项目由公共领域的市政和私人领域的公司进行商业合作,资金流向完全透明。2010 年,"松德堡市零碳项目规划"获得欧盟委员会颁发的"最佳可持续性能源奖",并被纳入克林顿全球气候友好发展计划的 18 个合作伙伴城市之一。[①]

三、全民参与低碳发展,将低碳教育、低碳理念渗透到公民衣、食、住、行的方方面面,全社会都行动起来鼎力构筑低碳社区,践行低碳生活方式

(一)低碳交通

绿色出行,是丹麦国民的生活方式。丹麦政府提出,无障碍和灵活性是使公共交通更吸引公众的关键所在,而更便捷的停靠站、更合理的线路及增加 IT 技术的运用是打造一个高效和环境友好型公共交通系统的基础。为此,丹麦政府采取了一系列措施,如扩建地铁、修建高铁和轻轨、增设火车站无障碍通道、开发手机应用程序,使人们可通过手机购买城市间的火车票、区域列车票,进行座位预订和时刻查询等操作。[②]

作为丹麦首都和北欧最大城市,哥本哈根的交通管理是城市规划的重心。

---

① 车巍、杨敬忠:《丹麦:清晰的绿色发展路线路图》,《经济参考报》2013 年 6 月 20 日。
② 杨敬忠、吴波:《哥本哈根:绿色出行避免拥堵》,《经济参考报》2012 年 10 月 26 日,见 http://jjckb.xinhuanet.com/invest/2012-10/26/content_408530.htm。

"哥本哈根化",即倡导绿色交通、以自行车和步行作为优先出行方式,已然成为一种时尚和潮流。现在,哥本哈根有超过三分之一的市民每天骑自行车上班或上学,骑车族覆盖了各个年龄层,在哥本哈根市区随处可见骑车族宛如游鱼般穿梭于大街小巷之中,无处不在的自行车流成为这座城市的特征之一(图 2-1)。世界自行车联盟(International Cycling Union)曾将世界首个"自行车之城"的荣誉郑重授予了哥本哈根,为表彰其在发展低碳交通方面所作出的杰出贡献和表率。

图 2-1　在丹麦首都哥本哈根,人们在自行车专用车道上等待通行,新华社记者赵长春摄①

而且,哥本哈根市的交通运输系统不仅配备高效的现代化基础设施,也为人们出行通勤提供了多样化的选择,力图在保证较高流动性的同时,将对环境的负面影响降低至最低水平,以期构建典型的环境友好型现代交通模式。基于此,哥本哈根充满自信地向世界宣布,其要在 2025 年前成为世界上第一个零排放的碳中性城市。

---

① 《自行车城:哥本哈根》,新华网 2009 年 12 月 2 日,见 http://news.xinhuanet.com/photo/2009-12/02/content_12573604.htm。

（二）低碳建筑

在建筑方面,丹麦不仅拥有十分严格的建筑建材标准,还运用一系列措施来大力推广节能建筑①。丹麦政府规定,所有建筑必须具备两本证明建筑符合国家节能减排标准的证书,缺一不可,只有两证齐全的建筑才可以交付使用或投向市场交易。此项规定亦赋予了大众检查城市建筑的节能减排规范是否得以执行与落实的权利,随着节能减排与大众生活联系的日趋紧密,民众立刻就能明显感觉到城市建筑节能减排与自身生活成本、生活质量是密切相关的,因此,全体市民就都转变为城市建筑节能减排规范的利益相关者和执法参与者。由此可知,丹麦可持续发展模式之所以立得住、行得通、持续久且成效大,原因就在于其广泛植根于大众,反映了"草根"意愿,并能吸纳全体"草根"的普遍参与。

不仅如此,丹麦建筑业从技术角度针对以往规划、设计、施工建造、维修等建筑环节自成体系、各自分割、相互沟通协调不够造成了合作不通畅的问题,提出了数字化系统设计概念,即充分利用计算机信息技术,为建筑产业各环节间架设起了一条信息高速公路,各方利用统一的信息交流平台进行技术交流与协作,以提高建设效率、保障建造质量,并增加建筑产业的附加值。②

（三）低碳教育

低碳发展即意味着整个社会将从生产方式到生活方式的全面变革,这必然会对传统的生产、生活观念造成剧烈的冲击与挑战,如何调解这些层出不穷的矛盾冲突则是政府与公众需要共同应对的艰巨任务,丹麦在这方面的工作为世界各国树立了标杆。正如罗马不是一天建成,丹麦国民低碳生活习惯的养成也并非一蹴而就、一帆风顺,亦曾经历了漫长磨砺与百般曲回。丹麦政府长期担负着提升国民文明素质的重要职责,其将人的素质教育放置于特别重要的位置,并成功将之上升为一种独特的丹麦民族意识,还积极引领民众通过

---

① 比如,要求开发商提供节能建筑标识,按照能耗高低将建筑分类分级管理,使用户根据需要选择;简化节能检测方法,重视与监管门窗、墙壁的保温效能,使得开发商无法偷工减料,确保节能效果;为既有建筑节能改造提供补助,如改换窗户、外墙保暖可以得到政府的财政补贴等。

② 于萍、陈效述:《瑞典、丹麦推进低碳住区发展的经验》,《节能与环保》2011 年 02 期。

集体低碳行动以巩固这种热爱自然、投身环保的丹麦民族意识。为了提高人民的低碳意识，丹麦政府经常性地协同各类社会组织开展形式多样、丰富多彩的公益环保活动，旨在激发普通民众尤其是儿童青少年对于国家低碳环保事业的强烈关注。

例如，2009 年 8 月 8 日，丹佛斯公司为 14—18 岁的青少年举办了一场名为"气候与创新"的夏令营，目的在于让这些年轻人通过参观节能企业、学习低碳环保知识、投身社会环保实践，来为应对气候变化贡献智慧力量。又比如，以环保节能理念为导向的哥本哈根皇冠假日酒店开展了一项颇富创意的活动，使之成为世界上第一家可由客人自己发电的酒店。在酒店的健身房内，安装了一些特制的发电自行车，当客人健身骑行时，自行车就会把运动产生的能量收集起来，并转换成电能存贮，再传至酒店供电系统。每位来酒店的客人只要每小时生产的电能超过 10 瓦特，就可在酒店免费享用丹麦大餐。[①]

（四）低碳社区

低碳社区，作为丹麦低碳城市发展的典型缩影，从减少碳排放、构筑低碳生活的目标出发，努力发挥地方政府、社区组织与普通民众在节能实践中的先锋作用，并逐渐加深三者的沟通与合作。在政府、社会与公众的努力中，大多数丹麦低碳社区均为低碳化节能示范性项目，深受国内国际社会的广泛赞誉。

例如，丹麦 Jutland 市居民"当家做主"，自主设计、创建低碳社区。Jutland 市 Beder 镇竣工于 1980 年的太阳风社区（Sun & Wind Community），是全世界最早构想并实现低碳发展的社区之一，更是当地居民 100% 参与低碳建设的硕果。该社区完全由本地 30 户居民自发组织、建设和维护，共同探讨、商议低碳构想，由始至终地投入到社区的规划设计、建设全过程，从设计方案的审批到募集资金，再到具体建造和日常管理维护等，均贯穿着居民的心血和努力。[②] 民众不仅主导了工程建设的各个环节，还邀请专家、政府相关部门和施工队共同讨论，解决具体问题，犹如维护自家院落般呵护社区的成长，这便是丹麦民众积极参与低碳发展的典型案例。

---

① 《环保无处不在感受丹麦的零碳生活》，人民日报 2014 年 4 月 13 日，见 http://news. xinhuanet.com/edu/2014-04/13/c_126384655.htm。

② 朱宁：《建设低碳社区，推动发展方式转变》，《中国国土资源经济》2012 年 04 期。

第四节　瑞典模式——可持续行动计划：
参与、合作、共赢

1972 年 6 月 5 日，全球 113 个国家参加了联合国在瑞典首都斯德哥尔摩召开的联合国人类环境会议，并在会议中通过了《人类环境宣言》，由此拉开了人类环境保护行动的序幕。[①]

瑞典，作为世界上率先提出可持续发展战略、践行可持续行动计划的代表国家，正是通过国际广泛合作、政府有效引导、市场顺畅运作、社会共同参与等，做到了低碳发展与经济增长并驾齐驱。"参与、合作、共赢"是瑞典可持续行动计划的发展模式与核心理念，并在社会各界参与低碳发展行动中贯穿始终：首先，为了更加高效地行使环保、能源、土地、建设、交通等政府行政管理职能，瑞典政府实施了行政职能部门改革，特设"可持续发展部"，来牵头国家可持续发展战略设计、组织实施等具体工作的开展；其次，市场在政府优惠低碳政策的强力驱动下，推进产业界生产方式、生产结构的调整与革新，为国家低碳经济发展储备了雄厚的技术实力；再次，各类社会团体、大学、科研机构均充分发挥自身优势特长，共同寻求解决环境问题的有效方案，为低碳社会发展贡献智库力量；而且，政治家辩论低碳问题、企业投入环保项目、公众参与低碳行动等不同形式活动的实施，使得全社会逐步形成了对于如何实施低碳发展的共识。

总体而言，瑞典的低碳发展路径融合了瑞典国民的心血与精华，更是体现了瑞典低碳发展路径设计之独具特色。

一、瑞典政府强势主导，推动国家低碳经济转型

自 20 世纪 70 年代以来，瑞典政府就意识到传统高污染、高能耗、高排放的高碳经济已经严重束缚了国家经济社会的可持续发展，若要减少环境污染、

[①]　谢永明：《促可持续发展环球如此凉热（一）》，《前进论坛》2012 年 05 期。

应对全球气候变化和突破能源约束,必须使国家经济发展建立在安全、环保和竞争力三大基础上。因此,瑞典政府便开始了摆脱化石能源依赖、开发利用可再生能源的积极探索,快速、及时地推进低碳经济转型(图 2-2)。

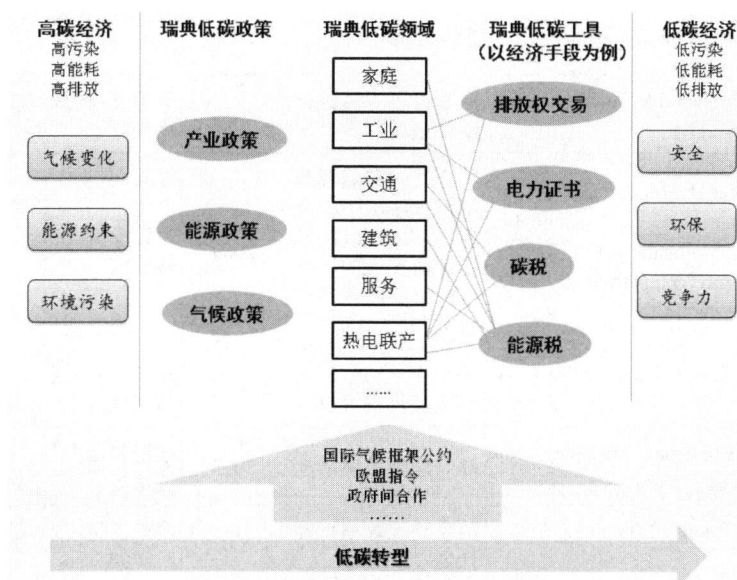

图 2-2　瑞典低碳经济转型路线图①

(一)构建高效完善的低碳政策体系

瑞典政府具备充分而深远的战略规划意识,其在低碳产业发展、新能源研发利用、绿色交通建设、环保建筑设计和生态环境保护等各类专项规划中均融入了低碳发展理念,制定了包括产业、能源、气候等多种政策的低碳发展政策综合体系,以施行多元化的经济推进政策,为低碳发展提供了良好的政策环境(表 2-2)。

表 2-2　2000 年以来瑞典政府主要低碳发展政策②

政策英文名	政策中文名	发布时间	政策类型	政策部门
EnvironmentalRequirements in the Procurement of Vehicles	交通工具采购环保标准	2011	政府管制	交通

---

① 李严波:《瑞典向低碳经济转型之路》,《金融经济》2012 年 04 期。

② http://www.iea.org/policiesandmeasures/energyefficiency/? country=Sweden.

政策英文名	政策中文名	发布时间	政策类型	政策部门
The Super-Green Car Premium	超级绿色汽车奖励	2011	财政金融激励/补贴	交通
Energy Audits for Companies	企业能源审计	2010	财政金融激励/补贴	工业
National Renewable Energy Action Plan（NREAP）	国家可再生能源行动计划	2010	政策支持/战略规划	跨部门
An integrated climate and energy policy framework:" A sustainable energy and climate policy for the environment, competitiveness and long-term stability"	整合气候和能源政策框架:"为了环境、竞争力和长期稳定而实施的一项可持续能源和气候政策"	2009	政策支持/战略规划	跨部门 工业 交通 建筑
Avehicle fleet independent of fossil fuel by 2030	2030 年交通工具不依赖化石燃料	2009	政策支持/战略规划	交通 能源
Energy Efficiency Measures for Government Authorities	政府能源效率措施	2009	政府管制/投资指导	建筑 跨部门
National Energy Efficiency Action Plan	国家能源效率行动计划	2008	政策支持/战略规划	跨部门
Building Energy Performance Certificates	建筑物能源绩效证书	2008	政府管制/信息/教育	建筑
Mandatory Eco-driving for Drivers Licence	强制性环保驾驶执照	2007	政府管制/信息/教育	交通
Vehicle Tax Exemption for Green Cars	绿色汽车车辆税收减免	2006	财政金融激励/税收	交通
Green Approach for Airplanes	飞机的绿色途径	2006	自愿协商	私人部门
Programme for Improving Energy Efficiency in Energy-Intensive Industries(PFE)	改善能源密集型产业能源效率计划	2005	自愿协商	工业
Improved Statistics for Public Premises	公共场所统计信息提升	2005	政府管制/指导	建筑
Tax Reduction for Fossil Fuels used for Heat Production in CHP Plants	热电联产中热能产品用化石燃料的税收减免	2004	财政金融激励/税收	电力
Green Certificate Scheme	绿色证书计划	2003	财政金融激励/补贴	电力

续表

政策英文名	政策中文名	发布时间	政策类型	政策部门
Climate Investment Programmes（Klimp）	气候投资项目	2003	财政金融激励/补贴	跨部门
Fuel Consumption and CO2 Labels for New Cars	新汽车燃料消耗和二氧化碳标签	2002	信息/教育	交通
Sustainable Municipalities Programme	可持续发展城市规划	2001	政策支持/战略规划/	跨部门
Funding to Develop Sustainable Cars	发展可持续汽车的资助	2000	自愿协商/研究开发	交通私人部门

资料来源：IEA Energy Efficiency Policies and Measures Databases.

（二）采用多种低碳发展政策工具

低碳政策综合体系需要多元低碳政策工具来辅助实施，政策工具的得当使用对于政策目标的有效实现多有助益。按照政策工具背后所依据的不同经济学理论，可将发达国家的低碳政策工具划分为五种类型：（1）基于市场失灵、外部性理论的低碳政策工具，具体表现为政府管制、财政补贴、碳排放税、碳基金等形式；（2）基于产权理论的低碳政策工具，如碳排放交易；（3）基于信息不对称、委托—代理理论的低碳政策工具，具体形式包括认证计划、签署自愿协议等；（4）基于不确定性理论的低碳政策工具，如能源合同管理；（5）基于生态工业学、循环经济理论的低碳政策工具，如生态工业园规划。[1]　无论采取何种形式的政策工具，在各种工具的使用中，政府均需要有进有退，张弛有度，既能充分调动不同社会主体如企业、各类社会团体、公众的参与积极性需求，又能保证不同政策工具间的协调平衡，互补互益，进而有效发挥其在制定经济规则和弥补市场失灵方面的作用，最终实现宏观经济形势与微观经济主体利益的共赢。在低碳发展领域，瑞典政府将其使用的政策工具分为管理类、经济类、信息类和研发类四类：

---

[1]　宋德勇、卢忠宝：《我国发展低碳经济的政策工具创新》，《华中科技大学学报（社会科学版）》2009 年 03 期。

表 2-3 瑞典政府低碳政策工具①

管理类 Administrative	经济类 Economic	信息类 Information	研发类 Research
政府管制 Regulations	税收 Taxes	信息 Information	研究 Research
排放配额 Limit Values (emissions)	补贴 Subsidies, grants	咨询服务 Advisory services	开发 Development
长期协议 Long-term agreements	排放权交易 Emissions trading scheme	培训 training	商业化 Commercialization
环保分类 Environmental Classification	电力证书交易 Certificate trading		采购 Procurement
能效标准 Requirements for types of fuel and energy efficiency	担保 Sureties		示范 Demonstration

资料来源:The Swedish Energy Agency,Energy in Sweden:2011.

瑞典政府对于各种政策工具的良好使用均展现出了瑞典政府对于低碳标准制定的精细化管理,对于现代市场机制的灵活利用,在此基础上,并不拘泥于政府的强制性权力,不囿于自身的管制范围,更将视野投向了与社会组织、公众团体的深度合作中,不断提升低碳项目的专业化、精细化、普及化,令每一项低碳政策措施都落到实处,惠及民众,更通过聚焦于长期战略的研发工具使得低碳项目具备长远发展的可持续性和前瞻性,真正实现可持续行动计划的宗旨。

(三)运用经济杠杆实施财税调控

瑞典于1991年实施了整体税制改革,通过立法确立了碳税,目的在于约束化石燃料消费、减少二氧化碳并加速产业改革与创新,纳税人为能源和交通行业、地区供热产业、服务业及私人家庭。1993年瑞典开始针对不同部门和不同用途设定不同税率,并沿用至今。除了碳税之外,瑞典低碳经济税收体系的设计构建与时俱进,相关环保的税种数量逐年增多,种类日益丰富,规模不断扩大,囊括了能源税、汽油税、硫税等多个税种(表2-4)。经过多年发展,

---

① http://www.iea.org/media/workshops/2013/decisions/7Rurik.pdf.

瑞典已形成了较为完善和健全的低碳经济税收体系。

表 2-4　瑞典低碳经济的主要税种①

税种	开征年份	征收目的	征收标准	征收效果
碳税	1991	为了减少温室气体排放,控制燃烧产生二氧化碳的燃料的使用,针对天然气、煤炭、石油等含碳量而征收的税种。	碳税税基根据不同燃料的平均含碳量和发热量来确定,不同燃料具有不同的碳税税率:煤炭 620 瑞典克朗/吨,液化石油气 750 瑞典克朗/立方米,石油 720 瑞典克朗/立方米。	2012 年,瑞典温室气体排放量比1990年降低了20%,达到了历史最低值。
能源税	1957	一般能源税主要针对瑞典境内生产天然气、石油、进口煤炭或使用应税产品生产另外相应产品的单位和个人征收。	税率因课税对象而异:天然气税率 0.175 瑞典克朗/立方米;石油产品税率按油的等级划分,一等油 90 瑞典克朗/立方米,二等油 290 瑞典克朗/立方米,三等油 540 瑞典克朗/立方米;煤炭税率 230 瑞典克朗/吨;液化石油气税率按用途不同而异,机动用气税率 0.85 瑞典克朗/升,其他用途 105 瑞典克朗/吨。	2012 年,瑞典发电 162 太瓦时,比前一年提高了9.8%,是瑞典史上发电最多的一年。
	1990	能源增值税	能源增值税税率为能源价格(含消费税)的25%。	
汽车使用征收税	1986	为了鼓励无铅汽油的推广使用	依据含铅量大小区别对待含铅汽油和无铅汽油:含铅汽油税率 2.65 克朗/公斤,无铅汽油税率 2.37 克朗/公斤;甲醇和乙醇税率 0.8 克朗/公斤;1992 年起非混合的乙醇用于发动机燃料可免税;柴油驱动机动车须征收里程税。	瑞典交通部门的可再生能源使用率达到了11.8%,而欧盟的目标是在2020 年达到10%。

① 秦美峰:《国际低碳税收政策经验及对我国的启示》,《商业会计》2012 年 18 期。吴解、刘晓凤:《瑞典碳排放税的成就、不足和启示》,《金融教学与研究》2014 年第 3 期。丁丁、罗祺姗、严岩、陈绍波、宋敏:《关于建立我国生态税收体制的经济学思考》,《经济参考消息》2006 年 33 期。雷纳尔·盖特尔曼:《瑞典大步迈向零碳国家》,《欧洲能源评论》,见国家能源局网站 http://www.nea.gov.cn/2013-08/08/c_132612507.htm,2013 年 8 月 8 日。

自碳税实施以来,瑞典的社会生产跨入了一个新时期,瑞典的经济发展也呈现了一个良性循环,即温室气体排放量逐年减少,经济发展始终势头不减,产业结构也从传统化石能源依赖产业转变为以可再生能源为主的低碳能源结构,碳排放税可谓瑞典国家实施的成功案例。

(四)开发新能源引领节能和洁能

瑞典议会于 2009 年正式通过了《整合气候和能源政策框架:"为了环境、竞争力和长期稳定而实施的一项可持续能源和气候政策"》[①],该决议提出:到 2020 年前实现可再生能源占总能源消耗的 50%,可再生能源占交通部门能源消耗的 10%,更高效能源占总能源消耗的 20%,欧盟碳交易体系之外的温室气体排放量减少 40%;2030 年前,瑞典交通不再依赖任何化石燃料;2050 年前,瑞典温室气体净排放为零。为了实现上述目标,瑞典政府一直致力于风能、水能、太阳能、生物质能等新能源的开发利用,尽可能减少石油依存度,在先进的低碳、环保、可持续发展理念的指引下,建构以节能减排为特征的工业、建筑、交通体系。

1.电力生产

开发和利用可再生电力资源,一直是瑞典节能减排的投资重点,又因为瑞典电力系统与其他欧洲诸国紧密相连,瑞典可再生能源产品的出口可惠及欧洲其他地区。例如,2012 年是瑞典史上发电最多的一年,共发电 162 太瓦时,比 2011 年提高了 9.8%。其中水力发电达到 77.7 太瓦时,占总发电量的 48%;而电力供应的另一大功臣是核电,其发电量达到 61.2 太瓦时,占总发电量的 38%,同比增长 5.9%;同时,风力发电达到 7.1 太瓦时,占总发电量的 4.4%,增长 18%;而化石能源发电 15.5 太瓦时,同比下降了 8%。瑞典的电力出口在 2012 年达到创纪录的 19.6 太瓦时,上一个记录是 1998 年创下的 10.7 太瓦时。[②] 由此可见,可再生能源在瑞典电力生产中占据了主导地位,并呈增

---

① An integrated climate and energy policy framework:"A sustainable energy and climate policy for the environment, competitiveness and long-term stability". http://www. government. se/content/ 1/c6/12/00/88/d353dca5.pdf.

② 雷纳尔·盖特尔曼:《瑞典大步迈向零碳国家》,《欧洲能源评论》,见国家能源局网站 http://www.nea.gov.cn/2013-08/08/c_132612507.htm2013 年 8 月 8 日。

长趋势。最值得称赞的是,包括供暖在内的瑞典电力输出,97%都不存在碳排放。

瑞典电力行业的蓬勃发展主要得益于瑞典能源局于 2003 年为推广零碳能源通过了"电力证书法案"(Electricity Certificates Act)①,实施电力证书制度。该制度是一项建立在国家强制配额的基础上,运用市场机制来引导与促进可再生能源在电力行业发展的制度,已形成了瑞典国家电力证书体系(The Electricity Certification System)。制度主要支持来自风能、太阳能、潮汐能、地热能、某些生物燃料、水电等生产的电力产品,目标为至 2020 年前将瑞典可再生能源发电总量增加 25 太瓦时②。在电力证书制度下,可再生能源电力按市场价出售,为补偿可再生能源电力的额外生产成本,并确保生产所需的可再生能源电力,国家要求所有供电商和某些电力用户必须购买与其售电量或用电量呈一定比例的电力证书数。③ 所以可再生能源电力生产商通过出售证书来获得售电之外的额外收入,极大刺激了可再生能源投入电力生产。电子证书制度自执行十多年以来,实施顺畅,效果良好,被广泛认为是一项较为成功的电力政策,将持续运行到 2030 年。据统计,从 2002 年至 2011 年,瑞典可再生能源发电量增长近 13 太瓦时,并大部分由生物质能和风能提供。

从 2012 年 1 月 1 日起,瑞典与挪威达成合作,建立了一个统一的电力证书市场,两国的电力生产厂商可以跨越国界在国家间自由交易电力证书。这一国际电力证书市场目标旨在实现 2020 年可再生能源发电总量增加 26.4 太瓦时(与 2012 年相比),可再生能源发电总量占瑞典、挪威各国电力生产总量的 10%。④

2.建筑采暖

地处北欧的瑞典冬季漫长寒冷,夏季短暂而凉爽,故而所有建筑物最主要的能源消耗就是取暖。瑞典全国总能量消耗中,建筑供暖约占 1/4,在建筑能

---

① http://www.iea.org/policiesandmeasures/pams/sweden/name-21727-en.php.

② 《瑞典将造 2000 台新型风力涡轮机》,《中外能源》2010 年 05 期。

③ 刘连玉:《对可再生能源配额制的考察与思考》,《中国电力》2002 年 09 期。

④ http://www.energimyndigheten.se/en/Sustainability/The-electricity-certificate-system/.

耗总量中,取暖则占了87%。① 因此,节能住宅的首要任务即是保暖,而太阳能采暖技术在瑞典的建筑节能中得到广泛应用,其对于技术进步的不断追求也为欧盟其他国家做出了革新典范。比如,瑞典城市 Kungälv 市积极投资建成了太阳能采暖供暖区域网络设施(图 2-3)。②

图 2-3 瑞典 Kungälv 市太阳能采暖供暖区域网络设施图

作为区域供热网络的核心部分,Kungälv 市在 1998 年获得地区投资许可(LIP)后,联合瑞典查尔姆斯工业大学(Chalmers University of Technology)以及众多企业投资者,共同研发设计,合作投建欧洲第二大太阳能采暖供暖区域网络设施。这一设施于 2002 年 4 月正式投入使用,占地 10000 平方米,年均供暖 40 亿瓦时,太阳能储热通过先进完备的电脑操控平台和区域供热网络直接供给至各个地区,为该市带来了一系列显著的经济和环境影响:(1)每年供暖的太阳能可取代约 440 立方米的石油消耗;(2)二氧化碳年排放量下降达 1000 吨;(3)氮氧化物和二氧化硫年排放量均有不同程度的减少;(4)即使将设施折旧费用考虑在内,该设施成本依然很低,经济效益明显。有鉴于上述优势,Kungälv 将继续扩大太阳能集热器规模,仍有 5000 平方米的区域可供开发。设施扩建后,将有助于更好地利用太阳能来辅助区域供热,进一步减少化

---

① 《建筑节能在瑞典》,载人民网,2004 年 3 月 18 日,见 http://www.people.com.cn/GB/guandi-an/8213/8309/28296/2397203.html。
② 案例转引自邱鹏:《探索低碳城市建设新路径——瑞典经验借鉴及启示》,《西南民族大学学报(人文社科版)》2010 年 10 期。

石燃料的使用。不仅如此,该设施还得到了欧盟的专项奖励补贴,以用于开发、提升更具市场竞争力的低碳技术。①

3.交通出行

现代社会,伴随着高度城市化的是日趋膨胀的交通压力,城市人口增长、汽车数量上升加剧了城市交通拥堵与空气污染,交通领域制造的尾气排放正是形成温室气体的重要来源。如何实现绿色交通,低碳出行,从而提升城市宜居指数,推动城市可持续发展,是当前瑞典政府正在面临与想方设法攻克的挑战之一。

(1)斯德哥尔摩"清洁能源车项目"(Clean Vehicles)②

作为瑞典首都,斯德哥尔摩是瑞典最大的工业与商业中心,道路交通排放是该市主要的城市污染源之一,约占总排放量的70%—80%,交通领域亦是最大城市能源消耗者,占能源消耗总量的20%左右。仅1996年,斯德哥尔摩市就新增了25000辆新车。③ 为了解决日趋严重的交通污染问题,斯德哥尔摩市政府在1996年率先启动了欧盟推广清洁能源车的"零排—低排汽车项目"(Zero and low Emission vehicles in Urban Society),又于2000年推行了"清洁能源车项目"(Clean Vehicles),其目标为:到2010年,全市100%的机动车为清洁能源汽车④;到2010年,全市85%的机动车将以清洁能源为动力⑤;到2010年,在售机动车的35%为清洁能源汽车。

政府、欧盟与汽车企业的良好合作保证了清洁能源车项目的成功实施,斯德哥尔摩市新增35000辆清洁能源车,二氧化碳减排20万吨/年,全市200座加油站中有150座能够供应清洁能源,并且市内可提供清洁能源的加油站数

---

① Swedish Environmental Protection Agency:Sunshine brings cheap heating to Kungälv. May 2009 http://www. naturvardsverket. se/en/Environmental-objectives-and-cooperation/Swedish-environmental-work/Work-areas/Climate/Best-practice-examples/Energy-switch—good-examples/Sunshine-brings-cheap-heatıng-to-Kungalv/.

② 胡垚、吕斌:《大都市低碳交通策略的国际案例比较分析》,《国际城市规划》2012年05期。http://www.c40.org/case_studies/stockholms-clean-vehicles-are-slashing-200000-tons-co2-annually。

③ http://www.energy-cities.eu/db/stockholm_113_en.pdf.

④ 清洁能源汽车指使用清洁能源或每公里二氧化碳排放量在120克以下的混合动力车。

⑤ 清洁能源动力包括天然气(Natural gas)动力、生物沼气(Biogas)动力、油电混合(petrol-electric hybrid)动力、乙醇—汽油(ethanol-petroleum)动力、生物柴油(biodiesel)动力。

量仍在逐步增多。

(2)马尔默低碳交通系统①

瑞典第三大城市马尔默市,这个在2010年上海世博会上以低碳、环保打开"未来展望镜"的明星城市,让世人目睹了"未来之城"的宜居与宜人风采。在营造生态宜居的城市环境过程中,其将旧城改造、城市化进程与生态可持续发展相互融合,形成了独具特色的低碳交通系统。该市通过一系列举措如尽量减少短途驾车出行,倡导步行、自行车出行,政府全面采购清洁能源公交车,公交车优先行驶,增加公交车发车频率,提供公交车停车港湾,开展市民环保驾驶培训课程计划等,以鼓励公众支持环保、践行低碳交通、实现绿色出行。其中,马尔默市将自行车出行作为积极倡导的对象,并为此投入大量市政工程以改善自行车的行车环境,逐步建成覆盖市区且安全便捷的自行车道路网络(图2-4)。

如图所示,总长420公里的自行车道路网络构成了马尔默市低碳交通系统的重要组成部分。该系统以马尔默市中心广场和中央火车站等公共设施为中心向外辐射,包含了"5分钟生活圈"、"15分钟生活圈"、"30分钟生活圈",即市民从市中心向外骑行5分钟以内可覆盖中心区域,骑行15分钟以内可囊括半个市区,30分钟可延伸至整个市区。该系统不仅将马尔默市打造成为瑞典最适宜自行车出行的城市,更是形成了一种时尚且流行的交通文化,即"5公里以下出行开车是可耻的"③,使民众逐步成为自行车出行方式的积极拥护者。

二、各类社会主体各展所长,助推低碳经济持续发展

(一)低碳企业创造低碳经济

企业是国家经济发展的中流砥柱,企业对于低碳经济的重要意义是不言而喻的。气候变化不仅是国际社会和主权国家面临的政治、经济与环境问题,同时也是一个与企业本身密切相关的战略经营问题,气候环境问题对于企业

---

① 胡映东:《低碳交通下的马尔默中央车站改造与设计》,《华中建筑》2013年05期。

② http://malmo.se/download/18.3307ccf61248129e9ad800012319/Cykelkarta_Malmo_2009_slut-version.pdf.

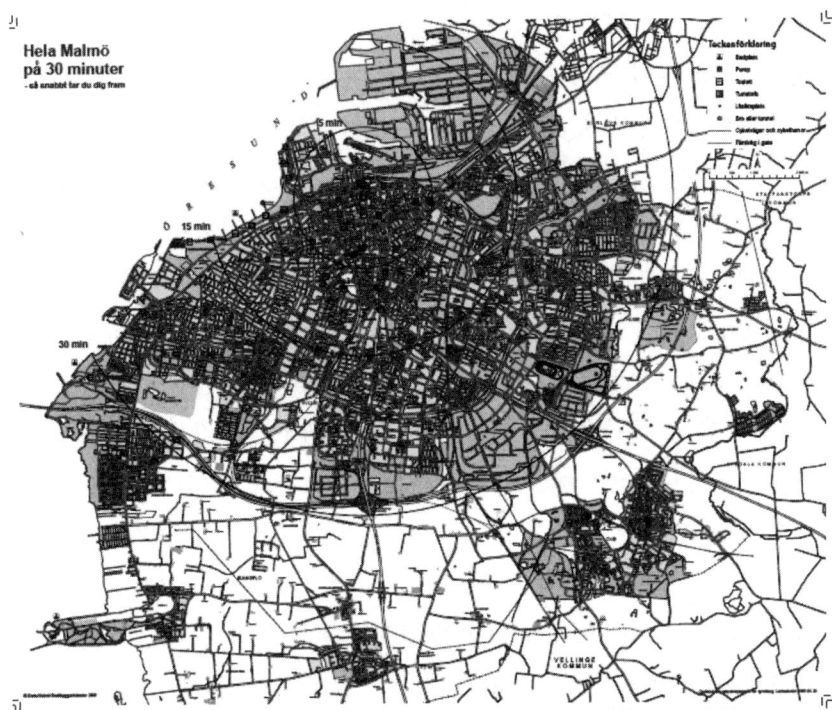

图 2-4　瑞典马尔默市自行车"5—15—30 分钟"道路行车网络半径图①

来说,既存在巨大的压力,又蕴含着巨大的商机:首先,政府低碳政策的实施,能够引导与力促企业为提高自身竞争能力而不断研发、创新低碳技术;其次,当今社会环境资源紧缺导致能源价格日益上涨,企业若想要规避风险、降低生产成本,在激烈的市场竞争中胜出,必须紧跟市场动向和国际趋势,注重与低碳经济相关的产业项目,进而瞄准市场需求并迅速填补市场空缺;最后,企业只有承担相应的社会环保责任,提高企业知名度、辨识度,才能更好地被公众接受,从而在市场竞争中拥有更多的竞争力与话语权。

　　在汽车行业,瑞典汽车企业为促进环境友好型汽车销售而不遗余力,因为汽车厂商既能从中享受政府的优惠补贴政策,又能迎合市场需求而实现企业利润。例如,沃尔沃汽车销售商(Volvo Cars)宣布,凡在国家认可的旧车处理厂卖掉一辆旧车,就可在购买沃尔沃轿车时享有一万克朗的折扣。而且,瑞典

① 屈文琳:《走向消亡的北欧碳足迹》,《社会与公益》2011 年 01 期。

政府与汽车制造业共同联手,深度合作,加大对环保车型的研发力度,加之汽车制造商与高等院校、专业技术中心等研究机构的密切合作,加快研制清洁燃料汽车及新型节能发动机,使得瑞典汽车生产商能够在瞬息万变的市场中不断推陈出新,瑞典环保汽车销售在整个欧洲一直高居领先地位。更为重要的是,环保汽车在瑞典蔚然成风,深受广大民众的欢迎。根据瑞典绿色驾驶者协会统计,2008年35%的新售车辆属于环保型汽车,比2007年增长了86%。①

在家用电器行业,以瑞典伊莱克斯电器股份有限公司(Electrolux)为代表的小家电企业已成为世界环保技术的标杆。在发展战略上,低碳技术的广泛运用,客户可持续关系的维护,以及低碳技术标准化产业化的大力实施,共同构成了瑞典家电行业可持续发展的巨大推力。在企业运营中,瑞典家电企业主要从两方面来深刻践行欧式环保理念:(1)构筑成熟的废旧家电回收体系。技术创新令新产品不断扩展新市场,但不可避免地造成了老产品市场萎缩,而瑞典家电企业的做法是及时调整更新废旧家电回收体系。因为瑞典企业深知,企业的发展进步有赖于强烈的品牌意识、社会责任意识与环保意识,这恰恰是其用户群体——瑞典普通家庭至为看重的。所以,瑞典企业充分利用低碳节能技术,对废旧产品进行有效回收处理,并及时与用户保持反馈,长期积累而来的优势便形成了用户对企业的高度支持。而且,瑞典公众也拥有强烈的环保意识。普通民众若想要更新家电产品,必然要联系品牌厂商,以确保废旧家电得到妥善处理。因此,正是企业与民众的默契配合共同构筑了瑞典成熟的废旧家电回收体系。(2)资金投入侧重于低碳技术开发和客户关系维护。瑞典多数制造型企业非常重视"产学研"的结合,将大笔资金投向高校、专业研究机构中的能源、环境、气候领域,以便获取最先进的低碳技术来投入生产。同时,瑞典企业的客户关系维护是企业可持续发展理念的一个重要部分,故而定期拜访客户、问询客户经亲身体验后对产品的改进意见是优秀企业的必修课。资金投入与客户关系维护的双管齐下,给企业带来了丰厚的市场收益与良好的环保效益,一个典型的案例即是当专家和客户的"头脑风暴"成果共同提交给技术研发部门后,伊莱克斯首创了利用从全球各地海岸所收集

---

① 参见 http://se.mofcom.gov.cn/aarticle/jmxw/200802/20080205391754.html。

的塑料污染品而制造的吸尘器,这一新环保产品不仅引起公众对于塑料污染的高度关注,也推动了家电制造业对可再生塑料的需求,可谓一举多得。①

（二）专业研究机构献智低碳发展

专业研究机构的专业性决定其能够利用自身学科优势、集合机构科研资源以加深低碳领域的探索研究。研究机构作为瑞典在研发低碳技术方面的“先遣部队”,为低碳技术达到“高、精、尖”水平、突破低碳实践方面的技术瓶颈做出了卓越的科学贡献。

例如,创建于1966瑞典环境科学研究院(IVL)②是欧盟成员国中在能源环境领域具有领先地位的科学研究机构,主要从事气候、能源、空气、交通、水资源、可持续产品、可持续建筑等领域的研究,旗下囊括了瑞典最大规模的环境专家团队。作为瑞典30个公立研究协会之一,IVL既接受来自瑞典政府的支持,也接受瑞典环境保护署、瑞典国家工业和技术发展委员会、瑞典工作环境基金以及其他形式的资金援助。在业务上,IVL专注研究的同时还担任着对所有行业及其他与环境有关的实体组织提供咨询服务,并将其最新研究成果纳入咨询服务中,实现研究成果与应用的高效链接。

除此之外,瑞典还拥有众多专业研究机构亦积极发挥智库作用,运用自身的气候和环境研究资金投入低碳发展的研究工作(表2-5)。

表2-5　瑞典低碳领域主要专业研究机构③

序号	机构名称	研究领域	机构官网
1	瑞典斯德哥尔摩应变与发展研究中心 Stockholm Resilience Center	作为跨学科研究社会—生态系统管理的国际中心,该机构重点研究复原能力问题,即应变与持续发展的能力问题。	www. stockholm-resilience.org
2	瑞典斯德哥尔摩环境研究所 Stockholm Environment Institute	该研究所是一个独立的国际研究机构,专门研究在地方、国家、地区和全球政策层面上的可持续发展与环境问题。	www.sei.se

---

① 《瑞典废旧家电回收体系成熟重视低碳技术》,《南方都市报》2012 年 6 月 15 日,见 http://www.chinajnhb.com/News/67306.html。

② http://www.ivl.se/.

③ https://sweden.se/other-languages/chinese/Environment-Chinese-Low-Resolution.pdf。

序号	机构名称	研究领域	机构官网
3	瑞典环境排放数据信息所 Swedish EnvironmentalEmissions Data,SMED	该信息所负责收集与空气和水污染、废物管理、危险物质、有毒化学品相关的排放数据。	www.smed.se
4	瑞典斯德哥尔摩国际水资源学会 Stockholm International Water Institute	该学会提供有关水资源政策的决策信息,并组织年度斯德哥尔摩"世界水周"活动,世界各地的知名专家均会前来参与。	www.siwi.org
5	瑞典环境保护策略研究基金会 Mistra	该基金会主要支持土地利用与气候和地面下沉关系方面的研究。	www.mistra.org
6	瑞典环境、农业科学和空间规划研究委员会 Formas	该委员会负责温室气体排放和气候变化对各种生态系统、基础设施和建筑物影响的研究。	www.formas.se

(三)社会团体助力低碳参与

众多的非政府组织、非营利性机构、专门的民间环保组织在低碳社会建设中同样起到了相当重要的作用。团体成员关注环境问题,因对环保事业的满腔热忱而走到了一起,形成组织,试图利用自身的资源和能力为社会提供各种专业性的服务,并且服务多为自愿、无偿行为,主要为了环境保护事业做贡献。

瑞典拥有众多以环境保护为核心的民间组织,某些组织的社会影响力非常大,甚至越过了国界,具有较大的国际影响力。比如瑞典自然保护协会(Swedish Society for Nature Conservation)[1],大部分公民均为该协会会员,协会在推进社会重视环保方面具有重大作用。还有美化瑞典基金会(Keep Sweden Tidy)[2],作为一个非营利性组织,其长期致力于增强公众环境保护意识,反对乱丢垃圾,促进资源回收利用,追求可持续发展。

三、广大瑞典公民踊跃参与,身体力行支持低碳社会

公众参与低碳社会建设处于低碳发展公众全员参与机制的核心地位。这

---

[1] www.naturskyddsforeningen.se.

[2] www.hsr.se.

是因为,公众的意识和观念在推进低碳社会建设的进程中能够发挥积极的主观能动性,从而有效促进低碳社会发展;而且,实践一再表明,缺乏公众参与支持的低碳发展项目在现实中步履维艰,难以有效推进。只有公众从根本上理解了低碳发展的意义并愿意为此节约资源、杜绝浪费、节能减排,低碳发展才能真正融入普通民众的生活中,进而在全社会形成一种倡导健康、环保、绿色的低碳生活氛围。

据此,瑞典在发展低碳经济的过程中,既能积极将公众纳入低碳发展的相关利益者模型中,各项决策均能充分考虑到相关群体的切实利益,以此来赢得公众的广泛支持,还通过构建完善的环保宣传教育体系,从幼儿就开始为瑞典公民不断灌输环境保护教育理念,一直延伸至小学、中学、大学,直至终身,令低碳环保意识渗透到了社会各个领域,指导瑞典民众通过身体力行来支持低碳社会发展。

(一)公众参与垃圾分类回收

在瑞典,垃圾分类回收、处理利用被视为低碳发展的核心手段之一,并为之创设了一套独具特色的"垃圾经济学",努力实现变废为宝。在瑞典,关于垃圾分类回收的知识、习惯从每位公民的儿童时期起便开始了灌输与培养,这一努力促使广大民众都具备了系统、清晰的垃圾分类流程知识以及自觉、积极的参与意识,并生动地展现于瑞典垃圾分类回收整体工程的各个方面:

1.居民垃圾处理系统①

在家庭内,瑞典家庭习惯在厨房的水池下或抽屉中放置不同的垃圾收纳器,分别用于收集玻璃、金属、纸张、塑料和厨余垃圾等各类生活垃圾。某些居民的厨房水槽里甚至安装了食物垃圾粉碎机,这一设备可将垃圾绞碎后直接冲入地下水桶,统一收集后,再由垃圾运输车直接运输至沼气场,投入沼气生产。在公共场所中,每条街边均设有不同类别的大垃圾桶,桶外标有清晰的垃圾类别标识,居民需根据标识分类投放垃圾。而且,每个小区或楼房附近都有垃圾回收间,专门收集已分好类的垃圾,或放置闲散物品供有需要的居民自行取用。

---

① 向亨裕:《瑞典生活垃圾的回收与处理及启示》,《节能与环保》2012 年 09 期。

2.超市回收站①

瑞典超市在垃圾回收处理中占据了重要一环,发挥着不可或缺的作用。所有人流密集的大中型超市均设有回收站(Returstation),站内则分门别类地摆放着各种垃圾箱,同时标明了垃圾回收的类别和图案,如报刊杂志、金属类包装盒、玻璃制品、塑料包装瓶、罐等。其分类极其细致,玻璃制品连有色的和无色的都要分开,无形中培养了居民的分类意识和分类耐心;而且标识一目了然,极大方便了普通民众的识别分类,即使是没有受过教育的民众也不存在什么障碍。

3.饮料包装押金回收制度②

瑞典政府为了确保饮料包装的回收率,特别设计了"饮料包装押金回收制度":瑞典的任何饮料瓶上都有关于该饮料瓶押金数额的标示,一般为0.5至2瑞典克朗。这就意味着顾客购买饮料所支付的价格同时包括了饮料价格和饮料瓶的押金,顾客若想拿回押金,则必须把饮料瓶投入回收。而普通超市门口都设有专门的回收机器供顾客自助投放回收,其标示清晰,操作简便。顾

图2-5 瑞典超市废弃饮料瓶回收机器③

---

① 曾小愚:《看瑞典人如何处理生活垃圾》,《中国经济周刊》2008年43期。
② 周是今:《瑞典:垃圾是放错了地方的宝贝》,《政府法制》2010年21期。
③ 曾小愚:《看瑞典人如何处理生活垃圾》,《中国经济周刊》2008年43期。

客只需将废弃饮料瓶分类投入回收机,机器就会打印一张小票,上面标有本次回收的金额,顾客凭小票便可以到超市退款或者在购物时直接抵扣购物款。如此激励促使普通瑞典家庭上超市前都会习惯性带上空饮料瓶和易拉罐,还有很多瑞典儿童走上街头担当收集废弃饮料瓶的"小清洁工",为的也是挣取这一份来自饮料包装回收的零花钱。

4.定点垃圾收集站①

对于大件垃圾或特殊垃圾如家电、家具、灯泡、电池、树枝、泥土等,政府专门设置了定点垃圾收集站,这就需要居民自行开车将其送往指定垃圾收集站。在收集站,居民还需自觉将每一件垃圾按要求分类归放,以便提高后续处理效率。

（二）公众参与低碳社区建设

瑞典诸多城市和地区均在积极制定社会可持续发展规划,众多城市建设和改造工作都在以兼顾适宜型生态环境的方式展开。

图2-6　2010年3月30日,时任中国国家副主席习近平在斯德哥尔摩
参观哈马比低碳社区。新华社记者兰红光摄②

---

① 向亨裕:《瑞典生活垃圾的回收与处理及启示》,《节能与环保》2012年09期。
② 图片转引自《共推可持续发展—习近平参观瑞典哈马比生态城侧记》,新华社2010年3月31日,中央政府门户网站 http://www.gov.cn/ldhd/2010-03-31/content_1570763.htm。

斯德哥尔摩的哈马比社区(Harmmarby Community)即是欧洲众多社区试验项目中的优秀典范,它不仅是瑞典生态社区建设的一个成功样板,同时也为全世界的低碳社区建设提供了良好示范。各国政要领导、环保领袖到访瑞典,哈马比社区都是必须走访的一站,这也在世界范围内掀起了学习研究哈马比模式的热潮,各种新闻报道、研究成果也时常见诸报端和研究期刊。2010 年 3 月 30 日,时任国家副主席习近平在瑞典移民大臣的陪同下,参观走访了哈马比低碳社区,对哈马比模式进行了高度赞扬。

哈马比低碳社区集中展现了瑞典独特的低碳社区设计理念,先进的住宅技术,高度的住宅产业现代化水平,以及完善的法律标准与配套激励政策。在哈马比模式的外层表现下,其内核是公众积极融入其中的社区生态模式:

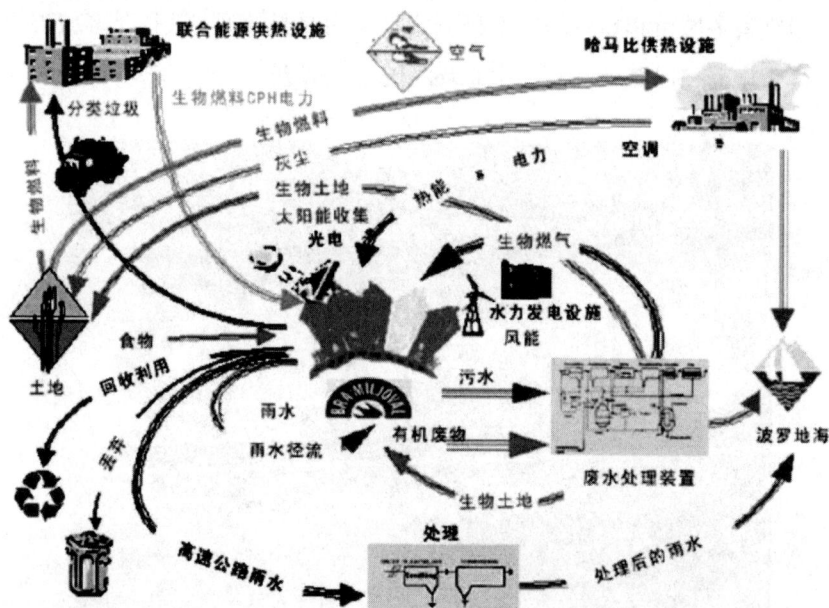

图 2-7　哈马比社区生态模式①

从总体上看,哈马比社区的投资建设不止着眼于传统的低碳基建领域,对社区民众的低碳教育也是其重要组成部分。哈马比模式自身构筑一个相对完

① 刘亮、辛晓睿:《瑞典斯德哥尔摩哈马比低碳社区建设研究》,《中国城市研究》2011 年第 6 卷第 2 期。资料来源:Stochholm Partnerships, Stockholm Vatten & Water Purification Infrastructure。

整而独立的社区生态模式,通过对社区居民环保意识的不断灌输,运用签署"社区环保契约"、开设低碳课堂、树立环保模范及推广低碳广告等方法传递关于环境友好型生活方式的重要信息,实现社区居民对于低碳生活方式的接纳与支持。

具体来说,哈马比社区将大约 80% 的环境保护理念体现于基础设施建设中,如节能、节水、节材、节地等规划建设措施,而剩余的 20% 则留给了居民的自觉环保行动,如节能减排、绿色交通、废物回收等,即社区 20% 的环境承载力来源于居民行为方式的选择。这便意味着,当地居民有义务选择较为低碳的生活模式,在经过社区教育后也有能力选择环保的生活方式,如选择大众化的公共交通,或与其他小区住户"拼车",利用可循环材料、消耗更少、效益更高的可再生绿色能源,并且使用能源节约型产品,自觉实施废物分类回收利用等。

第 三 章

低碳发展公众参与的现状基础

　　研究低碳发展公众参与战略,必须了解目前我国低碳发展公众参与的现状及存在问题,才能提出切合实际的低碳发展公众参与战略目标。所谓低碳发展是:"在严格控制碳排放、积极促进碳吸收的同时,实现经济和社会的健康和可持续发展。"而低碳发展中的公众参与,是公众在其生产、生活及参与公共事务治理过程中秉持低碳意识、践行低碳理念、促成低碳社会的一切亲环境行为。其中,"公众"是指与特定的公共主体(如政府)相互联系、相互作用的个体、群体或组织的总和①。本研究将分别探讨群体、组织以及个体公众的参与现状,其中,群体和组织包括各领域、部分低碳试点城市、企业以及非政府组织(NGO);个体公众主要分为成人公众和中小学生公众。

　　梳理相关文献发现,大多研究只是将公众参与和低碳发展简单联系起来,直到 2014 年,龚洋冉、仇泸毅、刘丽②将低碳发展公众参与作为整体概念提出,并通过梳理文献,发现有关研究已经由减碳—低碳—低碳经济—低碳发展—低碳发展公众参与形成"低碳概念族",不同主体在"低碳概念族"的发展中起到各自的作用,低碳发展公众参与作为其组成,同样也遵循相关规律。2014 年,仇泸毅、龚洋冉、孙宁宁等在全国范围的问卷调研基础上,总结出目

---

① 仇泸毅、龚洋冉、孙宁宁、刘丽:《我国低碳发展公众参与的现状研究(二)——公众参与类型调研分析》,《中国农业大学学报(社会科学版)》2014 年第 3 期。

② 龚洋冉、仇泸毅、刘丽:《我国低碳发展公众参与的现状研究(一)——低碳概念族的演变和创新》,《中国农业大学学报(社会科学版)》2014 年第 1 期。

前我国低碳发展公众参与呈现出以引导式参与为主,主动式参与和被动引导式参与均有体现的"纺锤形"分布现状①。在此基础上,本研究一方面利用"维普中文科技期刊"全文数据库对有关低碳研究的文献从时间和数量方面进行统计,结合学者研究,整理总结了各领域、部分低碳试点城市、企业以及 NGO 参与低碳发展的现状。另一方面对全国各省市成人公众和中小学生公众进行实地调研,具体了解了个体公众对于低碳发展的认知、态度以及生活中的低碳行为。通过这两个途径分析研究得出了目前中国低碳发展公众参与的现状。

第一节　低碳发展公众参与——参与主体现状

在全球气候变暖背景下,人们先后提出并发展了减碳、低碳、低碳经济、低碳发展等概念,我国也提出并制定了"低碳发展公众参与"战略。围绕"低碳"已经形成了减碳—低碳—低碳经济—低碳发展—低碳发展公众参与等系列概念,反映了低碳概念体系的演变②。在此演变过程中,不同时期的参与主体呈现出不同状态,为推动低碳发展起到不同的作用。

由于"低碳发展公众参与"概念的提出时间较短,当下依然缺乏详细、系统的理论体系,由于低碳发展公众参与作为低碳概念族的组成部分,其发展过程与其他低碳阶段的发展过程具有一定的类似,以其他低碳阶段发展过程的规律特征为基础对"低碳发展公众参与"的发展进行研究,因此本研究利用"维普中文科技期刊"全文数据库检索了发表于 2003—2014 年之间"任意字段"含有"低碳经济"、"低碳发展"的文献(本研究中把"低碳经济"、"低碳发展"的研究发展统称为低碳知识研究发展),对国内开展低碳知识研究的数量和时间进行统计。从图 3-1 的统计数据中可以得出有关"低碳经济"的研究文献数量 2003—2014 年经历了起步期,加速期,目前达到平稳期。

---

① 仇泸毅、龚洋冉、孙宁宁、刘丽:《我国低碳发展公众参与的现状研究(二)——公众参与类型调研分析》,《中国农业大学学报(社会科学版)》2014 年第 3 期。
② 龚洋冉、仇泸毅、刘丽:《我国低碳发展公众参与的现状研究(一)——低碳概念族的演变和创新》,《中国农业大学学报(社会科学版)》2014 年第 1 期。

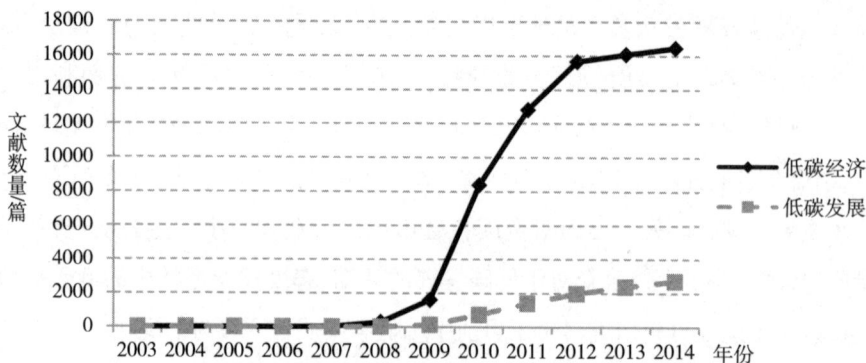

图 3-1　2003—2014 年有关"低碳经济""低碳发展"的研究文献

数据来源:"维普中文科技期刊"全文数据库

一、起步期——参与主体:学者、政府

2003—2008 年是低碳知识研究的起步期,这个时期不仅文章数量少,而且波动很小,这是没有受到政府相关政策影响的表现,表明了以学者为主把低碳知识介绍和扩散出来的行为是主动而积极的。这个时期是以国内少数学者为主的对国际低碳政策进行了接受和引进,文章基本上是关于低碳知识的介绍、引入以及探讨中国发展低碳经济的必要性。2006 年潘家华等介绍了低碳经济先行国——英国的低碳激励措施,并提炼出我国可借鉴的经验教训[1];姚良军、孙成永继续比较和梳理了意大利的低碳经济政策[2];2007 年,这种思想引进开始演变为道路探索:庄贵阳分别以《低碳经济中国之选》《中国——以低碳经济应对气候变化挑战》《低碳经济:中国别无选择》《气候变化背景下的中国低碳经济发展之路》等 4 篇文章开始认识并阐述了中国发展低碳经济的必要性[3];邢继俊、赵刚则明确提出"中国要大力发展低碳经济"[4],更显示

---

[1]　潘家华、庄贵阳、陈迎、吴向阳:《英国低碳发展的激励措施及其借鉴》,《中国经贸导刊》2006 年第 3 期。

[2]　姚良军、孙成永:《意大利的低碳经济发展政策》,《中国科技产业》2007 年第 2 期。

[3]　庄贵阳:《中国:以低碳经济应对气候变化挑战》,《环境经济》2007 年第 Z1 期。庄贵阳:《低碳经济:中国别无选择》,《世界知识》2007 年第 9 期。庄贵阳:《低碳经济中国之选》,《中国石油石化》2007 年第 13 期。庄贵阳:《气候变化背景下的中国低碳经济发展之路》,《绿叶》2007 年第 8 期。

[4]　邢继俊、赵刚:《中国要大力发展低碳经济》,《中国科技论坛》2007 年第 10 期。

出学术界的主动姿态。

另外此时中国政府(北京)也接受到以 IPCC 为主的低碳政策扩散,同步出台了一系列政策法规,主动向各领域推广"低碳"概念,但当时国内并没有低碳知识相关的理论或实践基础,这个阶段缺乏以具体企业为研究对象或是来自企业的人员对相关内容研究的文献,也没有关于居民参与低碳相关活动的报道。所以整体上我国没有立即响应,处于被动接受和适应的状态,以专家学者为主要的参与主体。企业和居民低碳方面的情况都没有体现,低碳的参与主要局限在学术界。

二、加速期——参与主体:政府、学者、企业、居民

2009—2012 年是快速上升时期,曲线较短和倾斜,低碳知识的研究在我国传播的速度较快,范围变大,说明受到某单方面因素的推动。此阶段有关低碳的研究从经济领域扩散到了工程技术等 8 个领域,得到快速的发展。同时经济领域和工程技术领域的文章出现跳跃式的增长,这与国家政策相继出台产生的引导作用有关。各个领域相继加入了低碳经济的行列,尽管相对滞后,但显示了这些领域的追赶性和适应性。学者和政府在低碳政策和低碳研究方面已经表现出主动性和创新性。

在此阶段学术界对低碳知识的认识被提高到了发展模式乃至于文明模式的高度。鲍健强等指出低碳经济不仅是一种新的发展模式,更是由工业文明向生态文明转型的重要途径之一[1];谢军安等提出了我国发展低碳经济的思路与对策[2];付允等首次系统提出低碳经济的发展模式并进行了层次的划分[3]。同时,有关"低碳城市""低碳旅游"的研究逐渐兴起。这进一步显示出学者在低碳知识研究过程中的主动性和创新性。

---

[1] 鲍健强、苗阳、陈锋:《低碳经济:人类经济发展方式的新变革》,《中国工业经济》2008 年第 4 期。

[2] 谢军安、郝东恒、谢雯:《我国发展低碳经济的思路与对策》,《当代经济管理》2008 年第 12 期。

[3] 付允、马永欢、刘怡君、牛文元:《低碳经济的发展模式研究》,《中国人口.资源与环境》2008 年第 3 期。

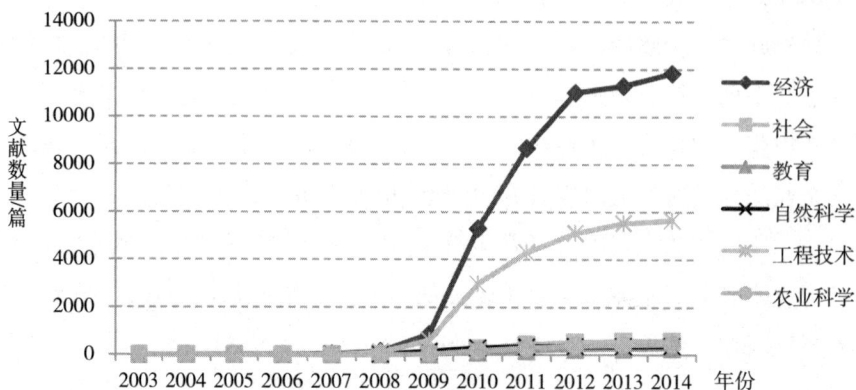

图 3-2　各领域与低碳相关的研究文献

数据来源："维普中文科技期刊"全文数据库

同时中国政府开始重视低碳经济的发展,出台相关法律法规,制定了鼓励各行业参与低碳的相关政策①,引导各地方将低碳知识理论应用到实践中,一些地方开始建立低碳城市和低碳社区引导企业和公众参与到低碳经济行列里。

此外从图 3-2 可以看出企业开始成为新的参与主体,具体表现为节能生产。高耗能企业通过提高能源利用效率响应了政府低碳发展政策。节能目标责任制、产业政策的引导、能源管理体制的改革以及能源价格的上涨,共同促使了企业提高节能意识,采取有效的节能行动。

这个时期,非政府组织(NGO)主动参与进来:除对环境政策的监督以外,环保 NGO 通过开展各种活动引导了公众对气候变化、低碳经济的关注和参与,如:中华环保民间组织可持续发展年会、中国公民社会应对气候变化小组等。环保 NGO 的加入,使得低碳发展从政府宏观层面落实到公众微观层面,使得学者的理论研究延伸到公众的生活实践,并且将政府和学者的关注点从企业引向普通居民。

研究分析发现此阶段学者依然主动参与研究,研究的范围从理论引入到了生产、生活的各个领域。政府更加主动投身于低碳经济发展,表现在进一步

---

① 龚洋冉、仇泸毅、刘丽:《我国低碳发展公众参与的现状研究(一)——低碳概念族的演变和创新》,《中国农业大学学报(社会科学版)》2014 年第 1 期。

加大力度出台政策法规,支持低碳经济;同时企业加入,成为新的参与主体,具有社会责任感的部分企业,在国家鼓励、引导低碳经济的宏观政策下,有目的的参与。但值得注意的是仍有部分企业是迫于国家低碳法律法规的约束而被动参与。

三、平稳期——参与主体:政府、学者、居民

2012 年官方"低碳发展"的战略提出,意味着低碳知识出现了研究热点的转移,"低碳经济"有关研究文献处于平稳期,与此同时有关"低碳发展"的相关文献一直处于上升趋势,由此可以推断,"低碳"一词从单纯的经济问题开始向国家、社会的各个方面进行渗透和覆盖,社会关注加大,"发展"成为社会公众普遍关注的问题。

2012 年 11 月中国共产党十八大报告中提出了"推进绿色发展、循环发展、低碳发展"。"低碳发展"战略的提出是我国政府在西方低碳理念基础上的创新和发展。说明我国在"低碳"方面的努力经历了由引进学习到应用再到创新升华的过程。

值得注意的是,这个阶段政府推广低碳城市的试点,一般居民的参与从开展活动的引导性参与转变到生活的衣食住行实践性参与[①]。

四、低碳发展公众参与的参与主体现状

通过以上研究发现,我国低碳发展的参与主体由:学者、政府、企业、NGO、公众等组成。根据时间进程和低碳概念内涵的深入而不断参与进来。其中,学者、政府具有主动参与的特征,参与最早、时间最长,参与方式是学术、政策和法律法规等方面创新,对后续新参与的主体产生了理论引导作用。企业是市场经济的主体,其参与是对学者、政府引导的接受以及对低碳经济等理论的实践,

---

① 《关于开展低碳省区和低碳城市试点工作的通知》,发改气候〔2010〕1587 号,2010 年 7 月 19 日。《国家发展改革委关于开展第二批低碳省区和低碳城市试点工作的通知》,发改气候(2012 年)3760 号,2012 年 11 月 26 日。

同时企业也成为低碳经济的中坚力量。非政府组织（NGO）作为政府、企业行为的监督者和建议者，代表了广大公众的利益和话语权。其特殊的地位使得它成为实现公众参与低碳发展的重要渠道之一，公众通过 NGO 了解、认同并参与低碳发展、NGO 获得公众参与的反馈之后对政府的政策建言献策，使之不断完善和落实。而实现低碳发展公众参与最终还需要一般个体的全面参与，该主体范围最广、涉及利益最大、实现潜力最强，是低碳发展最大的"利益相关体"。相关研究还表明，城乡公众之间在对低碳发展的认知和行为上存在差别。[①]

对应低碳概念族中低碳知识的发展阶段的规律特点，可以看出目前我国低碳发展公众参与已经进入了起步期阶段。

第二节　低碳发展公众参与——各领域及低碳试点城市参与现状

一、各领域参与低碳发展现状

（一）经济领域

低碳发展是由我国政府结合国情，基于低碳经济提出的科学概念和发展思路，保持经济健康、可持续发展仍是首要任务。经济领域的低碳发展公众参与一直处于各个领域前列，其经历了由学习到应用再到升华的过程。主要参与内容包括学者对经济领域的低碳发展的探讨和研究，国家的产业结构调整以及碳市场、碳金融的逐步发展等。

学者在低碳发展过程中一直表现为积极主动参与，从开始的减碳、减排、低碳到发展低碳经济，学者们时刻关注国际动态，介绍引入国际先进理念。学者们还对我国经济领域的低碳发展进行了大量研究和探索，首先是强调经济领域低碳发展的重要性和战略性，观察和反思西方发达国家有关低碳发展的

① 仇泸毅、谢建华、何有缘、龚洋冉、刘丽：《中国低碳发展公众参与现状研究——城乡公众参与差异分析》，《中国农学通报》2014 年第 32 期。

政策和政府行为,并逐步参加国际低碳经济活动,学习、交流低碳经济经验和教训,之后是讨论和提出了部分行业(主要集中在汽车、石化等重工业)应对低碳经济所应担负的责任和义务,并提出了具体的目标和数据,同时还系统的探讨和借鉴西方发达国家的低碳经济发展政策与思路,基于我国国情提出了适合于中国的低碳经济发展模式。王铮、朱永彬在对比了中国省级区域1995—2006年的碳排放数据后发现,碳排放较高的省份集中在消费结构以煤为主以及第二产业比重较大的地区,而经济科技相对发达的省份碳排放有明显下降[①];庄幸、姜克隽运用生命周期评价方法以北京水泥厂为例,进行了水泥行业全能耗分析,为水泥行业未来实现低碳发展提出了产业升级和技术改造等建议[②];刘桂文将县域作为研究对象,在分析县域低碳经济发展制约因素的基础上,提出了落实总体思路的政策建议[③];付加锋等构建了多层次多维度的评价指标体系,包含低碳产出、低碳消费、低碳资源、低碳政策和低碳环境以及相应的评价方法[④]。

　　在学者的研究基础上,结合我国实际情况,国家积极推进产业结构调整,以适应低碳发展的要求和需求。中国的经济发展一直是高资源利用、高能源投入、高污染排放的粗放式发展,经济结构中仍然以工业为主,服务业比重低,产业结构趋于重型化,严重制约了中国经济的低碳发展。政府一直致力于优化调整产业结构,以强有力的行政干预,配合一系列政策手段,有效减缓了高耗能行业的快速扩张。与此同时,促进第三产业的快速发展,使得第三产业在产业经济中所占比重不断提升。经过政府的努力,工业内部行业结构调整取得明显成效,高能耗行业增加值比重下降,低能耗、高附加值行业持续快速增长;企业间兼并重组、行业集中度快速提高,有效提高生产效率,降低能耗;产业实现空间转移,使得东部地区产业结构得以改善。

①　王铮、朱永彬:《我国各省区碳排放量状况及减排对策研究》,《中国科学院院刊》2008年第2期。
②　庄幸、姜克隽:《关于北京水泥厂水泥产品全能耗分析的调研》,《宏观经济研究》2008年第2期。
③　刘桂文:《县域低碳经济发展的制约因素和路径选择》,《中国农学通报》2010年第14期。
④　付加锋、庄贵阳、高庆先:《低碳经济的概念辨识及评价指标体系构建》,《中国人口·资源与环境》2010年第8期。

此外,经济领域的低碳发展公众参与还表现为碳交易市场的建设以及碳金融的参与。2011 年,国家发改委决定在 7 省市开展碳交易试点,探索有效的政府引导和经济激励政策,推动控制温室气体排放目标的落实。2013 年 6 月,我国首家碳交易市场——深圳碳市场开市。随后,上海、北京、广州、天津、武汉等城市的碳市场陆续开市。启动的碳市场都已拥有了自己的注册系统和交易平台,制定了相关配套细则,基本完成了中国碳交易市场零的突破。在碳市场逐渐建立和完善的基础上,我国碳金融也得到了初步发展,尽管目前国内大多数金融机构对涉入碳市场仍然持观望态度。2014 年,浦发银行、兴业银行等金融机构推出了碳金融产品,主要围绕碳排放权设计,为低碳领域的金融创新做出了开拓性的贡献。2014 年 12 月发布的《2014 中国碳金融展望》研究指出,当前我国的碳市场发育仍处于初级阶段,交易主体的参与意愿仍然不强烈,市场容易受到非理性因素影响而摇摆不定,培育市场、奠定法制根基是现阶段的主要任务。长远来看,国家级总量控制强制减排体系即将建立,我国碳市场会随之活跃,在碳核算、第三方核查、碳资产管理等方面,市场发展空间巨大。

总体来看,目前我国经济领域的低碳发展公众参与已经全面展开,形成了政府、企业、高校、科研机构之间大范围的联动与合作。

(二)文化领域

文化领域的低碳发展公众参与,可以通过文化的教育宣传,使得全社会有效建立低碳文化氛围,从而引导促使公众参与低碳发展。文化领域低碳发展公众参与的作用不容忽视。目前我国文化领域在低碳发展过程中的参与主要表现为学者对于"低碳发展"衍生的"低碳文化"进行的研究,新闻媒体对于低碳相关知识、信息的传播以及低碳教育等方面内容。

近年来,国内学者对于"低碳发展"衍生的"低碳文化"领域进行了多方面深层次的研究,论证了低碳文化在低碳发展过程中的重要性,以及低碳文化如何促进低碳发展。谈新敏认为,低碳文化的培育在低碳发展中起着根本性作用,其本质是包含关于低碳的一切意识形态活动,同时也是对可持续发展理念的深化和发展[1];谢昉具体从世界观和行为生活文化两方面进行了探讨,指出

---

[1] 谈新敏:《低碳文化及其在低碳发展中的根本性作用》,《自然辩证法研究》2011 年第 4 期。

低碳文化是低碳经济的基石,低碳经济催生了低碳文化,低碳经济的建设需要低碳文化的引领和约束①;王国莲通过对低碳时代到来所引起的全球性政治、经济、科技、文化的激励变革和碰撞的分析,认为低碳时代不仅仅催生了文化,甚至是引发了人类文明的迁跃②;黄焕山根据低碳的内涵和外延对低碳文化进行了具体的分类——碳核心文化、碳交易文化、碳消费文化③;罗顺元研究表明,低碳文化的建立需要将低碳观念与人们的世界观、科技观、教育观等多方面继续关联④;封泉明认为,低碳文化是低碳经济发展的内在支撑,低碳文化不仅停留在意识形态领域,还可以作为附加值体现在商品中,形成低碳文化产业,甚至可以刺激低碳科学创新思维的产生⑤;孙秀梅、周敏发现,在我国低碳化、工业化的背景下,营造低碳创新文化能够促进工业低碳化、集群化,提高了其自主创新能力⑥;王博认为低碳经济会造就新型的低碳生活方式,并提出了低碳文化将引领低碳生活⑦。

　　新闻媒体是传播低碳信息、营造低碳氛围的重要方式,在低碳发展过程中,各种媒体均起到了重要的宣传作用。从国际的各种气候会议,到国家的各项低碳方针政策,再到民众的日常节能减排宣传,新闻媒体及时报道相关信息,积极配合政府的低碳发展实施战略。新闻媒体的低碳发展公众参与主要表现为广泛持久地宣传政府关于低碳发展的方针政策和战略部署,积极宣传各地区低碳发展取得的成就、经验和做法;牢牢抓住民众关心的热点问题,进行针对性的采访和报道,对破坏环境、浪费资源等现象进行曝光;宣传普及节能低碳知识,动员全民参与低碳发展。此外,各种媒体还结合自身特点开展不同的宣传报道活动,如2007年9月CCTV经济频道强力推出节能减排专题节目——《节能半小时》,央视国际网站建立"节能减排大型活动"网络专题,还

---

① 谢防:《低碳经济与文化建设的思考》,《价值工程》2011年第26期。
② 王国莲:《人类步入低碳时代》,《生态经济》2011年第1期。
③ 黄焕山:《论低碳文化》,《武汉商业服务学院学报》2010年第2期。
④ 罗顺元:《论低碳文化与文明前景》,《未来与发展》2010年第5期。
⑤ 封泉明:《关于中国低碳经济发展的文化思考》,《云南社会科学》2010年第5期。
⑥ 孙秀梅、周敏:《集群对低碳工业化自主创新的创导机制研究》,《技术经济与管理研究》2011年第4期。
⑦ 王博:《低碳经济与低碳生活的文化应对》,《北方丛论》2010年第5期。

精心策划、推出了新媒体推广方式——视频杂志《绿》；电视、广播等视听媒体播出低碳相关的宣传片、公益广告等；报纸和杂志也开辟了专门栏目，进行系列宣传报道；人民网、新华网等中央重点新闻网站还组织网民就低碳相关内容展开讨论。新闻媒体在低碳发展过程中，起到了良好的舆论引导、宣传、扩散、教育的作用。

另外，有学者认为，低碳文化在当代大学生的学习生活中扮演着重要的角色，大学生是传播低碳文化的重要力量，是其承担社会责任、履行社会义务的一种重要表现。目前大学生社团在低碳发展中确实起到了文化传播者的作用。截止 2010 年 1 月，上海"千名环境友好使者行动"下的"水宝队"走访了上海 20 余个基层居委会和多所学校，就低碳环保方面的知识和技巧培训 2 万余名学生；2009 年 10 月 17 日至 12 月 12 日，北京 33 所高校同时开展首都高校环境文化周，包含 12 项环保公益活动，直接参与的大学生达到 5 万人左右，辐射影响的受众达到 25 万人；2010 年初，成都四川大学锦城学院举行"宿舍节水节电大比武"。这些事件表明，低碳发展正在形成一种社会文化，大学生作为社会文化传播的活跃分子，正在为低碳发展建设一种文化氛围。

除此之外，学校在培育学生低碳意识方面也发挥了重要作用。学校结合义务教育课程标准修订工作，在义务教育课程标准中，适当增加了节约能源、保护环境等内容，将有关节能低碳的教育内容纳入学校的课堂教学；中小学校、幼儿园组织开展了"节能伴我在校园，我把节能带回家"活动、"节约一二三"活动、"爸爸妈妈听我说节能"演讲比赛等，倡导家长与孩子合作式的讨论节能方法和措施，引导中小学生树立低碳环保的学习生活理念，关注、学习和探索节能的窍门和方法，不仅从自己做起，而且督促父母等家庭成员节约用电、节约用水、爱惜粮食，创建良好的家庭节能氛围；从 2008 年开始，在全国范围内每年开展一次"大学生节能减排社会实践与科技创新竞赛活动"；住房和城乡建设部、教育部于 2008 年共同颁发了《高等学校节约型校园建设管理与技术导则》，进一步量化和细化了高校节能环保指标，进一步推动高校节约型校园建设。学校通过积极开展低碳相关内容的学校主题教育和社会实践活动，营造节能低碳的校园文化，使学生逐渐养成良好的节能低碳意识和行为习惯。

虽然政府、媒体、学校等多部门在低碳发展过程中积极参与，采取了一系列行动宣传引导低碳文化，但是由于时间、范围等多方面的限制，目前我国社会并未形成良好的低碳文化氛围，居民低碳消费、低碳生活等良好行为习惯并未形成，在低碳文化建设方面仍需加大力度，最终实现动员和组织全社会参与到低碳发展中的目标。

（三）政治领域

"低碳"一词虽然起源于经济领域，但是由于其涉及全球各国之间关系和内部利益，也使其成为了国际和国内政治的热点话题。周宏春认为低碳是一个政治议题，也是一个发展议题，对于我国各方面意义重大，我们需要开拓一条具有中国特色的低碳发展道路[①]；徐冬青指出西方发达国家低碳经济发展已经具有了一定经验，我国在面临低碳改革时，应与各国进行积极友好的协商和合作，在解决我国发展问题的同时树立良好的负责任的大国形象[②]；在强世功的阐述中，由于气候变化、全球变暖，"碳政治"成为了各国之间的焦点，以国家为单位的政治力量主导其发展，对于我国来说，这是一次提高国际地位，增加话语权，打破西方垄断世界政治经济格局的重要机会[③]。

本研究认为，我国"低碳"在政治领域的发展可以分为国际政治和国内政治两个阶段。2007—2009 年为国际政治阶段：由于低碳发展的全球性和整体性要求，各国就减排任务以及权责的划分和碳交易、碳金融市场的建立进行多次的磋商和谈判。该阶段主要讨论以我国为代表的发展中国家与以美国为代表的西方发达国家的减排权责划分以及发展模型、道路、目标的异同，同时我国也在对外交往中积极合作"低碳"相关项目，尤其在发展中国家中具有引导和领导效应。2009—2013 年为国内政治阶段：鉴于减排任务的艰巨性和国际减排环境的复杂性，该阶段主要强调从中央、各部委到地方各级政府和职能部门对了低碳减排目标的层层落实，并出台了一系列法律法规，从政治、经济、文化、社会等各方面进行了引导和规范；与此同时，高校与研究机构纷纷成立与

---

① 周宏春：《中国发展低碳经济的意义和途径》，《理论视野》2010 年第 2 期。
② 徐冬青：《发达国家发展低碳经济的做法与经验借鉴》，《世界经济与政治论坛》2009 年第 6 期。
③ 强世功：《"碳政治"：新型国际政治与中国的战略抉择》，《中国经济》2009 年第 9 期。

低碳相关的研究所和课题组,对于各种低碳发展模式进行了大量实证研究,并提出了相应的对策建议。

在推进低碳发展进程中,中央各部委和地方政府在低碳发展公众参与方面制定和采取了多项政策,如2012年9月19日国务院常务会议决定2013年起将每年6月全国节能宣传周的第三天设立为"全国低碳日";2011年12月8日,国务院发布"十二五"控制温室气体排放工作方案,要求在"十二五"期间,我国将大幅度降低单位GDP二氧化碳排放,大力推动全社会低碳行动,尤其是在提高公众参与意识方面;由中日友好环境保护中心与日本国际协力机构(JICA)共同主办、环境保护部宣传教育中心承办的中日技术合作"气候变化领域公众参与和能力建设培训班",至2012年已经成功召开了4届;2011年9月23日至24日,由厦门市绿十字环保志愿者中心主办的"城市可持续交通发展"论坛在厦门举行,该论坛对城市的低碳交通、绿色出行等议题做了详细讨论,政府、学术机构、民间环保组织等均有参加;济南市规定新建12层以下住宅必须安装太阳能;太原市出台《燃煤污染防治技术政策》;内蒙古在呼和浩特市建设面积达20万平方米的低碳住宅示范区。

此外,政府还出台了多项法律法规和规章制度,以促进地方、企业、个体公众参与低碳发展。在推进低碳发展进程中,政府一直起到推动和引导的作用。

(四)法律领域

我国人大、中央政府和各部委相继制定、修订、出台了一系列与低碳相关的法律法规,为我国发展低碳经济,贯彻落实低碳发展战略提供了有力支撑和法律保障。但在保障公众参与低碳发展方面的法律法规仍比较匮乏和不完善,需要进一步的补充和完善。主要法律法规的基本情况如表3-1、表3-2所示。

表3-1 低碳发展主要相关法律一览表

名称	通过年份	修订年份	制定机构
《水土保持法》	1991年	2010年	全国人大
《节约能源法》	1997年	2007年	全国人大
《可再生能源法》	2005年	2009年	全国人大

续表

名称	通过年份	修订年份	制定机构
《循环经济促进法》	2008 年		全国人大
《清洁生产促进法》	2002 年	2012 年	全国人大

表 3-2　低碳发展主要相关法规一览表

名称	颁布年份	制定机构	涉及方面
《气候可行性论证管理办法》	2008 年	国家气象局	政府决策
《民用建筑节能条例》、《公共机构节能条例》	2008 年	国务院	社会生活
《关于进一步加强淘汰落后产能工作的通知》、《关于加快培育和发展战略性新兴产业的决定》	2010 年	国务院、发改委	产业结构
《中央企业节能减排监督管理暂行办法》	2010 年	国务院	企业
《应对气候变化领域对外合作管理暂行办法》	2010 年	国务院	国际合作

　　值得注意的是,上述推进低碳发展的法律法规所涉及的对象只有政府和企业,主要是通过政府调控和监管促进我国低碳发展,基本未涉及到公众参与低碳发展的层面,对于公众的一般生活,还缺少法律、政策上的约定和规制。另外,公众对这些低碳发展相关法律法规的认知也较为有限。本研究在问卷调查时发现,在回答"您是否了解我国低碳发展相关法律法规"的问题时,有42.76%的被调查者选择了"大概了解",12.59%选择了"基本了解",3.62%选择了"非常了解",40.52%表示"不了解"。说明多数法律法规还没有向公众普及,没有真正落实和规范到公众的生活和消费方面。这与我国没有专门的公众参与低碳发展法律法规,在公众参与方面的基础性法律法规体系建设缺失直接相关。

二、城市开展低碳发展活动现状

　　近些年来,中国城镇化取得了显著进展,但同时也给城市和人类发展带来了很多问题。不断加速的城镇化给环境带来了巨大的压力,资源配置的不合理使得环境污染变得更加严重。随着城市人口的不断增加,城市交通、居住环境受到严重影响。因此,在城镇化战略转型中,应当沿着科学、低碳的路径实现可持续发展。目前,不少城市已经开始走低碳发展的城镇化道路。国家发改委于 2010 年和 2012 年分别确定了两批低碳试点城市,目前我国已确定了 6 个省区低碳试点和 36 个低碳试点城市,低碳试点已经基本在全国全面展开。各省市结合本地优势,逐渐探索符合当地发展的、政府倡导的低碳道路。代表城市案例如下①。

(一)杭州:"美丽中国"先行城市

杭州是 2010 年国家发改委确定的全国首批低碳试点城市之一。杭州市政府对低碳建设给予相当高的支持力度,明确提出发展低碳城市。2014 年,杭州市政府提出通过发展信息经济和智慧经济推动低碳发展。杭州市通过建立政府推动、社会主体参与的工作机制,逐渐探索低碳城市的建设道路。

首先,杭州市着重建设低碳社区,坚持总体谋划和试点带动。杭州市制定了《杭州保障性住房绿色建筑技术规定(暂行)》,新的社区规划提出新建民用建筑要全部达到绿色建筑的要求,鼓励因地制宜,探索本土特色的低碳社区建设体系。其中一个案例是丁桥的"郡枫绿园",该项目是杭州市首个保障性住房绿色建筑试点示范项目。该项目在规划设计、施工、投入运营等阶段均贯彻绿色建筑的理念。通过贯彻环境友好型建筑思想,运用适宜的绿色建筑新技术、新工艺、新设备和新材料,达到建筑与自然的完美融合。例如在项目中使用利用能源再生技术的节能反馈电梯;在公租房项目上采用太阳能热水器;设置太阳能景观灯;公共场所部位采用 LED 灯;采用雨水收集系统以及中空玻璃等多项绿色建筑新技术。

其次,杭州市大力推进社区公共交通系统建设。在杭州市政府主导下,杭州公交集团与杭州公交广告公司组建了国有独资的"公共自行车公司"。按照"政府引导、公司运作、政策保障、社会参与"的原则构建了公共自行车系

---

① 城市开展内容主要是课题组根据 2014 年召开的"2014 中国低碳发展战略高级别研讨会"中各省市领导所做报告整理而来。

统。目前,杭州市是全球公共自行车最多的城市,已经拥有公共自行车8万多辆,服务点3000多个,累计租用4亿人次。

再次,杭州市大力推广低碳节能技术,进行节能改造。比如进行庭院改善,背街小巷改造,阳光屋顶以及"三改一拆"等行动。其中一个案例是富阳市的新登镇,大力推广太阳能热水器,并在村落里倡导使用光伏陶瓷瓦进行光伏发电,25平方米每年发电2200度,半年可以收回成本,推广效果很好。另一个案例是余杭社区在旧房改造中使用加气砖彻底取代了粘土砖,用符合保温材料的发泡聚氨酯代替了聚苯板等一般材料,建设低碳建筑。

最后,杭州市还加强低碳管理,推行低碳生活方式。建设数字化示范社区,统一搭建信息、数据共享平台,在试点社区利用信息化手段推行上下班出行拼车,减少居民出行的碳排放。设立社区低碳小站,通过对闲置物品的循环利用,以换物和捐赠的方式积极推进和倡导低碳环保的生活理念,提高资源利用效率。完善用电、用气、用水差别化、阶梯式价格调整机制。

此外,杭州市重视低碳教育,加强低碳知识普及,开展低碳生活体验、低碳社区宣传,向居民普及低碳科学知识、倡导低碳生活理念。杭州市财政支出4亿多建立了中国第一个低碳博物馆,还将垃圾填埋场改造成为循环经济产业园。杭州市开展了"万户低碳家庭"示范创建和节能减碳全民行动,编写低碳家庭行为手册,推行绿色居家准则。其中较为代表的案例是环西社区,社区建立了家庭低碳档案,实施家庭低碳计划,倡导低碳着装、低碳饮食、低碳装修、低碳出行。采集家庭水电气热等资源使用情况,核算每月家庭减少的碳排放量,做到天天有记录,周周有小结。通过小区门卫保安巡查,对每周少开一天车的私家车奖励洗车票等。

杭州市通过政府引导,鼓励支持社会各主体参与低碳建设,探索走出一条人与自然和谐相处、经济社会和生态环境相得益彰的可持续发展新路,为建成美丽中国先行城市奠定了良好基础。

(二)保定:低碳技术引领低碳发展

保定市是国家发改委确定的全国首批低碳试点城市之一,并且是其中唯一的地级市。近年来,保定市政府坚持把低碳理念植入发展思路,并贯穿到生产生活的各个领域,探索一条路径,明确两个阶段性目标,开展四项示范工程。

其中,"一条路径"是探索一条城市经济以低碳产业为主导,市民以低碳生活为理念和行为特征,政府以低碳社会为建设蓝图的符合保定发展实际,节能环保、绿色低碳的生态文明发展之路。"两个阶段性目标"指到 2015 年,万元 GDP 二氧化碳排放量比 2005 年下降 35% 左右;到 2020 年,万元 GDP 二氧化碳排放量比 2005 年下降 48% 左右。"四项示范工程"指 2013 年以来,保定市重点做的四方面的低碳发展工作。

一是大力推广光伏产业。保定市结合自身地域特点,开发了太行山光伏产业示范带。2013 年制定了《沿太行山光伏规模化应用示范带发展规划》,到 2015 年,太行山光伏电站总装机容量将达到 1000 兆瓦以上,到 2020 年将达到 2000 兆瓦以上,努力把太行山打造成"太阳山"。目前,太行山光伏产业示范带已经建成和实施的项目有 39 个,总装机容量达到 931 兆瓦,位居全省第一。曲阳县与中电投、三峡集团等企业合作,正在建设中国最大的山坡集中式光伏发电站。在发展大型并网地面电站的同时,保定市还实施了企业的金太阳屋顶工程,积极建设以分布式屋顶电站为主、兼顾分布式光伏照明的光储综合型电站。

二是重点加大地热资源的开发。保定地热资源非常丰富,自上世纪 70 年代,就开始开发和利用地热资源。近几年,市政府加强了对地热能开发工作的统筹规划和推动,成立了地热开发利用工作领导小组,组建了保定市地热协会,坚持科学、有序、可持续开发利用地热资源。并编制了《地热资源勘察与开发利用规划》,出台了全省第一个《地热资源管理办法》,规划到 2015 年,地热供暖建筑面积达到 1000 万平方米,可替代标准煤 11.8 万吨,减排二氧化碳 28.1 万吨;到 2020 年达到 3000 万平方米,地热发电 15 兆瓦。其中较为代表的案例是保定市雄县。雄县是华北乃至全国地热资源最丰富的地区之一。雄县模式最大的特点是回灌,只取热不取水。原来雄县每年地热水位大概以每年 6 米的速度下降,回灌以后现在每年下降 1 米,逐渐达到平衡、可持续。这个模式得到国家能源局的高度重视,并于 2014 年 2 月在保定雄县开全国现场会,将此模式向全国推广。

三是发展建筑节能。保定市制定出台了《开展绿色建筑行动、促进低碳保定发展实施方案》,明确全市建筑节能和绿色建筑发展的目标任务。2014

年把新建住宅节能标准由原来的 65% 提高到 75%，新建建筑节能标准执行率达到 100%，全市政府投资类项目、保障性住房、2 万平方米以上大型公共建筑、建筑面积 10 万平方米及以上住宅小区，自 2014 年起全面执行绿色建筑标准。另外，保定市还深入推进既有居住建筑供热计量及节能改造工作，累计完成既有建筑节能改造 400 多万平方米，完成公共建筑及公共机构办公建筑节能改造 30 万平方米。同时，全面创建"可再生能源建筑应用示范城市"，市区可再生能源建筑应用率达到 66%，源盛嘉和小区成为河北首个光伏发电社区，总装机容量 788 千瓦。

四是积极解决农村能源问题。保定是人口大市，也是农业大市，其中农村人口占 70% 以上，燃煤是农村污染的主要原因。保定市积极解决农村能源问题，大力发展分布式光伏发电，推广清洁燃烧技术，同时引导农民充分利用农村沼气。目前全市已经有沼气用户 40 多万户，年产沼气 1.3 万立方米，减排二氧化碳 6.28 万吨，建池农户年平均增收节支 1300 元，全市受益人口达到 162 万。其中有代表性的是望都县。柳坨村是一个典型的农村，村内建立了沼气站，引进纯秸秆厌氧发酵技术，建设了秸秆沼气示范项目，现在全村都用沼气点火做饭，沼渣沼液成为有机肥，形成了种、养、加、沼、肥的循环经济模式。

保定市通过一系列低碳发展政策和措施，积极建设低碳城市，2013 年比 2005 年万元 GDP 二氧化碳排放量累计下降 31.5%，低碳发展取得良好成效。

（三）珠海：生态立法保障低碳发展

珠海市是珠江三角洲的重要城市，是首批国家低碳试点城市之一。2012 年 12 月，珠海被国家发改委选定为广东省综合低碳发展宏观战略案例研究地区。国内外多家权威机构发布了一系列对珠海市低碳发展情况的相关评价，高度认可了珠海经济社会发展模式和发展成就。2014 年 4 月 16 日，麦肯锡城市中国计划发布了 2013 城市可持续发展指数研究，珠海位列中国城市可持续发展综合排名榜首。珠海在产业升级，发展清洁能源和新能源基础设施，倡导低碳城市，建设绿色生态社区，均衡城市人口发展等方面均取得了良好成效。

首先，珠海市完成了生态文明立法。2013 年 12 月 26 日，珠海市通过了

《珠海市经济特区生态文明建设促进条例》(以下简称《条例》),《条例》是广东省首个生态文明建设条例。它在主体功能区管理、生态经济、生态环境、生态人居、生态文化和保障措施等六方面进行了全面部署,倡导建设资源节约型、环境友好型、人口均衡型"三型"社会。该条例于 2014 年 3 月 1 日起施行。

其次,珠海市出台了一系列规划和方案。珠海市高度重视规划对低碳城市建设的作用,积极开展低碳建设方面的合作研究,与西门子有限公司、中国科学院广东能源研究所、清华大学气候政策研究中心合作编制了《珠海低碳规划研究》、《珠海冬澳港低碳发展规划》、《横琴新区低碳发展规划》,并于 2012 年 8 月出台了《珠海低碳城市建设实施方案》。《方案》提出全面推进产业低碳化、交通低碳化、能源低碳化、建筑低碳化和生活低碳化,加强节能,提高能效,走低碳发展之路,发挥核心城市的模式引领作用。在此基础上,重点推进产业低碳化和交通低碳化,增加森林碳汇,把珠海建成"低污染、低排放、低投入和人居高品质、运营高效率、经济高产出"的低碳发展示范城市。

三是加快产业结构调整,落实节能减排工作。珠海市优先发展高端服务业、高端制造业、高新技术产业、特色海洋经济和特色农业等现代产业,鼓励企业开展清洁生产,推进节能技术及产品创新,大力发展循环经济。2013 年,珠海市规模以上高新技术工业企业增加值增长 14.6%,高于工业增速 3.4 个百分点;现代服务业增加值增长 10.3%,占服务业比重提升到 57.3%;金融业增加值占 GDP 比重提升到 5.7%。

另外,珠海市还积极应对气候变化。一方面,珠海市印发了《珠海市人民政府关于印发"十二五"控制温室气体排放实施方案的通知》,利用此方案促进珠海市节能减排目标的实现。另一方面,积极建设珠海市应对气候变化之温室气体监测站网等工程项目。除此之外,珠海市还积极参与广东省碳排放权交易实践,完成广东省碳排放权配额首次分配及工作方案任务,成功组织开展 2013 年度企业排放信息研究和核查工作等。

(四)济源:低碳发展下的产业转型

济源市是国家第二批低碳试点城市,其产业结构以重化工业为主。济源市是全国重要的铅锌深加工基地和电力能源基地、中西部地区重要的矿用电器生产基地和煤化工基地、河南省重要的盐化工和特种装备制造基地。因此,对于济源市而言,要想实现低碳发展,建设低碳城市,产业转型非常必要。济源一直努力对重化工业高碳城市开辟低碳发展之路进行探索,在这个过程中,济源市确定了生态立市的发展思路,积极推进低碳城市建设。

首先,坚定低碳发展思路,着力推动体制机制创新。济源市按照国家低碳试点城市的要求,加快推进低碳发展体制机制和支撑能力建设。加强低碳规划编制,委托国家应对气候变化战略研究和国际合作中心编制了《济源市低碳城市中长期发展规划(2012—2020)》,分年度孵化低碳发展项目;以广东赛宝认证中心为技术支撑单位,开展温室气体清单编制、碳排放指标分解工作。加大财政支持力度,每年安排不低于500万元财政支出用于促进低碳发展转型,并积极探索碳交易市场建设。

其次,实行倒逼机制,着力推动工业转型升级。一是重点加快传统产业改造升级。在六大重点高耗能行业推进节能攻坚计划,实施节能减排增效技术改造,淘汰落后生产设备和工艺。二是大力发展战略性新兴产业。围绕节能环保新材料、电子信息、高端装备等战略性新兴企业,加强开放招商力度,引进高附加值的转化项目。随着这些新兴产业的投产,济源市产业结构实现了非常大的调整,高新技术企业和非化工产业增长非常快。三是推动产业集聚区的规划发展。济源市构建了新兴可循环发展产业聚集区,打造传统骨干企业循环产业链。

此外,济源市践行低碳理念,着力推动生态环境优化。一是深入推进碳汇林建设。在太行山地生态区域、平原生态涵养区域、沿黄河生态涵养带三大重点区域,实施天然林保护、退耕还林、重点地区防护林工程。二是加强生态水系建设,加快推进河口村水库、小浪底北岸灌区等重点水利工程建设,沿山、沿河、沿湖建设生态廊道,着力构造四水绕城、多湖点缀的生态景观系统。三是坚持土地节约集约利用,按照国家标准,适度提高工业用地投资强度和城市建设的容积率,留出更大的空间打造城市绿地。

（五）昆明：对外合作共赢低碳发展

昆明市是国家第二批低碳试点城市，虽然和杭州、珠海等城市相比，其经济社会发展相对滞后，但昆明市借助自身得天独厚的自然优势、地理优势及资源优势等，探索出一条属于昆明的低碳发展道路。

昆明市拥有丰富的太阳能、生物质能等新能源资源，由于锋面的影响，昆明太阳日照强度大、日照时间长，具有较好的科研基础，独特的区位有发展"阳光经济"的优势；昆明市四季如春，工业尚不算发达，空气还没有受到污染，因此可以大力发展"生物质能经济"、"低碳农业经济"。此外，昆明市作为云南的中心城市，不仅拥有丰富的旅游资源和深厚的历史文化资源，还拥有得天独厚的自然风景、民族风情资源，以及优越的动植物资源。良好的生态环境和优越的自然禀赋使得昆明市既能够保持经济平稳发展，又能兼顾低碳发展的要求。

此外，昆明市还积极培育低碳环保产业，推广低碳节能建筑，尤其是发展低碳绿色交通。昆明市民一直积极参与低碳绿色出行，昆明市是全国第二批低碳交通运输体系建设试点城市，全国智能与新能源汽车示范推广试点城市。昆明市坚持公交优先战略，加快建设公共交通系统，快速公交系统已经推广近15年，并实行公交免费换乘，取得了非常好的效果。最近几年，昆明市加快轨道交通建设，已经有三条投入使用，分担了近40%的全市出行量。同时，加快慢行交通系统建设，完善城市步行系统，并借鉴其他城市的成功经验，推广自行车租赁服务等。

值得一提的是，昆明市注重营造低碳环境，不断扩大低碳方面的对外合作。2011年，昆明市正式加入中瑞合作中国低碳城市项目，在"绿色建筑行动计划"、"能源管理体系"、"二氧化碳排放清单"、"低碳城市指标体系"、"信息平台建设"五个方面展开合作。2012年5月，昆明市还与美国波特兰市达成合作协议，正式建立绿色合作伙伴关系，分享低碳城市建设经验。一方面，昆明市可以学习波特兰世界领先的技术和理念，通过具体项目深入分析未来低碳发展中存在的问题并找到解决的路径。另一方面，双方还可进行技术交流互访等活动。2013—2014年，双方开展了"1、3、2、1"合作行动，即1个以可持续城市发展政策为重点的研究课题，3个带动低碳可持续发展的示范实施项目,2 次以技术交流为主的培训活动,1 次以波特兰市低碳城市规划建设为主体的展览会。此外,在波特兰市的指导下,昆明市还将通过盘龙江沣源路至农科北路步行和自行车交通系统的建设,打通并连接盘龙江北段的慢行系统,让昆明市变得更休闲、更绿色。

低碳发展对外合作使得昆明市在低碳城市建设过程中取得了良好的成效。呈贡区就是非常好的例子。该区有与美国规划大师卡尔索普先生共同打造的 10 平方公里"小街区"低碳路网模式及实践运用。还有与上海同济大学合作的污水处理厂污泥无害化处理项目,将处理后的污泥提供到垃圾焚烧发电厂代替煤炭作为助燃燃料,避免了因填埋污泥而引发地下水污染事故的隐患,充分利用了"垃圾"焚烧"垃圾",实现了污泥的无害化处理。

目前,我国低碳试点城市在建设低碳城市方面均取得一定的效果,各省区、城市也探索了符合当地实际情况的低碳发展道路。不同形势、不同地域的试点城市的成功经验,为我国低碳发展奠定了良好基础,各试点地区应进一步推进低碳发展进程,相互交流,互相学习,将成功经验推广到全国,全面实现低碳发展战略目标。

第三节　低碳发展公众参与——企业及非政府组织参与现状

一、企业参与低碳发展现状

我国还处在工业化时期,工业仍是我国的支柱性产业,因此,要想实现低碳发展,企业的参与必不可少。企业是低碳发展的主体,在政府节能减排政策压力下,不同类型的企业作出了不同的响应,主要表现在内部制度调整、节能技改、淘汰落后产能以及参与碳交易等方面。

企业对低碳发展的参与往往是首先进行内部制度调整,主要是建立和完善能源管理制度。中国企业能源管理制度具体可分为提供基础数据的能源计量与能源统计制度,提供技术支持的能源监测及能源审计制度,以及提供管理保障的能源考核体系①。这使得企业可以对内部能源使用进行科学管理,为节能技改决策以及评估实施情况提供了科学的数据基础。目前,我国大部分企业都按照政府要求,完善了相应的管理制度。国家发改委、国家统计局联合发布的《千家企业能源利用状况公报2007》显示,2006年,所调查的千家企业中有95%以上的企业都已经建立了专职或兼职的能源管理机构,配备了相关能源管理人员;50%以上的企业能源管理统计管理基础较好,统计机构健全,统计人员业务素质较高。此外,企业还开展了能源审计工作,对公司进行生产现场调查、资料核查和必要测试,通过与国际先进水平比较,查找存在的问题和漏洞,提出切实可行的节能措施和建议。有的企业还成立节能领导小组,加强企业能源管理。

企业参与低碳发展的另一主要表现是节能技改。节能技改从长远看,可以降低企业的生产成本,提高企业的市场竞争力。受到政府政策的压力,企业纷纷采用节能技术,通过提高能源利用效率响应政府低碳发展政策。不同行业的不同企业有着各自的节能技改途径。例如一些大型企业会针对企业生产的具体需要,利用企业内部或联合外部的研发力量进行技术研发;钢铁、水泥等行业会引进市场上已经成熟的节能技术,在行业内部进行推广和应用;中小企业决策灵活,只要是能给企业带来效益的节能技术,都会迅速引进并被予以使用。此外,由于政府大力扶持核能和可再生能源发展,我国相关方面的技术、设备也有了巨大的进步。我国政府在企业参与低碳发展方面给予大力支持,为企业提供节能技术信息,对可再生能源行业给予政策优惠,对进行技术改造,淘汰落后产能的企业进行节能奖励和财政补贴,为企业参与低碳发展提供各项保障。

淘汰落后产能主要是政府通过行政手段实施。工信部根据国务院要求,依据企业实际情况,陆续发布了工业行业淘汰落后产能企业名单,对能耗水平过高和产能不符合产业政策的企业,采取强制拆除和停产。在实施行政措施的同时,政府还会配套财政手段对经济欠发达地区予以补助。

随着2013年全国各碳排放交易试点纷纷启动,政府也随后在碳减排领

---

① 齐晔:《中国低碳发展报告》,社会科学文献出版社2012年版。

域连续出台一系列推动政策。随着碳金融制度的不断创新,企业也纷纷参与到碳交易市场中来,我国的碳市场逐渐形成一定规模。中国电力新闻网2014年12月24日的有关报道①指出,深圳目前拥有控排企业数量最多,共635家企业及197个建筑物。北京纳入企业约490家,上海191家,广东242家,天津114家,湖北140家左右,重庆企业总数约为240家左右。我国7个碳交易试点纳入企业总数达2000余家。目前,湖北是继欧洲、中国广东之后的全球第三大碳市场。2014年,湖北省碳排放权交易配额总量为3.24亿吨,纳入碳排放配额管理的企业涉及电力、钢铁、水泥、化工等12个行业。

企业在参与低碳发展过程中一方面由于政策压力和市场需要,有节能技改、参与低碳发展的意愿,但受到企业规模、盈利水平以及竞争力等方面影响,加之不同企业在参与低碳发展过程中能够获取的政策、信贷等方面支持的差异,使得一些中小企业在参与低碳发展过程中存在障碍,参与进程较为缓慢。另一方面,淘汰落后产能,推行技术改造等,妨害了部分企业利益,企业只是在政府压力下被动参与,企业自主参与低碳发展的基础仍然不足。但总体来看,我国企业已经在不同程度上参与低碳发展,尤其是部分行业、企业的低碳技术已经得到大范围使用,水平也有了进一步的提高。

二、非政府组织参与低碳发展现状

NGO最早见于1945年的联合国宪章,1995年,北京市怀柔区召开世界妇女NGO论坛,标志着NGO概念正式进入中国。至此,国内学者对于NGO开展了深入的研究,主要体现在:对国外和我国NGO的起源和发展历程、概念、现状、分类的总结和分析;探讨NGO与政府之间的关联、相互影响;讨论NGO在转型社会以及社会事务中的作用。随着气候变化、全球变暖问题的凸显,近年来,环保NGO在国际国内大小事务中起了越来越重要的作用,关

---

① http://www.cpnn.com.cn/zdyw/201412/t20141224_773701.html《碳市场任重道远的减排探索》。

于环保 NGO 的研究也快速增加。这些相关研究主要有以下结论：环保 NGO 对于启发和深化我国公众环保低碳意识具有重要意义①；我国环保 NGO 的政治、法律处境依然尴尬，不是合法的起诉主体，要想发挥更大的作用，必须完善法律法规，赋予环保 NGO 更大的自由度和独立性②；政府应该准许具有相当资质的环保 NGO 参与到环境政策的制定过程中并将其制度化③。目前，我国 NGO 在低碳发展公众参与中大致发挥着"践行者"、"传播者"、"监督者"和"政策法规推动者"的作用，成为政府推行低碳发展战略的合作伙伴。

作为践行者，我国 NGO 的低碳实践活动包括从事低碳技术开发、低碳基础调研和政策研究、低碳产品推广等。如民促会绿色出行基金在成都社区和北京校园开展的公民低碳意识与行为调研，绿色和平组织进行的煤电项目低碳影响调研，一些 NGO 在农村推广适应环境灾害的农作物的活动，绿色碳汇基金会在全国广泛种植碳汇林、开展碳汇网上交易等。

在传播方面，2008 年 10 月 30 日，2008 中华环保民间组织可持续发展年会在北京中日友好环境保护中心隆重召开，年会得到了联合国开发计划署（UNDP）的大力支持，他们在宣传普及低碳相关知识、提高公众参与意识上起到了重要的推动作用；由自然之友等多家环保 NGO 组成的"中国公民社会应对气候变化小组"，组织开展了一系列讨论，并于 2009 年 11 月发布了通过网络、报纸等媒体向公众、民间组织公开征集并经过讨论后形成的《2009 中国公民社会应对气候变化立场》，反映了中国民间机构对气候变化问题的态度和立场；2009 年哥本哈根联合国气候变化大会上，中国本土有 20 余家 NGO 参加，包括全球环境研究所、能源交通中心、山水自然保护中心等；中国大学生环境组织合作论坛、北京大学清洁发展机制研究会等 7 个成员单位发起了中国青年应对气候变化行动网络（CYCAN），致力于组织中国青年开展有关全球变暖、能源问题的项目，推动资源节约型校园建设，全国 300 余所高校的青年团体及 100 多家企业响应其倡议，开展了一系列应对气候变化活动；中华环境

① 郑庆宝：《从环保 NGO 的发展看公众环境意识的觉醒》，《环境保护》2009 年第 19 期。
② 郭会玲：《环保 NGO 环境公益诉讼的困境与出路》，《环境保护》2009 年 19 期。
③ 黎尔平：《"针灸法"：环保 NGO 参与环境政策的制度安排》，《公共管理学报》2007 年第 1 期。

保护基金会主办的主题为"积极行动,应对气候变化"第四批大学生环保公益活动资助项目,资助了来自全国各地72所高校学生社团的75个公益项目,给更多学生公益组织提供了物质保障,充分调动了更多高校学生社团参与到应对气候变化事业中的积极性;中国绿色碳汇基金会发起了"绿化祖国、低碳行动"植树节活动;近40家中外民间组织共同发起了气候公民超越行动(C+)计划,倡导企业、学校、社区和个人积极参与应对气候变化的活动;中国国际民间组织合作促进会、绿色出行基金等在辽宁、北京、天津、杭州等15个省、市发起了"酷中国——全民低碳行动计划"项目,并开展了低碳公众宣传教育巡展活动。

作为监督者,环保NGO主要通过正向鼓励和负向问责两种方式对企业的低碳行为进行监督和督促。例如2009年6月25日,25家环保NGO与四十位公民联名向环保部递交了对金沙江水电叫停的回应呼吁书——《金沙江开发决策须对历史负责——对环境保护部暂停审批金沙江中游水电开发项目决定的回应》;《经济观察报》从2012年开始就在低碳NGO的协助下开展中国低碳典范企业年度评选,正向鼓励中国企业的低碳努力。负向问责方面的一个典型案例发生在2013年4月,自然之友、天津绿领、公众环境研究中心3家环保NGO向北京市、天津市环保局以及河北省环保厅递交了申请书,要求通过互联网实时获取京津冀三地169家国家废气重点监控企业的在线监测数据,对企业有损环保、低碳的行为施加了一定压力,对负有监督之责的地方政府也形成了制约。

作为政策法规推动者,2015年1月1日,新《环保法》正式生效实施,其亮点之一就是环境公益诉讼制度,明确规定符合条件的社会组织可以对污染环境、破坏生态、损害社会公共利益的行为提起诉讼。在此背景下,为推动环境公益诉讼制度的实施,自然之友于2014年8月启动环境公益诉讼民间行动网络项目。作为该项目的重要组成部分,2015年1月,"环境公益诉讼支持基金"正式启动,并向全社会公开征集环境公益诉讼个案支持项目。我国NGO还在低碳发展领域与低碳、能源、环保部门合作,为低碳、环保方面法律法规的制定、修订提供咨询意见,并促使政府部门出台低碳政令,如"无车日"、"PM2.5"尾号限行等政策,通过开展各种活动引导其他主体参与低碳发展,起到了良好的带动作用。NGO 成为公众与政府之间联系沟通的纽带,通过 NGO,公众可以参与到国家低碳发展战略和政策的制定中来,充分表达自己意见,发挥主观能动性。

第四节 低碳发展公众参与——个体公众的参与现状

一、成人公众参与现状

本研究采用随机抽样的调查方法,对全国 22 个省、4 个直辖市、4 个自治区的成人进行了问卷调查,进一步总结分析目前我国低碳发展公众参与的现状。同时还对相关从业者进行访谈,以辅助论证我们研究的准确性和全面性。为了研究的整体性和可读性,本部分内容将成人公众简称公众。

研究在全国范围问卷调研基础上,对公众进行"低碳"相关概念的调查,从回答问题的多样性来看,我国公众对低碳发展持有多种态度,其参与低碳发展的情况也较为多样化;在之后进行的针对低碳发展公众参与的调查中,也呈现了类似情况。这些情况所具有的特征,对具体实施低碳发展公众参与有着重要作用。本研究试图对公众在意识层和行动层参与低碳发展的具体行动进行深入分析。

(一)问卷设计及数据来源

1.问卷设计及样本选取

问卷主要涉及公众对于低碳发展的思想认识和公众日常生活中的低碳行动两个方面,内容包括:1)公众对于低碳相关知识的了解程度;2)公众参与低碳发展的意愿;3)公众对于推行低碳发展实践的态度;4)公众日常生活中参与低碳发展的行动。研究根据问卷设计结构,从公众对于低碳发展的"认识—意愿—态度—行动"四个角度展开分析。

表 3-3　问卷结构一览表

		A 对于低碳相关认知	A1 您是否了解低碳相关概念?
公众对于低碳发展的思想认识		A 对于低碳相关认知	A2 您是通过何种渠道了解低碳概念的?
			A3 您觉得采取哪些措施可以让大家更加了解低碳?
		B 参与低碳发展意愿	B1 您认为公众参与低碳生活是否必要?
			B2 您考虑过您日常生活中的碳排放对环境的影响吗?
			B3 当您了解了低碳的理念后,是否会积极参与低碳生活?
			B4 若不参与低碳生活,是哪些原因让您不愿参与其中?
			B5 购买各类家用产品时,更关注哪些方面?
		C 对于推行低碳发展所持态度	C1 对于国家实施低碳发展,您的看法是?
			C2 对中国低碳发展的同时保持较高的经济增长有信心吗?
			C3 您认为减缓气候变暖和一个国家的经济是否存在矛盾?
			C4 实现低碳发展,进行低碳生活,政府应该做什么?
公众参与低碳发展的实际行动		D 低碳消费行动(衣食住行)	D1 您每年不必要衣服的购买情况?
			D2 您家中购买蔬菜水果状况?
			D3 购买与装修过程是否考虑节能指标?
			D4 您最常用的城内交通工具是?
	E 低碳化行为	资源节约参与行为	E1 用完电器是否拔掉插头?
			E2 电脑会处于待机状态吗?
		环境友好参与行为	E3 是否参与垃圾分类?
			E4 废电池和旧手机的处理情况?
		低碳环保参与行为	E5 买东西是否自带口袋?
			E6 一次性筷子、纸杯使用情况?

　　研究采用随机抽样的调查方法,在全国 22 个省、4 个直辖市以及 4 个自治区进行一对一调研,样本基本覆盖全国,一对一调研保证了调研信息的准确

性。其中,样本来源包含企事业单位、行政机关、个体户、学生、工人、农民等各个社会层面。在人口统计因素中,本文主要选取了性别、年龄、受教育水平和家庭平均月收入。

2.数据说明及样本特征

本研究抽样数据根据调查理论贝塞尔估计公式进行抽样确定。贝塞尔估计公式表明: $\sigma_{\bar{x}} = \sigma/\sqrt{n}$,当 n=50 时, σ 的相对误差为 20%, α =0.05,置信度为 0.95,这时 σ 的值接近稳定。而常用的 n=30 的方法估计的 σ 值在置信度为 0.95 时,其相对误差为 27% 左右。因此,本研究在每个抽样点的样本数量一般大于或等于 30,有极少数样本点取样困难,样本数少于 30。

本调查共收回有效问卷 1040 份,其中在被调查的人群中,男性占 49.27%,女性占 50.73%。88.96% 的受访者年龄在 21—60 岁之间,大部分被调查者具有初中以上文化水平(97.76%),家庭人口以 3 人及 3 人以上居多(92.24%)。

表 3-4 受访者基本情况

项目	指标	频数	所占比例(%)
性别	男	504	49.27
	女	519	50.73
年龄	30 岁以下	455	44.05
	31—40 岁	217	21.01
	41—50 岁	258	24.97
	51 岁以上	103	9.97
文化水平	初中及以下	167	17.01
	高中	180	18.33
	大专	218	22.20
	本科及以上	417	42.46
家庭月收入(元)	2000 以下	82	8.68
	2000—5000	506	53.54
	5000—8000	196	20.74
	8000 以上	161	17.04

（二）低碳发展——公众参与的思想认识

通过研究文献资料发现,在全球变暖背景下,"低碳—低碳经济—低碳发展—低碳发展公众参与"等一系列概念相继出现,并将其称为"低碳概念族"。因此,本研究按照"低碳相关概念—低碳发展—低碳发展的实现"对公众进行思想认识上的调研。

1.公众对于低碳概念的认识

公众在了解低碳相关内容后,才可能产生相关意愿。公众只有存在低碳意愿,才有可能主动参与低碳发展。因此,本研究首先选取了三个不同程度呈现公众对低碳发展关注度的问题:"是否了解低碳内涵(A1)""通过何种途径了解(A2)""希望可以采取何种措施更了解(A3)"。

低碳概念及内涵的认识(A1):数据显示,表示从未听过的被调查者只有7.59%,知道低碳概念的被调查者占92.41%。但值得注意的是,在知道低碳概念的人群中只有2.14%的被调查者对含义内容较熟。全面了解低碳的公众更有可能主动参与到低碳发展中来,所以我们认为这部分人群有主动参与低碳发展的倾向。另外有43.72%表示只是听过,但并不知其含义,说明这部分人群并没有积极主动地去参与了解低碳发展。但有46.54%的被调查者知道大概内容,这部分公众的参与态度介于前面两类公众之间。

低碳概念了解渠道(A2):网络、移动电视、触摸媒体等新兴媒体的发展,使得信息的传播更加便捷。公众从何种渠道了解低碳相关内容,一定程度上可以反映其是否主动参与。调查表明,88.75%的被调查者表示通过新闻、报刊、电视了解,23.94%的受访者表示通过科普活动了解,30.87%的人表示通过网络社交活动,17.02%的人表示通过商店广告。通过上述途径了解低碳发展的公众均具有一定的主动性。同时,通过低碳专业工作(7.21%)和会议(3.08%)了解低碳相关知识的公众也相对主动。相比之下,居委会和社区宣传活动(16.15%)、聚会聊天(12.88%)、企业培训有关知识(5.96%)以及村子里的活动(6.73%)更多地表现出在引导和宣传下参与活动。可以看出,目前公众了解低碳发展相关知识主要通过新闻、报刊、电视等传统媒体,很少利用新兴媒体。但是传统媒体的有效传播依然为我国低碳发展奠定了一定基础。

公众期望了解低碳的有效方式(A3):无论公众通过何种渠道了解低碳,其参与都可能存在着主动性和被动性。公众个人选择了解低碳措施,更能体现其主动参与的特点。对于 A3 的调查,公众选择依次是:

(1)学校应加强节能低碳知识的教育,从孩子的培养开始(50.38%);

(2)政府部门举办宣传低碳生活的志愿服务活动(29.71%);

(3)居委会等组织人们观看有关低碳主题的电影和纪录片(20.29%);

(4)企业加强对员工的节能低碳知识培训(20.19%);

(5)征收高碳耗能税(10.87%);

(6)企业生产低碳节能产品投放市场(10.10%)。

数据说明,学校教育对公众形成低碳意识有着非常重要的作用,其次是政府、居委会等组织的宣传教育,最后是企业对员工的相关培训。公众认为学校教育,政府部门宣传以及企业教育会对人们了解低碳起到积极作用,表现出需要被引导的特性。而选择征收高碳税和生产低碳产品的比例较低,一方面表明公众参与的主动性不强,同时也表明公众没有形成强烈的低碳意识,没有认识到低碳发展的重要性。

2.公众参与低碳发展的意愿

中国低碳发展研究指出,2010 年仅与消费直接相关的建筑交通碳排放约占社会总排量的 30%,因此,公众行为对碳排放具有不容忽视的影响。当公众对于低碳有了一定认识,其能否形成参与低碳发展的意愿,对之后实现主动参与低碳发展有着直接而重大的影响。接下来对于公众参与低碳发展的意愿,开展了调查。

公众认为参与低碳生活是否必要(B1):结果显示,有 81.15%的被调查者表示有必要,这说明大部分公众有着主动参与低碳发展的良好意愿。只有1.44%的被调查者表示没有必要,剩下的表示说不清楚。可见绝大多数公众对于参与低碳发展有着积极的态度和正确的认识,这对实施低碳发展十分有利。

公众对降低碳排放自觉性认识(B2):在公众有着参与低碳生活良好意愿的前提下,需要进一步了解其在生活中是否已经意识到了低碳行为的必要性。因此选取了一个细节问题"您考虑过您日常生活中的碳排放对环境的影响吗",其中22.36%的被调查者表示考虑过,而且低碳节能意识比较强烈,也就是说该人群很可能主动参与低碳发展相关活动。58.57%的被调查者表示只是考虑过,但很难做到低碳生活,还有14.62%表示没有考虑,想了解。本研究认为对于后两种人群,当条件成熟使得参与低碳发展相对容易实现时,他们很可能参与其中,因此可以对其进行引导并完善客观条件。不考虑的有4.45%,研究认为在社会整体具有低碳发展氛围时,这部分人也可能会被带动参与,并且这类人群仅占有较小比例。从调查整体的数据结果来看,公众对降低低碳排放的自觉性认识情况较为乐观。

公众参与低碳发展的意愿(B3):调研过程中,一部分公众对于低碳理念并不了解,这限制了其参与低碳发展。在对其进行相关内容普及后,再调查"当您了解了低碳的理念后,是否会积极参与低碳生活"时,47.11%的被调查者表示一定主动参加,不会参加的只有1.06%,而被动参加的有11.56%。需要注意的是,有40.27%的被调查者表示可能参加。联系上文数据,超过一半的人在日常生活中考虑过自己生活的碳排放,这些数据说明,目前公众有参与低碳发展的良好意愿,但是仍有部分公众对低碳发展存有疑虑,持观望的态度。

公众参与低碳发展的顾虑及困难(B4):部分公众虽然有参与低碳发展的意愿,但是并不能积极主动参与,于是我们对其不积极的原因做了调查,这些原因根据出现频率从高到低排序如下:

(1)排在第一位的是"花费更多金钱"(40.58%);

(2)其次是"离现实生活太远"(36.92%);

(3)第三位是"低碳节能关键在政府,企业以及公众的传统习惯"(27.79%)。

上述说明经济因素是目前公众参与低碳发展考虑的首要因素。而"实行低碳生活,面对的困难有什么"排在前两位的分别是:缺乏有效的对低碳的引导(58.17%),不知如何达到低碳目标(50.00%)。也就是说,大多数公众还不了解从何处以何种方式参与低碳发展,因此感到低碳发展"离现实生活太远"。此外也反映出公众对低碳发展的科学知识缺乏了解。因而,要实现低碳发展公众有效参与,政府部门除了宏观政策层面的宣传外,还应该制定一些符合公众认知水平的科学宣传和案例示范,使公众切身感受到低碳生活,进而接受引导并参与到低碳行为行动当中来。

公众参与低碳发展的消费观(B5):低碳消费观念影响低碳消费行动,直接影响公众参与低碳发展的行为。下面选项依次显示出公众参与低碳发展活动的层次:

(1)关注"产品价格"(64.13%),关注"产品品牌"(61.92%);

(2)关注"是否有环保标识"(49.13%);

(3)关注"厂商在公众心目中履行环境保护责任的口碑"(37.31%)。

数据显示,有64.13%的被调查者在购物时更关注产品价格,61.92%的更关注产品品牌,也就是说大部分公众是会被引导消费的,而且主要由价格、品牌因素引导。其次是关注是否有环保标识的公众,虽然他们很少关注产品的生产过程以及其所带来的附属影响,但是他们的消费观已经具有一定的主动意愿。37.31%的公众对厂商经营过程所履行的环保责任关注,说明这些公众具有较强的主动低碳消费意愿。目前我国的消费文化主要是关注产品本身,很少考虑产品的生产过程以及其所带来的附属影响,低碳发展消费文化尚未成熟。

3.公众对推行低碳发展所持态度

我国官方在2012年中共十八大上正式提出"推进绿色发展、循环发展、低碳发展"。这是我国结合本国国情,在西方低碳概念进行创新所提出来的。公众对低碳发展这种新型发展模式的态度和所持观点会影响到其能否主动参与低碳建设的行为。

对于国家实施低碳发展,公众的看法(C1):排在首位的是影响GDP的增长(57.50%),其次是影响就业(50.58%)。由此看出,公众更多的还是担心目前低碳发展是否会影响我国经济增长,是否符合我国目前经济发展水平。进一步调查表明,52.69%的公众认为低碳发展成本太高,38.27%的公众认为低碳发展对我国目前经济状况来说很遥远,这说明公众对我国实现低碳发展的认同度不高。

公众对低碳发展的经济预期(C2):我们调查了"对中国低碳发展的同时保持较高的经济增长有信心吗",14.04%的公众表示没信心,25.56%的公众表示说不好,这也反映了一部分公众对此还存有疑虑,持这两种态度的公众占调查总人数的 39.60%,说明公众担心的主要因素为经济增长速度。另外 60.41% 的公众表示有信心甚至是非常有信心,说明公众对低碳发展的一般可能性尚有信心。这里特别要提的是,有 42.11% 的人认为国家提出低碳发展的是为了趁机增税,这反映了部分公众对政府的不信任。总体来看,大部分公众对"我国实施低碳发展的同时保持较高经济增长"的观点持乐观态度。

公众认为减缓气候变暖和一个国家的经济是否存在矛盾(C3):调查显示,有 26.67% 的公众认为减缓气候变暖和国家经济发展存在很大矛盾,也有 30.24% 的被调查者认为矛盾很小,20.48% 的人表示没有矛盾。公众这种认识,反映了我国政府和社会舆论对气候变化的危害性宣传不够,大多数公众对气候变暖的负面效应了解不够,不能认清低碳发展的必要性,因而公众参与低碳发展的主动性不高。所以本研究认为,在公众具有乐观经济预期的基础上,一方面国家应坚定不移地走低碳发展道路,继续深化改革,将低碳提升到整个社会发展层面,另一方面政府应加大我国低碳发展战略意义的宣传力度和深度,使公众正确认识和对待低碳发展政策,进一步引导公众参与低碳发展活动。

公众对政府作用的认识(C4):按照公众意愿,在推行低碳生活过程中,政府应起到更大的引导和促进作用。通过调研发现,对"您认为政府部门是否应该采取促进低碳发展的措施"调查,83.43% 的公众者表示应该采用措施来促进低碳发展;而对"实现低碳发展,进行低碳生活,政府应该做什么"调查,有 79.42% 的公众认为进行低碳发展,政府应该制定合理的政策法规,加大对低碳生活推广和监督力度,73.75% 的公众表示政府应该建立健全低碳消费的制度体系,引导公众合理消费。调查结果反映了公众对政府低碳发展政策的信任,尽管他们对低碳发展取得的成效显得信心不足,但是他们对低碳消费制度体系依然关心。这种良好的心态说明在政府制定合理的政策法规,并加大对低碳生活的推广和监督力度的条件下,公众很可能受政府的引导参与到低碳发展的行动中来。

（三）低碳发展——公众参与的低碳行动调查

联合国人类住区规划署发表的《城市与气候变化：2011 全球人类住区研究》称，城市是当今世界最大的污染者，城市中温室气体的排放不仅来源于工业生产，同时城市的消费如交通、商业、居民建筑的照明、烹饪、取暖及制冷也是其重要来源[①]。因此，应对气候变化需要公众改变日常的生活方式和消费方式。节能环保是低碳发展对于公众的具体要求，我们应该积极提倡并实践"低碳生活"。

1.公众参与——衣食住行的低碳消费行动

倡导低碳生活是公众参与低碳发展可行且有效的方式之一。直接体现在公众参与低碳生活的行动中，包括衣、食、住、行等各个方面。

衣（D1）：购买衣服的态度体现了公众参与低碳发展是否积极和主动。调查表明，60.36%表示不会购买不必要衣服或奢华衣服，进一步分析发现这部分公众家庭月收入在3000元以上的占67.12%，说明这部分公众在穿衣方面有一定的低碳意识和行动，很主动地参与低碳生活。

食（D2）：与衣服一样，食品也是刚性需求。调查结果显示，选择每个选项的比例差别不大，说明公众在饮食方面并没有形成强烈的低碳意识，更多地按照自己的生活习惯来选择饮食。在"购买蔬菜水果情况"的调查中，有84.62%的公众表示购买本地蔬菜水果，只有7.50%的被调查者表示购买外地的，6.15%的表示购买空运的。这说明公众在饮食消费方面有一定的低碳行动。但应该注意的是，表示订购有机蔬菜的只有1.73%，这说明公众仍以消费传统生产方式的蔬菜为主，暂时对生产过程环保的有机蔬菜认可度不高，一方面可能是因为人们对于蔬菜的生产环节是否环保不太关注，另一方面也可能是因为受到收入水平的限制。进一步分析发现，订购有机蔬菜的人群中绝大多数人表示，不买不必要衣服或者奢华衣服，其家庭每月用电也没有超过300度，大部分集中在51—200度之间，说明这部分人群具有的强烈低碳节能意识并能够将这种意识转化为积极主动参与低碳生活的行动。

---

① 联合国人类住区规划署：全球人类住区报告 2011——城市与气候变化：政策方向。

表 3-5　订购"有机"蔬菜与购买不必要衣服及每月用电度数对比表

衣服	不买不必要衣服	不买奢华衣服	用电量	小于 50 度	51—100 度	101—200 度	201—300 度
所占比例	35.29%	58.82%	所占比例	17.65%	47.06%	23.53%	11.76%

住(D3)：低碳生活消费的另外一个体现是在居住方面，因此我们对于公众在居住方面是否参与低碳发展进行调查。

首先对家庭使用节能灯的情况进行了调查。88.32%的受访者表示家中正在使用节能灯，只有 5.19%的家庭表示不关注，6.49%的受访者表示不使用节能灯。由此可看出，目前大部分公众在照明方面实现了节能减排，参与了低碳发展。

其次，我们对"建筑节能"进行了调查。有 11.63%的被调查者表示没听说过，58.75%表示不了解，了解的只有 29.61%，其中 19.23%的被调查者只是大概了解。对节能建筑缺乏了解也导致了公众在购买房屋或装修过程中，大部分人都不太关心各项节能指标。调查结果显示，仅有 31.83%的被调查者表示会考虑建筑的节能指标，35.00%的被调查者表示不一定会考虑。也就是说，目前公众在建筑节能方面了解的缺乏造成了其在这一方面采取低碳行为的不积极。

行(D4)：如今人们对机动车造成的污染越来越重视。环境保护部发布的《2012 年中国机动车污染防治年报》显示，机动车污染已成为我国空气污染的重要来源，低碳出行尤其重要。表 3-6 列出了公众常用的城内交通工具以及远途出行时采用的交通工具。

表 3-6　公众常用的城内交通工具及 500 公里以上出行采用的交通工具

常用城内交通工具	所占比例	500 公里以上采用	所占比例
步行	23.56%	长途汽车	26.63%
自行车	17.31%	火车	58.75%
电动自行车	17.40%	飞机	15.67%
私家车	24.52%	私家车	12.88%

续表

常用城内交通工具	所占比例	500公里以上采用	所占比例
公交车	34.81%	其他	0.96%

注:由于部分被访者选填的常用城内交通工具或远途交通工具有2项,故各项交通工具占比加和超过100%。

步行、自行车、电动自行车以及公交车属于低碳出行方式,值得宣传和推广。数据表明,公众常用的城内交通工具大部分属于低碳出行方式(90.08%),长途出行中也有85.38%的被调查者选择长途汽车、火车等相对低碳的交通方式。从这些数据中可以看出,出行方面公众的低碳参与状况良好,但随着生活水平的提高和通勤半径的增大,人们拥有私家车的数量会不断提高,选择高碳出行方式的人群可能会增加。

为了印证这一观点,本文对选择不同交通工具的家庭月收入进行了比较,结果表明:常用私家车的家庭平均月收入达7120.55元,远高于其他选择低碳交通方式出行的家庭。另外我们对长途出行选择不同交通工具及家庭月收入进行比较显示,选择高碳出行方式,如飞机、私家车的家庭平均月收入最高,其中选择飞机出行的家庭月收入达7768.99元,远高于其他方式。可见,经济水平是人们在选择出行方式过程中重要的影响因素。

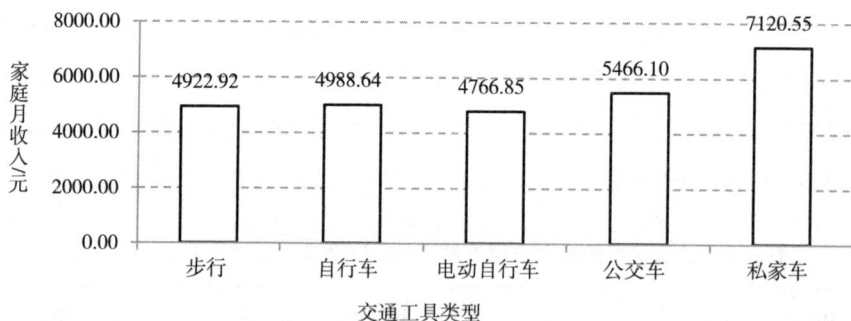

图3-3 选择不同城内交通工具的家庭平均月收入分布

2.公众参与——能源消耗

能源结构中,生活能源(含直接和间接生活能源)所占比重不断增加,居民生活能耗将是未来我国能源消费的主要增长点。对现阶段公众生活能源消

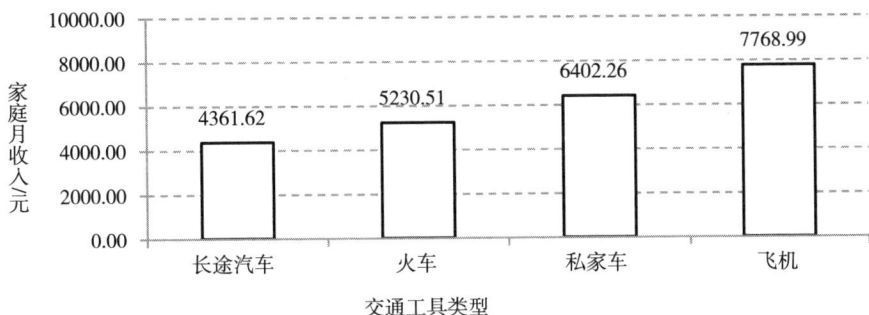

图 3-4 选择不同长途出行交通工具的家庭平均月收入分布

费状况进行的调查显示,电能、煤气等常规能源在公众日常生活中仍占主导地位,新能源,如太阳能、生物质能的使用率相对较低。虽然新能源使用还不普遍,但是我们可以发现,燃煤的使用已经降至较低水平,这说明我国低碳发展已经有了一定基础。

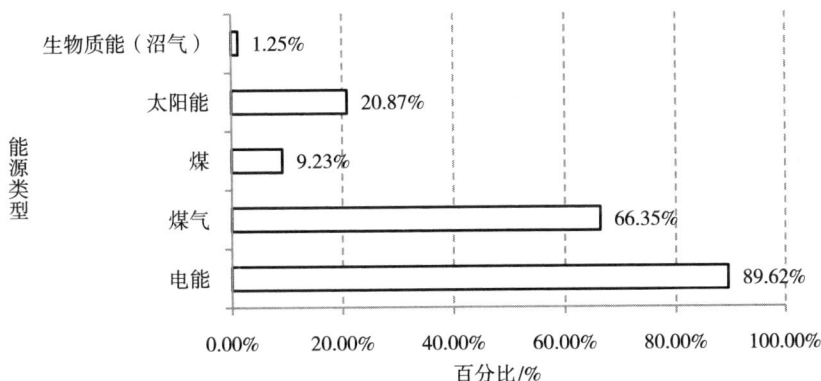

图 3-5 家庭能源使用情况

对家用电器使用情况的调查显示,传统的高耗能电器在公众家中的使用非常普及,例如电视机(97.40%),电冰箱(93.37%),洗衣机(92.02%)。新型的节能电器普及率相对较差,例如微波炉(61.15%),电磁炉(37.98%)。新型电器在能源消费方面相比消耗煤和煤气等高碳资源的传统产品要节能和低碳,因此应该大力倡导新型电器的使用。

表3-7 家用电器使用情况

电器	所占比例	电器	所占比例	电器	所占比例
电视机	97.40%	烤炉	21.15%	音响设备	39.71%
冰箱	93.37%	电磁炉	37.98%	灯具	80.48%
洗衣机	92.02%	油烟机	72.02%	沐浴用具	62.50%
微波炉	61.15%	空调	63.75%	电动保健器械	2.98%

在家用电器的耗电排行榜上,空调排名第一。但不同功率的空调耗电量有明显差异,一般来说,1P机每小时耗电量大约为0.5度,1.5P机每小时耗电量大约为1.2度,2P机每小时耗电量大约为1.5度,3P机每小时耗电量大约为2—2.5度。调查结果表明,每天使用空调在3小时以下的受访者占43.17%,使用时间在3—9小时的受访者占35.99%,使用时间在9小时以上的占20.84%。空调设定温度与环境温度的差距越大,耗电量越大,所以设定适宜的空调温度有利于节约能源。调查显示,把空调温度设定在22度以下的占8.59%,22—26度的占47.32%,26—28度的占40.10%,只有3.99%的受访者会把温度设定在28度以上。以上数据说明,公众对于空调节能技巧方面有一定认识,当然,公众对空调的使用也会受到经济因素的重要影响。

研究还对家庭每月电、气使用情况进行了调查,数据结果显示,家庭每月平均消耗50度以下的占17.94%,51—100度的占40.29%,100—200度的占25.88%,只有15.89%居民每月用电超过200度。而用气量的调查显示,家庭每月平均用气在$5m^3$以下的占27.67%,5—$10m^3$的占30.39%,10—$15m^3$的占24.84%,15—$20m^3$的占10.68%,而每月用气超过$20m^3$的只有6.43%。总体看来,目前我国公众在家庭用电、气等方面相对比较低碳,公众低碳节能意识较强,但仍需考虑经济因素在其中的作用。

3.公众参与——低碳化行动

低碳发展公众参与除了衣食住行的低碳消费行动以外,公众在日常生活中的一些习惯也是公众参与低碳发展的重要表现,而且生活中的低碳习惯不仅与行为者本身有关,还会对周围人群产生影响,并可能形成文化氛围,产生传播效应。前文研究发现,在低碳发展过程中学者和政府一直采取积极主动的行动,而地方政府、企业则是被引导或者被动适应、参与低碳发展。因此对于个体公众,本研究选取了三种主动性不同的参与行为进行调查,从而研究个体公众在参与低碳发展过程中的行为特征。

资源节约参与行为(E1/E2):这种行为是由我国传统美德——"节约"内化而生的自发行为,只需要具备一些低碳相关常识就可以做到,而且不会花费太多时间和精力。如随手断电、及时关闭电器等。在调查"用完电器是否会拔掉插头"和"电脑是否总是处于待机状态"时,大多数公众均表示会及时拔掉(70.77%)和及时关机(69.13%)。

环境友好参与行为:是否参与垃圾分类(E3)、对于废旧电池和手机的处理(E4)

具有这种行为的公众需要具备热忱和耐心及一定的低碳相关专业知识,还需要相应的配套设施,并付出较多时间和精力。如垃圾分类,废旧电池和手机处理等。结果显示,是否参与垃圾分类:(1)有 22.71% 的受访者表示积极参加,15.01%表示经常参加,表现出主动参与的倾向。(2)有超过一半以上的受访者表示偶尔参加(28.78%)和很少参加(28.01%),这类公众的行为表示他们有一定的参与性,只需恰当引导就会积极参加。(3)还有 5.49% 的受访者表示因为看不懂垃圾分类标识而难以参加。这类公众当下虽然没有主动参与,但是有理由相信在形成低碳发展的文化氛围后,他们会逐步适应进而参加。对于废旧电池和手机的处理,超过一半的人(66.57%)认为他们不会参与,这反映了部分公众低碳发展公众参与的消极性。进一步调查发现,这部分中有 47.04% 的公众表示不参加的原因是没有专门回收点。

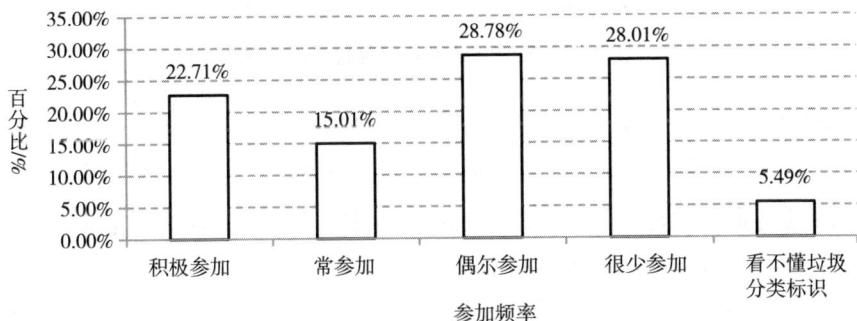

图 3-6　公众参与垃圾分类情况

低碳环保参与行为（E5/E6）：这种行为除了具备一定低碳常识以外，还需要行为者对自身有一定的自律性，要克服一些不便才能完成。如出门自带水杯、购物自带布袋等。调查结果显示只有极少数人选择不用一次性筷子、纸杯（10.77%）或外出自带筷子、水杯（3.37%），购物总是带布袋的有24.83%。该类公众具有强烈的低碳环保内驱动力，积极参与低碳发展。多数人（85.86%）会在不同情况下不同程度地使用一次性筷子、纸杯，另外表示购物经常带布袋的有20.79%，同样，这部分公众在低碳政策和低碳文化引导下会参与低碳发展。超过一半的人（54.38%）表示从来不带或很少带，说明公众参与低碳发展的主动性和积极性亟待提升。

综上，我们将三种低碳参与行为进行对比，得出结论：目前公众较为广泛的低碳参与行为是资源节约参与行为，其次是环境友好参与行为，最后是低碳环保参与行为。这些行为为低碳发展和低碳文化的形成奠定了一定基础。低碳环保参与行为要求人们不仅具备低碳意识，并且需要付诸行动，只有意识和行动相互促进，参与主动性强的前提下才能实现此类行为。但从图3-7明显看出，公众的低碳环保参与行为还很少见，公众参与低碳化行动的现状不容乐观。

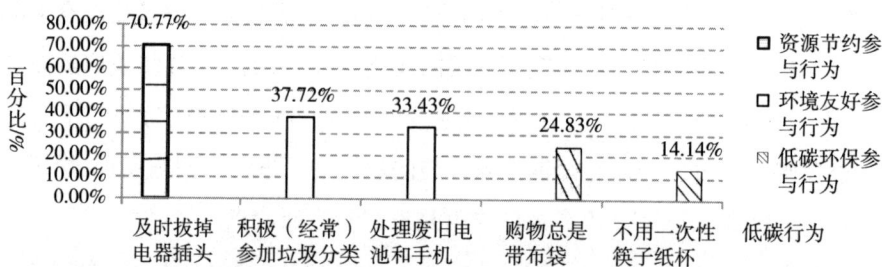

图3-7　三种低碳参与行为代表的比较

通过对居民的调查发现，目前我国部分公众对于低碳发展已有一定认识和了解，并且有参与低碳发展的意愿。但由于经济因素、生活习惯以及低碳知识的匮乏等原因，导致目前居民参与低碳发展行动更多表现为日常生活的简单低碳行动——资源节约参与行为。

二、中小学生公众参与现状

中小学生公众(以下简称中小学生)是我国实现低碳发展的未来主力军。中小学生的低碳意识培养和良好的低碳行为习惯不仅可以反映目前我国低碳教育的现状,也能够从侧面看出目前以家庭为单位的低碳发展公众参与情况。因此,本研究针对我国中小学生的低碳发展意识、参与意愿和行动展开调查。

(一)问卷设计与样本特征

中小学生公众参与现状调查主要调查我国中小学生对低碳发展的相关认知及参与行动,调查对象为全日制普通小学到中学的学生。问卷主要分为中小学生低碳认知意识调查和中小学生低碳参与行动调查两个部分。

表 3-8　问卷结构一览表

中小学生低碳发展认知	A.中小学生低碳认知	A1.你知道温室效应和温室气体吗? A2.你了解"低碳生活"的概念吗? A3.你主要是通过哪种方式了解低碳生活的相关知识的? A4.你觉得以下哪些行为给全球气候环境造成明显不好的影响?
	B.中小学生低碳发展参与意愿	B1.低碳小管家是计算每月用电,水,煤气灯产生的碳足迹,你愿意当吗? B2.你觉得从身边的哪些小事做起,可以为低碳生活做贡献? B3.当你了解低碳知识后,你会对父母和身边亲人进行宣传吗? B4.你会对同学和好友推荐低碳产品吗?
中小学生低碳参与行动	D.中小学生在学习生活上的低碳行为	D1.你会重复用使用过的纸张吗? D2.生活学习中,有很多节约的好习惯,可以让我们为保护森林做出贡献,以下的行为你知道并做到了哪些? D3.当你最后一个离开教室时,你会把灯,电风扇等关掉吗? D4.你上下学常使用的交通工具是?
	E.中小学生在日常生活上的低碳行为	E1.用完电器是否拔掉? E2.几层楼不坐电梯? E3.是否参与垃圾分类? E4.废电池和旧手机的处理情况? E5.你会使用一次性筷子,纸杯吗?

本研究主要调查了来自 20 个省、4 个直辖市、3 个自治区的小学到高中的

学生,深入到学校,对同学们进行一对一的采访调研,了解同学们的低碳环境
与低碳教育,以及他们所形成的低碳意识。以年级、性别为基本信息进行统
计,调研一共收回有效问卷 862 份,其中男同学所占比例为 46.59%,女同学为
53.41%。年级分布主要集中在小学四年级到六年级(39.36%)和初一到初三
(24.61%)。

表 3-9　受访者基本情况

项目	指标	频数	所占比例
性别	男	398	46.60%
	女	456	53.40%
年级	三年级以下	69	8.01%
	四年级—六年级	234	27.18%
	初一—初三	351	40.77%
	高一—高三	207	24.04%

(二)中小学生低碳发展参与意识

1.中小学生低碳发展认知

是否知道温室气体或温室效应(A1):数据显示,被调查的中小学生中有
47.13%表示知道温室气体或温室效应,还有 29.07%的学生表示听说过但不
知其含义,而不知道的只有 12.32%。这说明关于温室气体、温室效应这些新
热词,目前大部分中小学生有了基本的了解。

是否了解"低碳生活"的概念(A2):调查结果显示,41.60%的中小学生表
示知道大概内容和含义,这说明目前我国中小学生对于低碳生活有一定的认
知和了解。但是对其含义和内容较熟悉的同学只有 11.49%,这部分学生可
能对低碳的相关信息与活动较感兴趣,并有兴趣参与到学习和生活上的低碳
宣传中去。听过但不知含义的比例占 21.64%,而从未听过的同学则占
6.53%,进一步分析发现,从未听过的同学相对年级较低,共计 54 位同学,其
中四年级以下同学有 26 位,他们年龄较小,还处于刚刚开始学习和认知的阶
段,因此对于"低碳生活"的概念并不熟悉。

主要是通过哪种方式了解低碳生活的(A3):研究将了解途径分为身处
环境、社会宣传、传统社交、网络社交及其他五大类。数据显示,中小学生通

过身边环境和社会宣传的途径了解低碳生活的比例远远超过其他选项比例,说明中小学生对于低碳方面的知识,更多的是接受外界教育而得的。同时,通过学校的宣传教育认知低碳生活的比重最高,调查数据显示,51.94%的被调查学生所在学校开展了宣传低碳小标兵的活动,这说明学校在提高学生们低碳意识方面起到重要作用。值得注意的是,部分中小学生通过网络社交的途径了解低碳生活,这说明新兴媒体将是下一步宣传低碳发展的重要载体。

表 3-10 了解低碳生活的途径

了解途径		所占比例	了解途径		所占比例
身处环境	父母教育培养	32.54%	社会宣传	电视	64.13%
	学校宣传教育	70.78%		商店广告	21.14%
	小区宣传板	28.15%		报刊或杂志	43.59%
传统社交	电话聊天	3.56%	网络社交	网络聊天	16.95%
	聚会聊天	4.51%		微信	14.37%
	短信	6.18%	其他		2.14%

对全球气候环境造成明显不好的行为(A4):调查结果显示,大部分学生对于环境保护、低碳行为有着基本的了解。选择"工业排放二氧化碳(80.88%)"和"破坏森林(81.00%)"所占比例最大,其次是"日常出行不离汽车"、"爱使用一次性筷子"、"过度使用空调"、"大量使用能源",分别占67.93%、64.13%、63.42%、55.94%。数据比较乐观,说明大部分学生对于破坏环境和高碳行为有所认知,这有利于他们低碳意识的树立及低碳知识的学习。选项为不知道和其他的同学占 1.07% 和 0.12%,虽然比例不大,但仍需引起重视,进一步分析发现,该人群年级较低,年龄较小。对于他们,父母和学校应该起到教育和培养的作用,从小灌输低碳知识,以身作则,为孩子树立低碳生活的榜样。

2.中小学生低碳发展参与意愿

中小学生低碳生活参与意愿(B1/B2):研究调查了中小学生是否愿意做

低碳小管家(计算每月用电,水及煤气等产生的碳足迹)。数据表明,选择"不太愿意,太麻烦,没有时间"的有 19.08%,而表示"很愿意,有意思"则占 38.04%,"愿意,但是不知道怎么算"的占 39.98%,这说明大多数同学对于低碳相关事物还是比较感兴趣,并且有着强烈的参与意愿,表现出主动参与的趋势;其中有 2.90%的同学表示已经是低碳小管家了(共计 24 位同学,其中东部省份山东、辽宁、广东、北京等地有 20 位同学)。总体来看,中小学生参与低碳发展的意愿较为强烈。

另外,调查"你觉得从身边哪些小事做起,可以为低碳生活做贡献"时,发现同学们更多的选择了如节约用水、用电(85.51%);远离一次性用品(64.61%);拒绝塑料袋(62.00%)等易于实施的行为。但对于另外一些需要花费一些时间和精力的行动,同学们实施的频率有所下降,如捐赠,将生活学习废弃物分类处理(58.55%);有计划地购物,适度消费,较少浪费(48.57%);改造多余废旧品(16.98%);争做低碳生活推广志愿者(33.49%)。这说明同学们虽然有为低碳生活做贡献的意愿和想法,但大多数同学更倾向参与一些简单活动,而对于可以给低碳生活带来更多长远利益的行动选择比例并不高。这也提示相关部门要加强对于中小学生低碳行动的宣传和教育,让同学们深入了解低碳发展和低碳生活,从而积极主动参与进来。

中小学生低碳发展宣传意愿(B3/B4):当问到"如果了解了低碳生活后,会向父母及亲人朋友进行宣传吗"时,表示已经宣传过和会宣传的分别占 26.34%和46.85%,35.48%的学生表示可能会进行宣传,这说明大部分中小学生有强烈的责任感,对于有利于人类和国家的事情,愿意主动参与其中。整体数据表明,中小学生对于未来低碳意识的传播起到积极作用。调查中还有 3.13%的同学表示不会进行宣传,进一步分析发现,表示不会宣传的 20 位同学相对年级较低,均在初一以下。

另外,本研究还调查了"是否会对同学和好友推荐低碳产品"。数据显示,表示积极推荐和会推荐的分别占 20.14%和30.34%,表示可能推荐的有 38.97%。总体数据比较乐观,反映了中小学生有参与低碳发展的意愿。虽然有部分同学不能确定是否会推荐,但这和其年龄、认知有一定关系,相信如果能够合理引导和教育,这部分同学也会主动参与到低碳发展过程中来。

（三）中小学生低碳发展参与行动

1.学习生活中的低碳行动

中小学生处于接受知识,形成人生观和价值观的重要阶段。需要从小开始培养良好的学习和生活习惯。针对中小学生的低碳行动,我们分别从学习生活和日常生活两方面进行调查。

当调查"是否会使用已经用过的纸张（D1）"时,有 52.32% 的学生选择常常用,说明学生们具有良好的节约习惯,同时有 38.64% 的学生选择不常用,这部分学生可能具有节约的良好意识,但是由于电子信息化的普及、经济的增长等因素,节约用纸的行动不能持续。只有 8.20% 选择不会用,0.83% 的学生选择其他。

进一步调查"生活中的节约好习惯,你知道并做到了哪些（D2）",数据分析显示,同学们对于节约行为都表示了解,但是可以做到的情况和前面分析一致,同学们较容易做到的是一些较为便利、不费事的行为,如节约用纸,把草稿纸写满,不要只写几个数字就扔掉（79.22%）;将旧练习本中未用完的纸张装订起来,做草稿本（72.45%）。但对于需要花费时间、精力的行为同学们能够做到的比例较低。如尽量节约用纸,无论是手纸还是餐巾纸,能用手帕代替的就用手帕代替（36.58%）;收集用过的草稿纸和旧作业本及试卷,找到合适的途径,送到造纸厂重新加工成可以使用的纸张（35.27%）;有些包装纸、方便筷或竹签使用后可以回收利用,做成手工艺品,美化生活（30.64%）。另外,问到"当你最后一个离开教室时,是否会把灯,电风扇关掉（D3）",除了有3.34% 的学生表示教室电器是自动控制外,83.43% 的被调查学生均表示会关掉,只有 1.07% 的学生表示不会关掉。以上数据说明目前我国中小学生具有强烈的节约意识,大部分同学的节约行动也比较乐观,说明同学们在力所能及的低碳行动上具有主观能动性。

另外,了解中小学生上下学常使用的交通工具,大部分同学选择低碳的出行方式,如步行、骑自行车或者坐公交车。只有 16.43% 的学生选择坐私家车,这也可能和家庭环境有关系。总体而言,中小学生在选择交通工具方面的低碳参与较为理想。

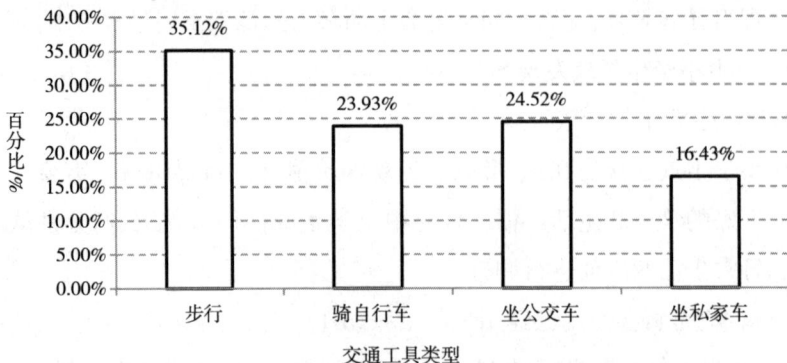

图 3-8　中小学生上下学常用的交通工具

2.日常生活中的低碳行动

调查数据显示,被调查学生家庭大多数处于较为节约低碳的生活状态,比如家庭平均用电量为 200 度以内(82.04%),用水量为 8 吨以下(82.87%),夏季每天平均开空调时间在 9 个小时以内(76.44%)。本研究对学生在日常生活中是否也做到了节约低碳展开了调查。

首先,调查资源节约参与行为:"用完电器是否拔掉插头(E1)"和"几层楼时不坐电梯(E2)"。结果显示,中小学生在日常生活中较好的实施低碳节约行动,表示立即拔掉和会拔掉插头的分别占 38.97% 和 34.53%,而忘记拔掉和不拔掉的分别有 15.23% 和 10.67%。另外对于几层楼不坐电梯,选择 4—6 层不坐电梯的共有 75.33%。

其次,调查环境友好参与行为:"是否参与垃圾分类(E3)"以及"对于废旧电池和手机的处理(E4)"。分析数据显示,中小学生在参与环境友好的低碳行为方面表现出和公众一样的特征:有 42.33% 的学生表示出主动参与的倾向,其中表示积极参加的有 23.07%,经常参加的有 19.26%;有超过一半以上的学生表示偶尔参加(34.96%)和很少参加(18.67%);还有 4.04% 的学生表示因为看不懂垃圾分类标识而难以参加。对于废旧电池和手机的处理,有 48.63% 的学生表示会科学处理,比如参与小区换礼品活动(13.71%)或者放到专门回收点(34.92%);但是有超过一半的学生认为他们不会参与,其中 22.65% 的被调查者表示没有时间去换或放,也有 28.72% 的同学表示没有专门回收点。这说明目前有组织地开展低碳活动尚不普遍。

再次,调查低碳环保参与行为:"一次性筷子,纸杯使用情况(E5)",数据显示,只有 3.68% 的中小学生表示外出自带筷子和水杯,有 12.00% 的中小学生表示不用一次性筷子、纸杯。多数学生(84.32%)在不同情况下不同程度的使用。

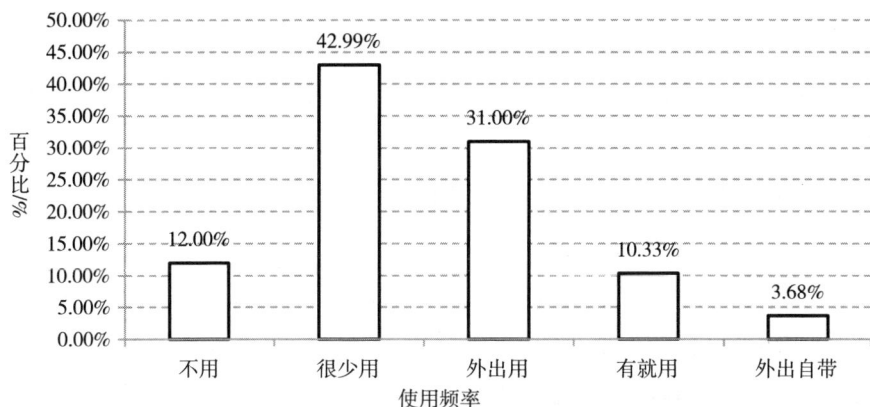

图3-9 中小学生使用一次性筷子,纸杯情况

综合以上数据得出结论:目前中小学生所践行的低碳行为,与居民公众类似。其中较为广泛的低碳参与行为是资源节约参与行为,其次是环境友好参与行为,最后是低碳环保参与行为。

总体来看,目前我国中小学生对于低碳相关概念和知识有了一定了解,对于参与低碳发展也表现出一定的意愿和热情,这为我国未来实现低碳发展战略目标奠定了良好的基础。尽管目前中小学生更多的参与行动表现为简单、不耗时、不费劲的节约行为,对于相对复杂、需要一定精力的深层次低碳活动,中小学生并不能积极主动参加。但是相信,只要从小开始培养同学们的低碳意识,培养其节约低碳的良好习惯,他们将来一定可以成为低碳发展公众参与的主力军。

第五节 中国低碳发展公众参与现状总结

通过研究发现,目前我国低碳发展公众参与现状呈现如下特点:

（1）中国低碳发展公众参与理论研究处于起步期

低碳发展公众参与由减碳—低碳经济—低碳发展层层演变而来,中国政府和学者从一开始便积极关注相关问题,紧跟国际发展步伐,及时学习引进相关知识,理念和技术,学者在经济、文化等方面对低碳发展的研究为低碳发展公众参与的实施奠定了良好的基础。同时政府也为低碳发展提供了大力支持,颁布了一系列法律法规,制定了相关方针政策以促使地方、企业以及个体参与低碳发展。政府的政策支持为低碳发展公众参与创造了条件,提供了保障。

（2）理论研究与实践行动具有一定的同步性

随着研究时期的深化,公众参与的行动也随之深化。起步期,公众对低碳是无意识的;加速期,开始公众基本上是在政府和企业引导下实验性参与行动,之后公众形成固定的低碳生活习惯,全社会公众普遍性主动参与行动;平稳期,公众维持已经形成的低碳习惯。而查阅"维普中文科技期刊"全文数据库有关"低碳发展公众参与"的公开发表研究成果发现,将低碳发展公众参与作为整体概念研究在 2014 年刚刚开始出现,2014 年之前的研究只是从公众参与低碳发展的必要性,居民如何参与低碳发展,亦或是低碳城市和低碳社区的探索等某一个方面展开研究。因此中国低碳发展公众参与处在起步期阶段。政府还需要进一步结合中国实际国情背景下低碳发展公众参与的现状,从而制定相应政策方针以推动低碳发展公众参与的实施。

（3）在政府引导下,各主体不同程度地参与低碳发展

在低碳发展过程中,政府一直起着引导和促进的作用。从开始参与国际社会应对气候变化讨论,到积极探索如何处理低碳和经济发展的矛盾,再结合中国国情提出低碳发展,中国政府在此过程中不断探索,制定了一系列法规政策以引导各主体参与到中国的低碳发展建设中来。与此同时,专家学者也表现为积极主动参与,从一开始就有学者积极学习引入低碳概念,并结合中国实际推广低碳相关内容,学者在各个领域的低碳发展参与呈现积极主动态势,专家学者的研究为各领域、各行业开展低碳发展奠定了良好的理论基础。在政府政策和学者研究的引导作用下,各地方、企业开始逐步参与进来,政府确定了 6 个省区低碳试点,36 个低碳试点城市,各地区结合自身特点,逐渐探索出

符合本地区发展的低碳道路,取得良好成效。在政府的各种约束及扶持政策下,企业进行节能技改,研发应用低碳技术,提高能源利用效率,降低能耗以响应政府,同时也使企业竞争力增强。但是由于各方利益不均衡以及客观发展条件等因素的制约,部分地方政府以及企业是迫于中央政府和市场压力,被动适应地参与低碳发展。非政府组织的参与为政府和民众之间建立了桥梁,其关于低碳发展的宣传和引导,一方面使得普通民众了解低碳发展并参与进来,另一方面也及时将民众的问题反馈给政府,对政府起到一定的引导作用。总体来看各主体已经开始不同程度的参与低碳发展。

(4)低碳发展公众参与具有一定的群众基础,但并不牢固

虽然目前我国各主体对于低碳发展有着不同的响应特点,但均已开始参与到低碳发展中。另外日益丰富的新闻媒体的广泛宣传也使得民众开始了解低碳发展。经过调研发现,目前我国普通民众对于低碳发展有了一定的认知和了解,并且对于低碳发展持支持态度,具有参与其中的良好意愿。民众已经在衣食住行等生活方面开始不同程度的参与低碳发展,低碳发展公众参与具有一定的群众基础。但同时需要看到,目前还有部分民众的低碳发展意识并不强烈,有些甚至还不知道低碳发展理念。民众的低碳参与度并不高,更多的是参与资源节约行为和环境友好行为,而最能体现民众主动参与的低碳环保行为参与比例很小。另外目前我国社会层面的低碳发展教育文化氛围还没有形成,低碳传播氛围和低碳消费氛围还不成熟,这也同时制约了公众主动参与低碳发展。低碳发展公众参与还需进一步引导和加强。

(5)实施低碳发展公众参与中小学生占有重要地位

报告对于全国各省区中小学生进行了实地调查,研究发现目前我国中小学生对于低碳发展有了一定认知,并表现出极高的参与意愿,在其力所能及的行动范围内,中小学生积极参与各种低碳行动。中小学生在参与低碳发展的同时,会积极主动地向其家人和朋友进行宣传和推广,这无疑会带动整个家庭的共同参与。中小学生将是未来低碳发展公众参与的重要主体,因此从小开始培养他们的低碳意识,使其养成良好的低碳行为习惯,将会为我国实现低碳发展奠定坚实基础。

第 四 章

低碳发展公众参与的互动机理

　　本章对低碳发展公众参与的行为主体进行了界定,区分了个体、企业、政府等的公众参与行为,明确了以个人为主体的低碳参与行为,进而对公众参与低碳发展的行为方式和渠道进行了梳理。根据调查问卷的结果,本研究总结出居民具体的低碳行为模式,并揭示了公众参与低碳发展的影响因素、低碳发展政策干预对公众参与行为转变的效果。其中,绿色出行和绿色消费的行为响应是公众参与低碳发展互动作用的直接体现。

　　从公众参与低碳发展的两个主要方式:绿色出行和绿色生活来看,目前不同区域、不同属性的居民对低碳发展的参与程度和意愿差异显著。因此,本研究通过问卷调查和访谈,深入了解公众对于低碳发展的认知程度和参与程度,揭示公众参与低碳发展的影响因素、低碳发展政策干预对公众参与行为转变的效果。调研地点选择北京、杭州、广州和贵阳四个具有典型意义的城市。通过调研分析,可以看出公众参与低碳发展具有以下特征:

　　(1)经济手段是促进居民参与低碳发展的最重要手段

　　经济手段相对于其他行政手段、宣传手段来说,可能会对促进居民公众参与低碳发展的程度具有更好的效果。不同居民应对石油价格变动、电价和节能产品价格变动的行为改变倾向显著。采用经济措施能更快地减少居民生活碳排放,促进低碳发展。从调节居民家庭生活用电的角度来看,节能补贴对于低收入家庭购买节能减排家电产品具有重要的促进作用,而电价调整对于调整高收入居民减少生活用电量效果更为显著。将两个政策结合考虑,会有效促进不同收入群体的节能倾向,并能够有效保护不同群体的利益,尤其是低收入弱势群体,在推进低碳社会的同时提高社会福利。

（2）针对不同收入群体,需要采用不同的激励方式

收入差异可以作为综合反映教育程度、工资水平等的指标,不同收入水平居民的低碳参与方式和程度具有明显差异。高收入居民对于低碳发展的参与程度较低,应对经济刺激的行为改变倾向不明显。低收入居民的节约意识强,在出行和生活中都能积极参与低碳行为,并且应对经济刺激的反应较大。

（3）完善公共交通等基础设施建设对于缓解交通碳排放具有关键作用

城市公共交通具有集约高效、节能环保等优点。本文研究结果也显示,优先发展公共交通是减少碳排放、缓解交通拥堵、提升城市居民生活品质、提高政府基本公共服务水平的必然要求,也是构建低碳社会的必然战略。为了达到这一目的,必须加快完善公共交通基础设施建设,提高公共交通运输能力、提升服务水平,以增强公共交通竞争力和吸引力,形成以公共交通为主的城市机动化出行系统。主要措施包括提高站点覆盖率,合理增加发车频次,优化公共交通换乘系统。有条件的特大城市、大城市应有序推进轨道交通系统建设。

（4）长期来看,居民的节能意识对促进公众参与低碳发展作用明显

居民的节能意识对促进公众参与低碳发展作用也比较明显。通过调研发现,具备较高节能意识的居民,会在生活中减少能源使用来应对经济手段刺激,能够更快地改变生活模式,参与低碳发展。因此,政府和其他机构也需要加强学校教育,加大宣传力度,并积极为推广低碳发展提供便利的基础设施,保障居民参与低碳行为的积极性,促进低碳发展。

第一节　个人为主体的公众参与行为

一、绿色居住

绿色居住主要是公众从节能低耗建筑体系的角度去选择居住环境和房间装修。当前,居民消费行为和生活方式发生剧烈改变,二氧化碳排放增长过

快。2011 年建筑耗能已与工业耗能、交通耗能并列,成为我国能源消耗的三大"耗能大户"。建筑的能耗约占全社会总能耗的 30%,而这"30%"还仅仅是建筑物在建造和使用过程中消耗的能源比例,如果再加上建材生产过程中耗掉的能源(占全社会总能耗的 16.7%),和建筑相关的能耗将占到社会总能耗的 46.7%,发展建筑节能迫在眉睫。

公众绿色居住建筑体系是指自然资源消耗少、能源消耗少、无污染、具有地方特色的高居住质量、高性能、高生活品位的住宅建筑产品系列。绿色建筑评价体系共有六类指标,由高到低划分为三星、二星和一星。据测算,推广一星级绿色建筑,每平方米需新增成本 50 元左右。但考虑到绿色建筑对能耗的降低,该成本在短期即可收回。

(1)低能耗建筑材料。减少建筑的能耗要从提高围护结构保温水平、提高采暖系统热效率、减少热量输送中的热损失以及合理科学供热四个方面来管理。太阳能的合理利用是建筑节能最有效的方法,居民可以选择太阳能光伏电池和热水器来减少电能利用,以此减少电能生产和消耗的能量;另外,屋顶植被和保温隔热墙体也是有效的提高围护结构保护水平的方法,能提高建筑本身的温度调控能力,减少供暖和空调的使用量。

(2)采暖、通风及空调设备的改进。建筑设备中的采暖、通风及空调设备以消耗大量能量为代价,为了有效减少碳排放量,在居民住宅选择时,有意识地选择热循环利用、全智能新风系统和低能耗空调,不仅能有效解决普通住宅制冷加热空气内循环带来的空气质量低的问题,同时具备杀菌、加湿功能,净化空气质量等优点。

(3)高效照明和节能家电的使用。我国照明所消耗的电能约占电力总消耗量的 1/6,如目前国内 1/3 的白炽灯被 LED 代替,那么一年下来可节电 600多亿度,相当于节约 2200 多万吨标准煤,减少二氧化碳排放 6000 多万吨、二氧化硫排放 59 万吨[1]。同时,在家电选择中,家电所使用的电量占到居民生活 50%以上,选择节能家电不仅降低碳排放,也能为家庭减少开支。"碳足迹

---

[1] 姜军鹏:《"低碳经济"下中国 LED 照明产业政策研究》,2010 年 6 月 12 日,见 http://home.fo-cus.cn/news/2010-06-02/176278.html。

绿色标签"认证也被引入到我国家电行业,未来碳足迹认证将成为考核家电产品能效水平的重要指标。节能家电的选择将会大大提高能源利用效率,降低碳排放。

(4)可再生能源的利用。在居民选择能源供应方式时,多采用低能耗的天然气资源或者可再生能源,如地热能和生物质能。天然气较煤炭、石油碳排放系数低,能源利用效率高;生物质能则是一种有效的碳中和方式,能有效减少碳排放,同样,地热能供热系统的选择,也会大大降低由煤供暖所带来的碳排放量。

图4-1　绿色居住模式①

二、绿色出行

(一)绿色交通工具的选择

绿色交通工具是指在行驶中对环境不发生污染,或只发生微量污染的载客工具,它的使用是建立绿色交通体系的必要条件,对改善大气质量举足轻重。载量大、无污染、速度快的城市绿色交通工具非地铁等公共交通工具莫属,此外便是新能源"绿色汽车",以及低能耗低排放汽车。

目前我国各个地区都在大力推广新能源汽车,太阳能、电能这种绿色能源

① 陈飞、诸大建:《低碳城市发展的内涵、模型与目标策略确定》,《城市规划学刊》2009年第4期(总182期)。

已经步入交通工具领域。电动自行车、电动公交车、电动货车等都已经行驶在了路上。现如今电动车行业已经渐渐走向成熟,电动车出厂都会有一整套严谨完善的检验流程,对安全性和速度方面都可以保障。而从经济方面考虑,汽油的价格是电能的十多倍,这就可以减轻很多的经济负担。所以,无论是从环保方面还是从经济方面考虑,交通工具都急需绿色。

由于目前新能源汽车的配套措施尚未完善,低能耗低排放汽车的选择是目前最有效地降低由于机动车所带来的能源和碳排放问题的途径。目前我国的机动车能耗级别和尾气排放标准都在机动车产品中有所标识,消费选择低能耗的机动车不仅环保,更可以减少燃料费。

(二)绿色交通方式的选择

在城市交通中,小汽车的人均能量消耗最大,几乎是公共汽车的 4 倍;轨道交通耗能最小,只有公共汽车的 31.25%、小汽车的 8.45%。从废气排放来看,轨道交通碳氧化物、氮氧化物和硫氧化物的排放量分别是公共汽车的3.75%、71.43%、52.63%[①]。

在城市交通中,尽量选择步行和自行车出行的方式,或者选择公共交通工具,将会大大减少碳排放,同时也会有效缓解大城市的出行压力,降低交通运输的能耗和尾气排放。

(三)机动车出行频度和距离的合理降低

出行频度的降低,并不是直接意义上的减少机动车出行次数,而是通过合理的规划居住、工作和生活环境,尽量将个人活动范围合理设计在一个在可以徒步或者以自行车和公共交通出行方式的空间内,实现机动车出行频度和距离的减少,以此降低生活工作中所排放的二氧化碳的量。

三、绿色消费

在英国 1987 年出版的《绿色消费者指南》中将绿色消费行为归纳起来,

---

① 王光荣:《统筹职住关系是改善天津市上下班交通拥堵的重要途径》,《天津经济》2010 年第 4 期。

绿色消费主要包括三方面的内容:消费无污染的物品;消费过程中不污染环境;自觉抵制和不消费那些破坏环境或大量浪费资源的商品等。

从消费过程来看,我们将绿色消费归为三类:

(1)绿色购买。倡导消费时选择未被污染或有助于公众健康的绿色产品;购买低污染低能耗产品,自觉抵制和不消费那些破坏环境或大量浪费资源的商品,抵制过分包装商品;不使用出自稀有动物或自然资源的商品,含有对动物残酷或不必要的剥夺而生产的商品;此外,购买商品时也适度选择二手商品和翻新商品,以有效节约能源和资源。

(2)绿色使用。在消费者转变消费观念,崇尚自然,追求健康,追求生活舒适的同时,注重环保,节约资源和能源,多使用可重复利用的产品,避免奢侈和浪费行为,实现可持续消费。

(3)绿色回收再利用。在消费过程中注重对垃圾的处置,并且对废弃物进行回收和再利用,节约资源,同时不造成环境污染。政府需要完善垃圾分类回收整体工程的各个方面,向居民普及系统、清晰的垃圾分类流程知识,倡导居民自觉、积极的回收利用参与意识。

第二节　公众参与对低碳发展的互动作用机理

一、公众参与低碳发展的主体构成

研究低碳发展与公众参与的互动作用机理,我们首先把公众参与的行为主体分为四大类,个人是公众参与最重要的主体,个人的公众行为又会直接影响到企业、政府和非政府组织(NGO),进而对低碳发展产生进一步的影响。

(一)个人

个人是公众参与低碳发展的最重要的行为主体,个人的行为会影响到社区团体,影响到各种 NGO 和大众媒体,也会对企业的产品转型、低碳生产起到促进作用,以更好地实现低碳生活和低碳生产。个人参与低碳发展的行为模式已在前文进行了列举。

（二）企业

经济的发展离不开企业，企业是公众的组合，公众的低碳环保参与行为也会影响到企业的发展，进而改善国家整体碳排放现状。企业行为将会影响产业格局变化，进而对社会经济发展起到举足轻重的作用。公众参与低碳活动也将对企业未来的发展带来以下影响：

（1）低碳产品的生产和销售。居民对于绿色产品的消费方式的改变，必然会引导企业转向生产低污染节能产品，来满足公众的需求，也能够有效降低终端产品所带来的碳排放。同时，在生产销售中，可以采用低碳销售的模式，向消费者提供明确的商品碳足迹等信息，专门与相关学术和科研机构合作，寻找并开发能简明、详细标示货品碳足迹的方法，以便使消费者在看到商品标签时，即能明了每件货品在整个生命周期内的碳排放总量。这样，消费者可以很方便地在货品之间进行碳足迹比较，以便选择碳排放量最低的产品。

（2）低碳办公方式的转变。在企业内部加大低碳经济的宣传力度，让员工了解碳排放、碳生产力、低碳生活等有关知识，树立低碳意识，接受低碳发展观念，并对他们的行为产生影响，使员工形成低碳生活理念。低碳办公方式推广节电、减少空调利用率、合理设置空调温度等手段降低能源消耗，使用绿色能源等。办公方式的转变将会大幅减少公共建筑能源消耗量和碳排放量。

（3）企业文化的转变。将低碳理念融入到企业的生产经营过程之中，融入到企业文化之中，融入到企业的发展目标之中，并依靠科学技术创新构建循环经济的低碳发展。在企业品牌形象的塑造上，积极树立绿色品牌意识、履行保护环境的社会责任，通过在生产、流通、分配等环节实现低碳化，促进企业的节能减排管理低碳化。根据公司特点，加强能源计量，不断完善公司节能减排的组织体系、监测体系，探索节能减排合约管理模式，帮助公司加快低碳化步伐。

（三）政府

公众参与低碳发展的积极态度，将影响到政府决策，从而对低碳发展产生积极的推动作用。随着社会的进步和政治民主的进程加快，公众参与对政策决策也越来越有影响力。公众对于低碳发展的参与程度提高，将督促政府有关部门加快制定科学的低碳发展规划和方案。同时，公众参与立法等行为，也将促进我国低碳经济法律法规体系的构建,制定合理的机理和约束机制,加快我国的低碳发展进程。

（四）低碳发展相关组织和机构

除了个人、企业和政府这三个与低碳发展具有直接相关关系的主体之外,还有其他与低碳发展相关的主体,既包括社区团体、大众媒体以及环保 NGO 这些社会公众组织,这些组织以集体的自发的形式参与低碳发展,也包括科研机构和教育机构等科学决策支撑和宣传机构。

社区团体、大众媒体以及环保 NGO 这些社会公众组织都不是以营利为目的,而是为了环境保护和低碳发展而自发组织起来的团体,是用社区、网络等途径宣传低碳发展,以提高公众参与意识、促进低碳信息的公开和披露、监督企业和政府低碳发展为活动的公益性组织。这些社会公众组织由公众个体组成,公众的个人行为会直接影响这些组织的低碳行为;同时,组织化的低碳发展行为,能够加快公众个人之间的低碳发展信息传播和反馈,对企业和政府的低碳发展起到规制作用,进一步促进低碳发展。

而科研机构和教育机构对于低碳发展的作用更为重要,科研机构能够为个人的低碳生活提供建议,为企业研发低碳产品、改善低碳生产流程等提供技术支持,同时也能为政府制定科学的低碳发展规划和方案提供科学依据,为建立一个完善的低碳发展法律法规保障体系提供基础。教育机构担负着低碳发展的教育和培训工作,教育对于培养公众养成一个良好的低碳生活习惯至关重要,教育机构为公众参与低碳发展提供了基础的保障。

二、公众参与对低碳发展的互动作用机理

一方面,低碳发展需要公众参与,绿色居住、绿色交通、绿色消费都离不开公众的参与和支持。另一方面,低碳发展和绿色经济相对容易得到公众的认同,低碳发展将会推动社会管理的公众参与程度,以低碳发展为抓手,推动经济发展方式转变和经济社会发展转型。

低碳发展与公众参与的互动作用机理梳理为如下框架图。

公众参与低碳发展的互动作用机理可以分为两个层次:

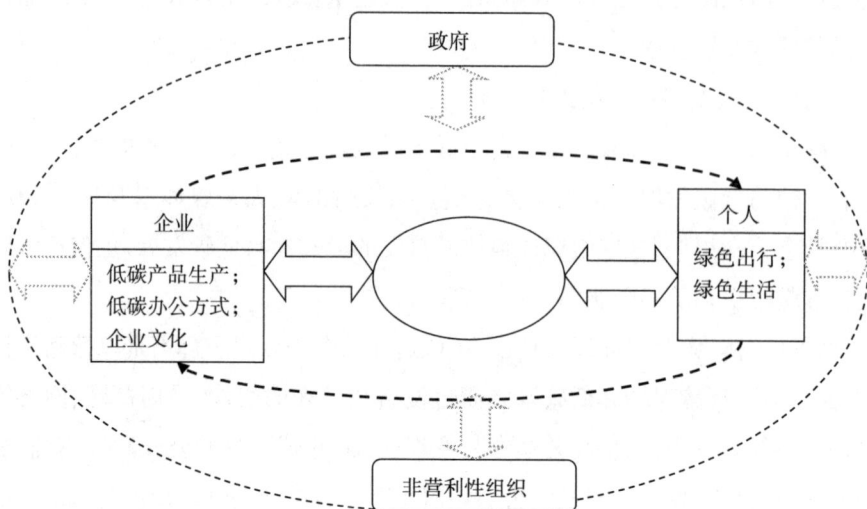

图 4-2　低碳发展与公众参与的互动作用机理框架

注:框架图中实线箭头代表直接低碳影响作用,虚线箭头代表间接低碳影响作用。

第一层是以个人、企业和政府为行为主体的直接参与行为,会直接影响碳排放量的变化,影响低碳发展。个人的绿色出行和绿色生活消费,会直接减少居民生活所带来的碳排放量,促进低碳发展;企业通过低碳产品的生产和销售,可以减少产品使用所产生的碳排放,而低碳管理方式和企业文化的改变,也可以直接减少企业生产活动的碳排放量,促进低碳生产。

第二层为个人和企业之间的互相促进作用,首先,个人是企业的组成部门,个人低碳的行为将会直接影响企业的转型,例如,绿色产品消费倾向将会引导企业生产更为低碳节能的产品,加快低碳化进程;而企业的产品销售和宣传,也会引导个人转向更为低碳的生活方式。

个人为主体的低碳发展参与行为会影响到政府、企业和其他相关组织,对低碳发展起到举足轻重的作用。

三、公众参与对低碳发展的互动作用机制

(一)个人、企业和政府与低碳发展的互动作用

1.个人方面,个人的绿色居住、绿色出行和绿色消费,都会直接减少由于

居民生活所带来的碳排放量,促进低碳生活的实现;低碳发展将会带动公众参与的热情,规范公众参与低碳发展的方式。

2.企业方面,通过低碳产品的生产和销售,会减少产品使用所产生的碳排放,而低碳管理方式和企业文化的改变,也会直接减少企业生产活动中的碳排放量,促进低碳生产。低碳发展也将为企业的发展提供方向,将带动企业向低碳生产方向转型。

3.政府并不直接参与低碳减排的行为,但是对于整个低碳发展有着举足轻重的作用。政府作为低碳发展的主导者,在推动低碳立法、低碳市场化发展、低碳消费理念普及和低碳政策制定等方面作用明显,政府的行为是直接带动企业和个人低碳行为的最重要的力量。同样,低碳发展也将为政府制定更为合理的规划目标提供依据,有利于政府的低碳建设体系和相关法律法规的健全。

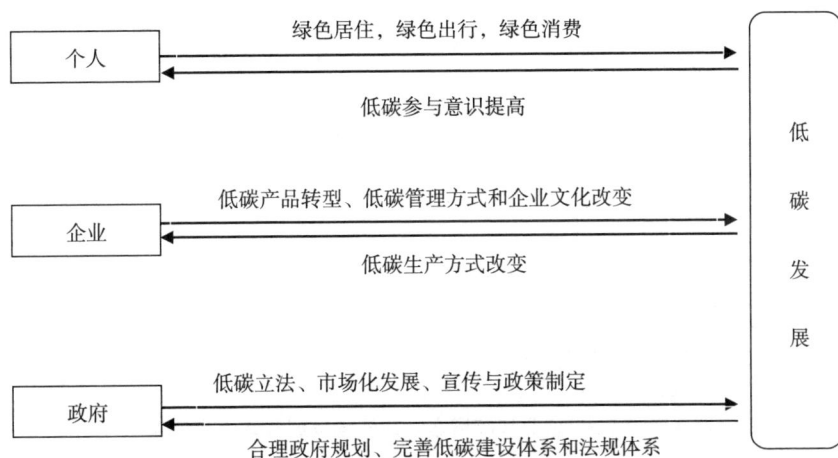

图 4-3　个人、企业和政府与低碳发展的互动作用框架

(二)个人、企业和政府之间相互的低碳发展作用

1.个人是企业的组成部门

个人低碳的行为将会直接影响企业的转型,如绿色产品的消费倾向,将会引导企业生产更为低碳节能的产品;同时,公众对企业的低碳和环保生产起到了监督作用,企业低碳数据的公开,也会直接促使企业改善低碳生产流程,进而加快低碳化进程;而企业的产品销售和宣传,也会引导个人转向更为低碳的生活方式。

2.个人的低碳行为也会影响到政府

公众参与低碳会加快政府的低碳发展目标的实现,从而制定更为合理的发展规划;公众对于政府行为也起到了监督的作用,加快政府的信息化和信息公开的速度;政府也会通过激励和约束机制,规范个人的行为,进一步促进低碳生活。

3.政府是引导企业进行低碳发展的关键因素

政府对于低碳生产的激励和补贴,会直接引导企业转向低碳的生产方式;政府对企业的低碳发展还有监督和约束的作用;企业的低碳行为也会影响到政府的相关规划制定。

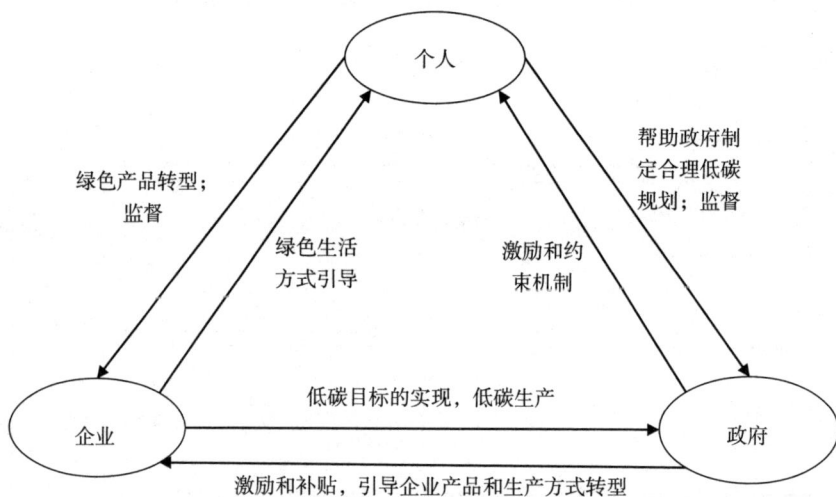

图4-4　个人、企业和政府之间的低碳发展互动作用框架

（三）低碳发展相关组织与低碳发展的互动作用

社会公众组织是介于政府、企业和个人行为之间的传达和监督者,低碳宣传和培训会直接引导个人和企业的低碳行为;同时,社会公众组织也会监督政府的低碳发展规划、政策实施等,将公众的意见传导到政府中,影响政府的决策,进而促进低碳发展的进程。

科研和教育机构将通过教育培训的方式提高个人参加低碳发展的意识和积极性;对企业提供低碳发展的技术、人力支持;对政府提供决策依据和具体实施方案,促进低碳发展。

低碳发展也将会促进与低碳发展相关组织机构的发展。低碳发展也会促进社会公众组织的低碳参与程度,提高社会公众组织参与低碳的积极性,并促进科研和教育机构对于低碳相关领域的科研水平和教育水平的发展。

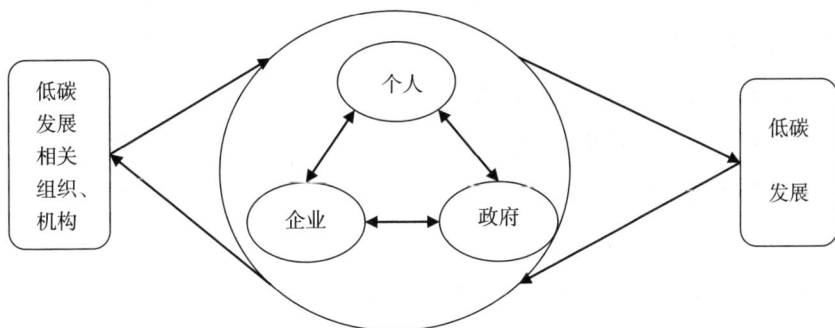

图4-5　低碳发展相关组织机构与低碳发展的互动作用

第三节　公众参与低碳发展的行为响应分析

一、问卷调查设计与实施

通过问卷调查,了解公众对于低碳发展的认知程度和参与程度,揭示公众参与低碳发展的影响因素、低碳发展政策干预对公众参与行为转变的效果。问卷针对性地选择个人为主体进行调查,包括绿色出行行为和绿色生活消费行为。

本研究的调查方式主要采用访谈法进行抽样调查,其中,具体又采用等距随机抽样、方便抽样(社区拦截)、交叉控制配额(性别、年龄)抽样等多种抽样方法相结合的调查方法。在调查之前,根据对各个城市的居民区进行了解,选择中心城区、近郊、远郊三个区域的不同类型居住小区,以方便进行交叉控制配额的抽样,目的是确保调查数据的可靠性、准确性、代表性和广泛性等。

(一)绿色出行的问卷调研

调研居民的交通出行方式选择,尤其是绿色出行方式的选择,以及居民参与绿色出行的意愿。问卷调查的目的在于分析不同类型城市居民对于绿色出行的认知以及参与程度,影响公众绿色出行行为的影响因素,揭示政策干预对公众参与绿色出行行为转变的效果。

根据城市的地理位置、人口规模及交通发展情况,选择北京(240 份)、杭州(240 份)、广州(240 份)等三个交通问题突出、经济及人口规模处于同一量级的典型城市进行问卷调查。调查采用访谈法进行,最终获取有效问卷 706 份。

(二)绿色生活消费的问卷调研

调研居民对于绿色生活消费的选择偏好,以及能源价格调整等政策干预对居民生活方式的影响,尤其是生活用电消费量、节能家电产品购买的行为转变效果。

考虑到区域经济发展水平、地理条件、电力价格及低碳节能产品推广的差别性进行多元化选择,确定北京、广州、杭州、贵阳等四个城市进行问卷调查。发放问卷共 640 份(每个城市 160 份),回收有效问卷 638 份(其中北京为 158份,其余三个城市各为 160 份)。

二、居民绿色出行的行为模式及政策干预效果

绝大部分被访者都关注尾气污染等环境问题,参与低碳出行的意愿也比较明朗,但受到现实条件的制约,例如通勤距离太长,公共交通的便利性和舒适性较低等,阻碍了居民选择低碳出行方式。通过改善公共交通的便利性消除障碍因素,将促进居民的低碳出行。同时还发现,采用经济手段也能够有效减少居民的私家车出行。

(一)居民绿色出行的现状分析

1.居民在出行方面具有一定的低碳环保意识,但对出行方式决策的影响程度有限

调查显示,绝大多数被调查的城市居民都注意到汽车尾气的污染问题(97%),其中 70%的居民认为尾气排放对自身健康有很大影响,同时居民对低碳出行的参与意愿和推广意愿分别达到 92.90%和 82.60%。但是由于低碳出行方式(如公共交通、自行车等)的便利性和私家车相比仍然差距较大,

居民在实际选择通勤方式时往往难以将他们的低碳出行意愿付诸实践。

公共交通是北京、杭州、广州这几个大城市居民的主要交通方式,占44.20%,同时私家车比重仍较高,占24.10%。

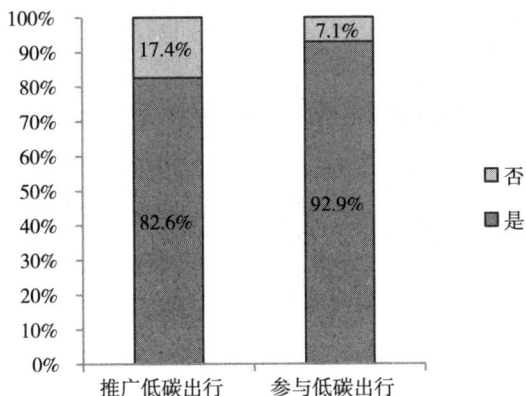

图 4-6　居民对低碳出行的推广和参与意愿图

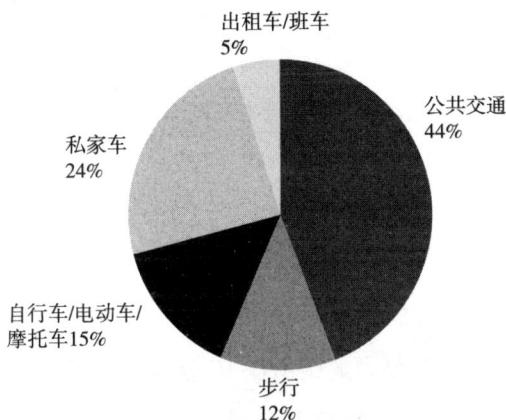

图 4-7　居民出行方式现状

2.居民的出行方式受通勤时间影响显著

通勤距离对于居民选择出行方式有非常重要的影响。通勤距离较短的居民会选择步行上班,距离增加后会逐渐倾向于选择自行车或电动车,如果距离过长,则会选择公共交通和私家车。城市规模越大,居民居住和就业分离的情况越普遍,难以避免通勤距离增加,因此选择公共交通和私家车比重会比较高。又由于私家车具有舒适性、灵活性等方面优势,所以私家车出行的比例居高不下。

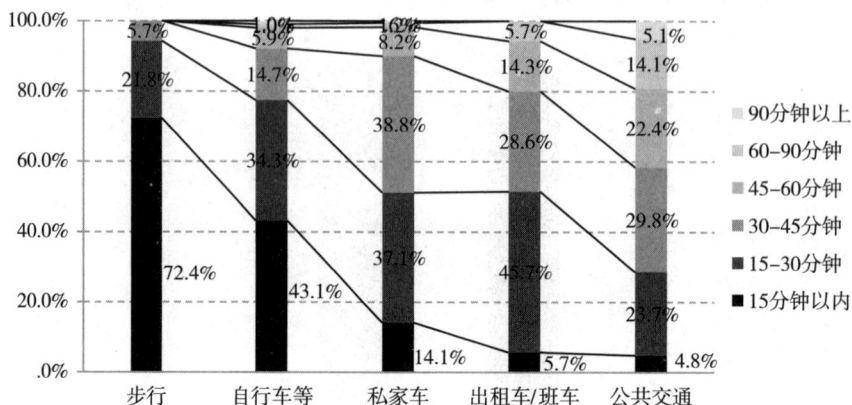

图 4-8 出行方式和通勤时间的交叉分析

3.居民的出行方式和居民自身属性特征密切相关

另一方面,出行方式决策也和居民的社会经济属性有密切关系。一般而言,收入高的人群、男性更倾向于选择私家车出行。收入较低、年轻人、租房的群体选择步行、自行车/电动车/摩托车出行的比例更大。此外,每个居民的出行偏好会根据他们的生命周期有所不同,已成家尤其是有小孩的家庭对私家车需求更大。

(二)公共交通政策对绿色出行的改变效果

1.增加公交站点密度的作用效果

如果居住地和公交车站点的距离在 10 分钟以上,私家车出行的人不容易转向公共交通出行,但是如果距离缩短到 10 分钟以内,他们很大比例会改为公交通勤。当地铁站点距离缩短时,私家车出行的居民将会更加容易放弃私家车出行。缩短站点距离对于步行的人来说影响最小,40%的人始终不会选择公共交通。

2.增加发车频次的作用效果

通过缩短候车和换乘时间,增加发车频次可以引导居民绿色出行。如果时间缩短在 10 分钟以上,私家车出行的人不容易转向公共交通出行,但是如

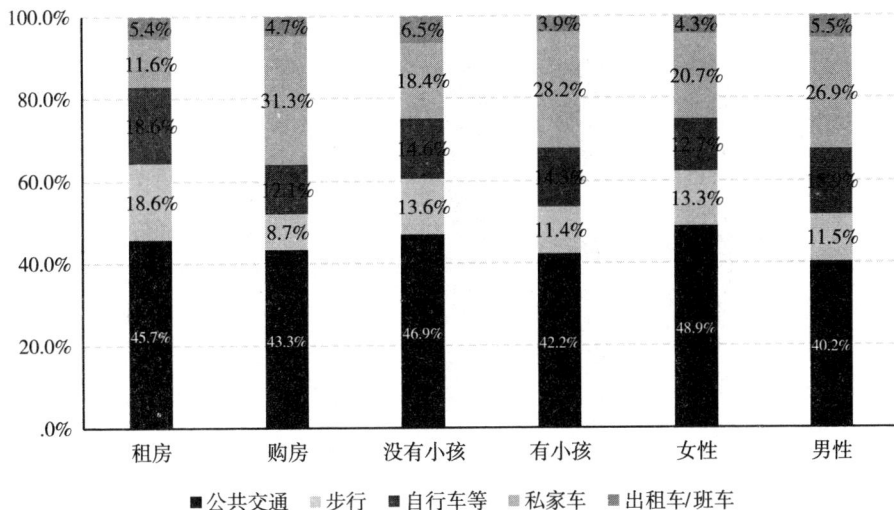

图 4-9　各属性居民出行方式选择

果时间缩短到 5 到 10 分钟以内,一部分人(累计 27%左右)开始考虑改为公交通勤,如果时间缩短到 3 到 5 分钟以内,将累计有 60%左右的人愿意选择公交通勤。与缩短站点距离的效果类似,减少候车换乘时间对于步行的人来说影响最小。同时改善地铁的便利性比公交车更能吸引私家车出行的群体。

3.降低票价的作用效果

与改善公交系统便利性不同,降低票价对步行的群体影响较大。对于私家车出行的群体来说,降低公交车的票价对他们影响较小,但是如果降低地铁的票价,会吸引更多开车的人转向地铁出行。

4.不同政策的效果比较

为了促进公众的低碳出行参与程度,我们设计了政策干预实验来观察不同政策的实施效果。

提高公交系统便利性比降低价格更能促进公共交通的使用。即使降低广州、杭州两市 50%的票价,仍然仅有 50%的居民选择公共交通,而在缩短站点距离、减少候车和换乘时间的情况下,有 70%以上的人会选择公共交通。

在公交不发达的区域,增加站点密度比增加公交发车频次更为有效。相比减少候车和换乘时间,居民对缩短站点距离更为敏感。如果能够在步行 20

公交车站点与居住地距离缩短是否选择公交（比例）

私家车

出租车/班车

步行

自行车等

■ 始终不选择
■ 0~3分钟时选择
■ 3~5分钟时选择
■ 5~10分钟时选择
□ 10~15分钟时选择
□ 15~20分钟时选择

地铁站点与居住地距离缩短是否选择公交（比例）

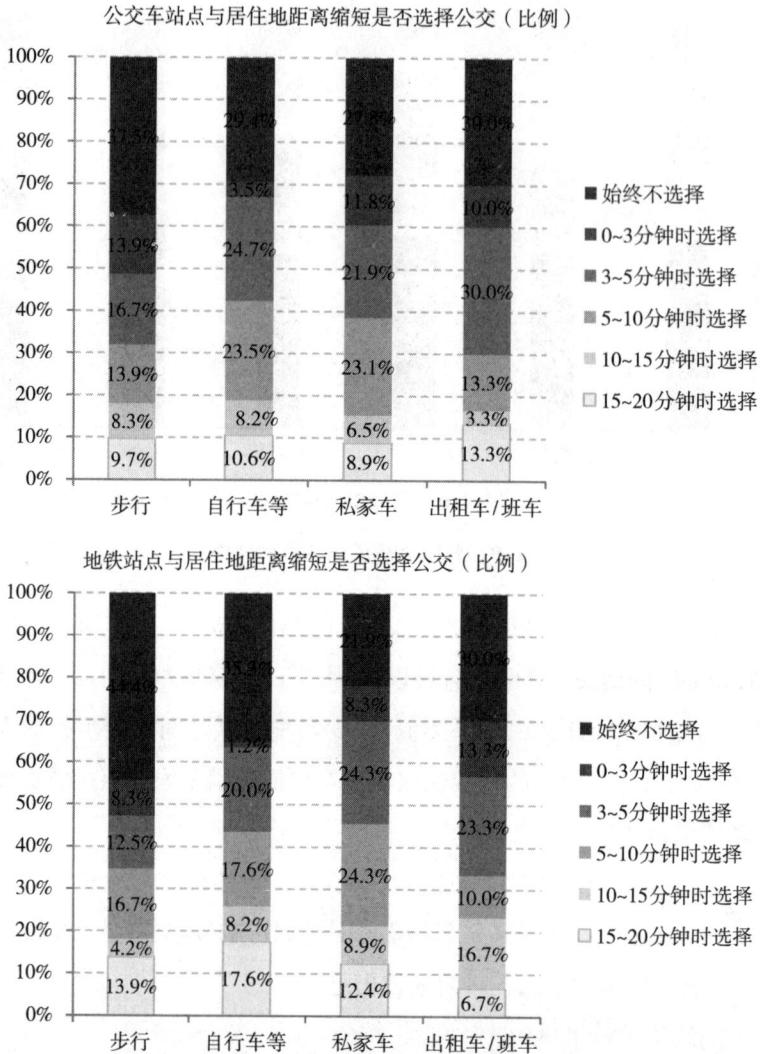

步行

自行车等

私家车

出租车/班车

■ 始终不选择
■ 0~3分钟时选择
■ 3~5分钟时选择
■ 5~10分钟时选择
□ 10~15分钟时选择
□ 15~20分钟时选择

图 4-10　不同密度增加情境下公交出行选择的比例

分钟以内到达公交站点,就有 10% 以上的居民会选择公交出行,如果缩短到 10 分钟以内,将有 38% 的居民选择公交车,40% 的居民选择地铁出行。而如果减少候车换乘时间到 20 分钟,仅有 5% 的人会选择公交通勤,如果等候时间减少到 10 分钟,也仅有 30% 的人会选择公共交通。

　　改善地铁的便利性和降低地铁票价所增加的公交出行比例均高于对公交

公交等待时间缩短是否选择公交（比例）

地铁等待时间缩短是否选择公交（比例）

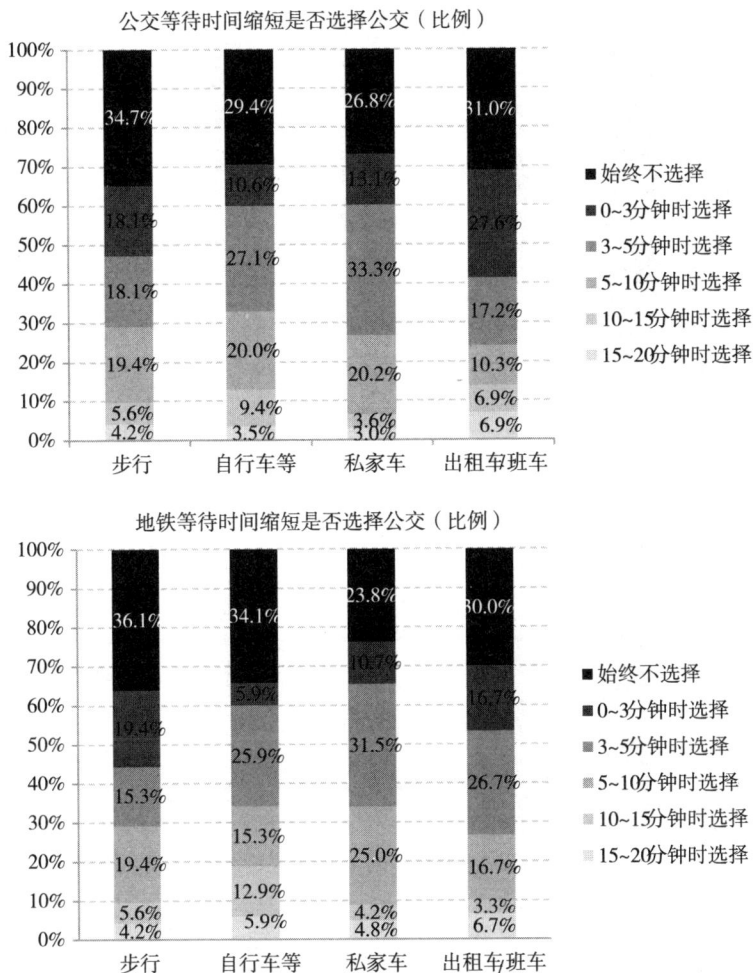

图4-11 不同时间缩短情境下公交出行选择的比例

车改善带来的公交出行增加比例。

（三）小汽车出行政策对绿色出行的改变效果

1.燃油价格上涨的作用效果

在进行通勤出行决策时,燃油价格上涨对家庭月收入在2万元以下的群体的影响没有太大差异,25%左右的人群在油价上涨5%时就会考虑减少私家车通勤,约28%左右的人群表示始终不会减少私家车出行。对于2万元以上

降低公交车票价是否选择公交（比例）

	步行	自行车等	私家车	出租车/班车
始终不选择	50.9%	57.6%	51.7%	24.0%
降低50%选择	14.5%	8.2%	11.0%	12.0%
降低40%选择	5.5%	13.6%	13.4%	16.0%
降低30%选择	5.5%	5.1%	9.4%	16.0%
降低20%选择	5.5%	8.5%	5.5%	8.0%
降低10%选择	18.2%	5.1%	9.4%	24.0%
		10.2%	9.4%	

降低地铁票价选择公交（比例）

	步行	自行车等	私家车	出租车/班车
始终不选择	54.5%	55.9%	44.9%	20.0%
降低50%选择	14.5%	16.9%	16.0%	
降低40%选择	5.5%	8.5%	11.0%	12.0%
降低30%选择	7.3%	6.8%	14.2%	24.0%
降低20%选择	3.6%	6.8%	10.2%	4.0%
降低10%选择	14.5%	5.1%	6.3%	24.0%
			13.4%	

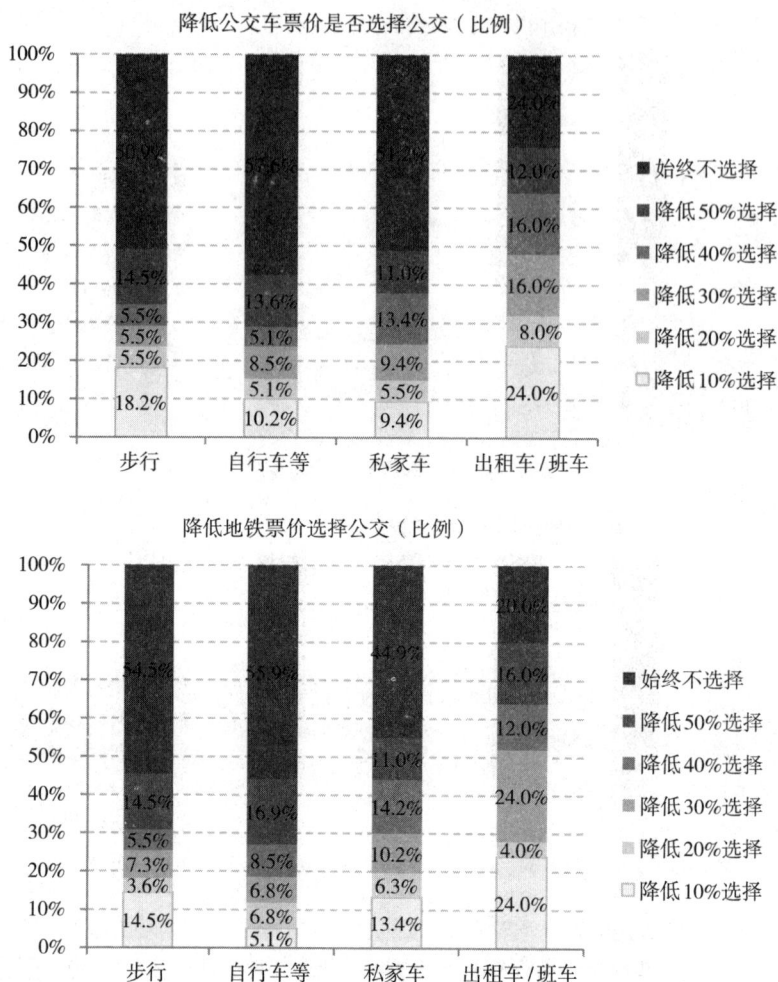

图4-12 不同票价降低情境下公交出行选择的比例

的高收入群体,有44%的表示绝对不会受油价的影响。

在进行生活出行决策时,不同收入家庭面对油价上涨表现出的差别更加显著。收入越高的家庭,油价上涨时愿意减少开车的比例越低,说明居民在生活出行决策时具有更大的弹性。

2.收取拥堵费的作用效果

收取拥堵费对不同收入群体都收到了明显效果,并且不同收入之间的差异不像油价上涨的差异那么明显。总体来说,2万元以上的高收入群体受到

站点与居住地距离缩短是否选择公共交通（比例）

- 始终不选择
- 0~3分钟时选择
- 3~5分钟时选择
- 5~10分钟时选择
- 10~15分钟时选择
- 15~20分钟时选择

候车时间缩短是否选择公共交通（比例）

- 始终不选择
- 0~3分钟时选择
- 3~5分钟时选择
- 5~10分钟时选择
- 10~15分钟时选择
- 15~20分钟时选择

票价降低是否选择公共交通（比例）

- 始终不选择
- 降低50%选择
- 降低40%选择
- 降低30%选择
- 降低20%选择
- 降低10%选择

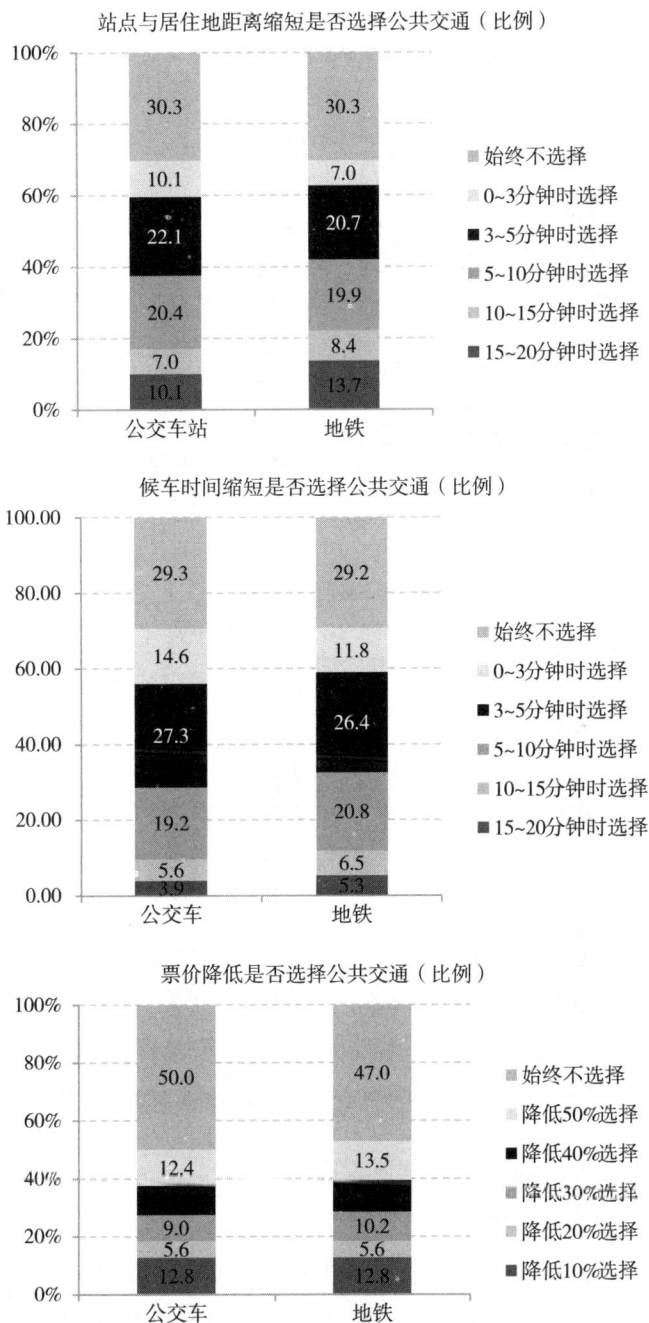

图4-13　不同政策情境下公交出行选择的比例

提高燃油价格是否减少开车通勤

提高燃油价格是否减少生活用车

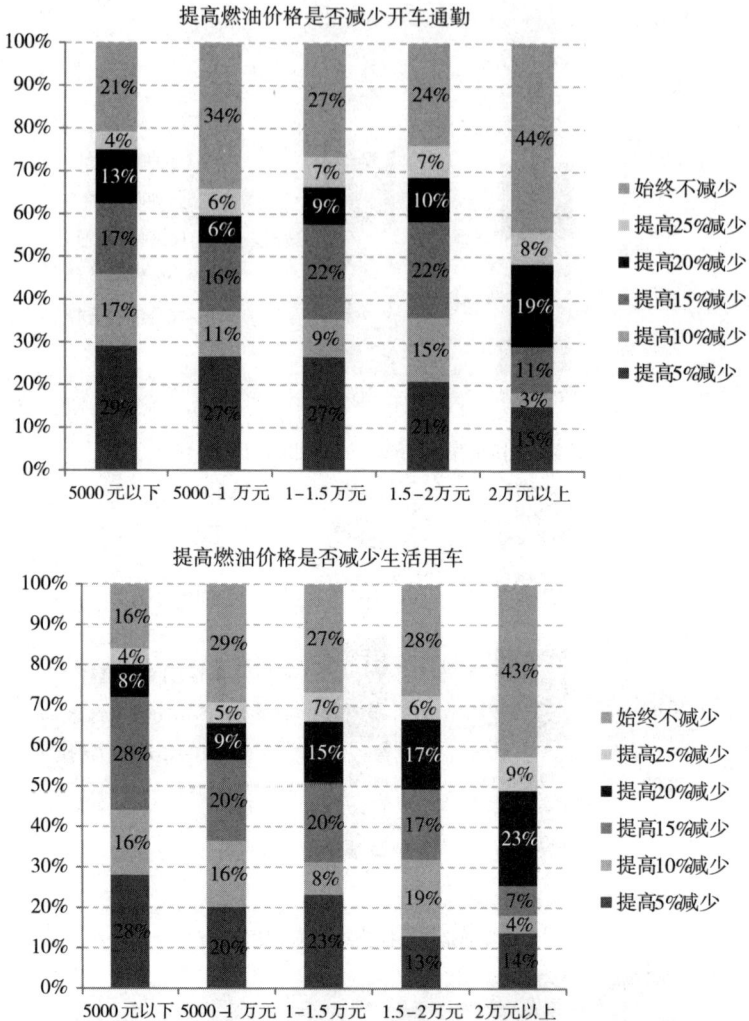

图4-14 提高燃油价格对不同收入群体私家车出行的影响

拥堵费政策的影响与其他收入群体相比较小。

3.提高目的地停车费的作用效果

提高目的地停车费对不同收入群体的影响也具有很大差异。当出行目的地的停车费提高到4元/小时的时候,近一半的家庭月收入在5000元以下的群体就表示会减少生活用车,而对于5000到2万元的中等收入组仅有20%左右的群体会受影响,对于2万元以上的高收入组更只有15%会受到影响。即

收取拥堵费是否减少开车通勤

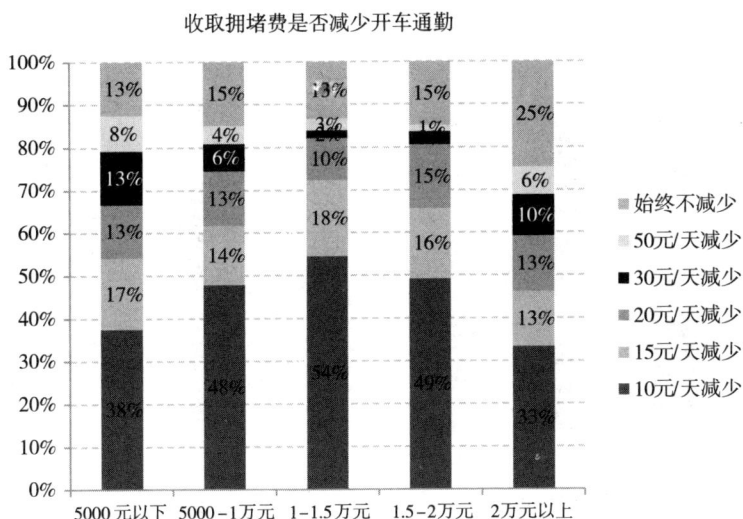

收取拥堵费是否减少生活用车

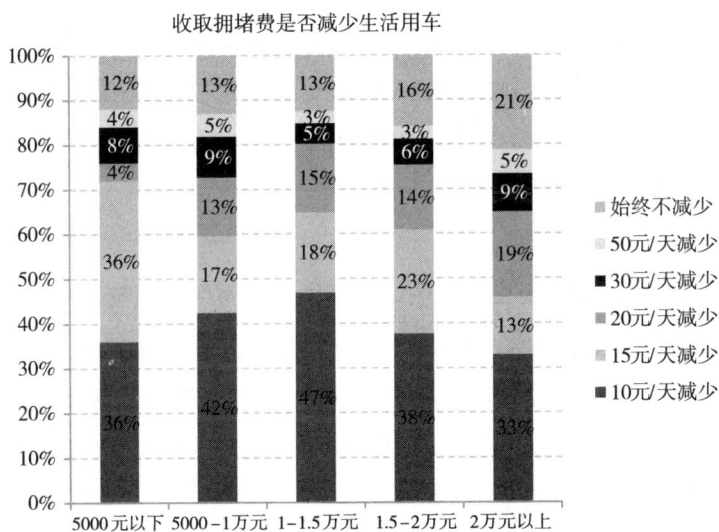

图4-15 收取拥堵费对不同收入群体私家车出行的影响

使停车费价格上涨到20元/小时,也有约20%的高收入者表示仍然不会减少生活用车。

4.不同政策的作用效果比较

针对私家车出行的群体来说,采用经济手段对于引导居民减少开车比较有效。尤其是征收拥堵费和收取高额停车费(8元/小时以上)能够控制居民

提高停车费是否减少生活用车

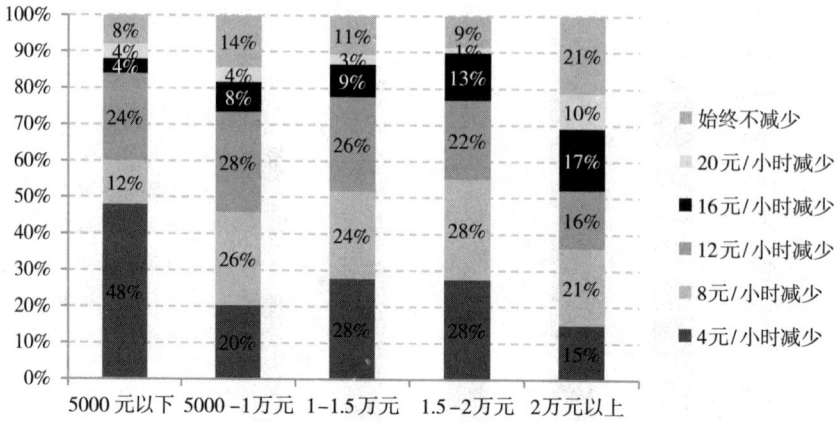

图 4-16　提高目的地停车价格对不同收入群体私家车出行的影响

开车进入拥堵地区。而提高油价对私家车出行的影响程度不太大。这些干预政策对不同出行目的有不同的效果,例如生活出行与通勤出行相比,燃油价格、拥堵费涨幅小的话对生活出行的影响较小,但如果涨幅较大,受影响的生活出行比例将比通勤出行更高。

(四)主要结论

居民的通勤方式决策受到通勤时间和消费者属性的影响。短距离通勤会倾向于选择步行,随着距离的增加,会逐渐倾向于选择自行车/电动车、私家车和公共交通等。高收入、年龄较大、家庭有小孩、男性群体更倾向于选择私家车出行,收入较低、年轻人、租房的群体选择步行、自行车/电动车/摩托车出行的比例更大。

环境保护意识对于通勤决策的影响很小。促进居民更多地选择绿色出行方式,提高环保意识的作用有限,更多地应从提高公交系统便利性入手、采用经济手段。如果能够大幅度改善公共交通便利性,将吸引更多开车的群体乘坐公共交通,而且改善地铁的便利性比改善公交车便利性更能吸引开车的人群;降低公交票价的影响较小,且吸引的主要是步行的人群。

针对私家车出行的群体来说,采用经济手段对于引导居民减少开车比较有效,尤其是征收拥堵费和收取高额停车费能够控制居民开车进入拥堵地区。

提高油价是否减少私家车出行（比例）

	始终不减少
	提高25%减少
	提高20%减少
	提高15%减少
	提高10%减少
	提高5%减少

通勤：31.7 / 6.9 / 17.6 / 9.5 / 23.0
生活：30.6 / 6.5 / 17.0 / 11.5 / 18.8

收取拥堵费是否减少私家车出行（比例）

	始终不减少
	50元/天减少
	30元/天减少
	20元/天减少
	15元/天减少
	10元/天减少

通勤：16.7 / 4.1 / 12.3 / 15.4 / 45.9
生活：15.3 / 4.0 / 14.8 / 18.6 / 40.2

提高停车费是否减少私家车出行（比例）

	始终不减少
	20元/小时减少
	16元/小时减少
	12元/小时减少
	8元/小时减少
	4元/小时减少

生活：13.6 / 4.5 / 23.1 / 23.6 / 24.1

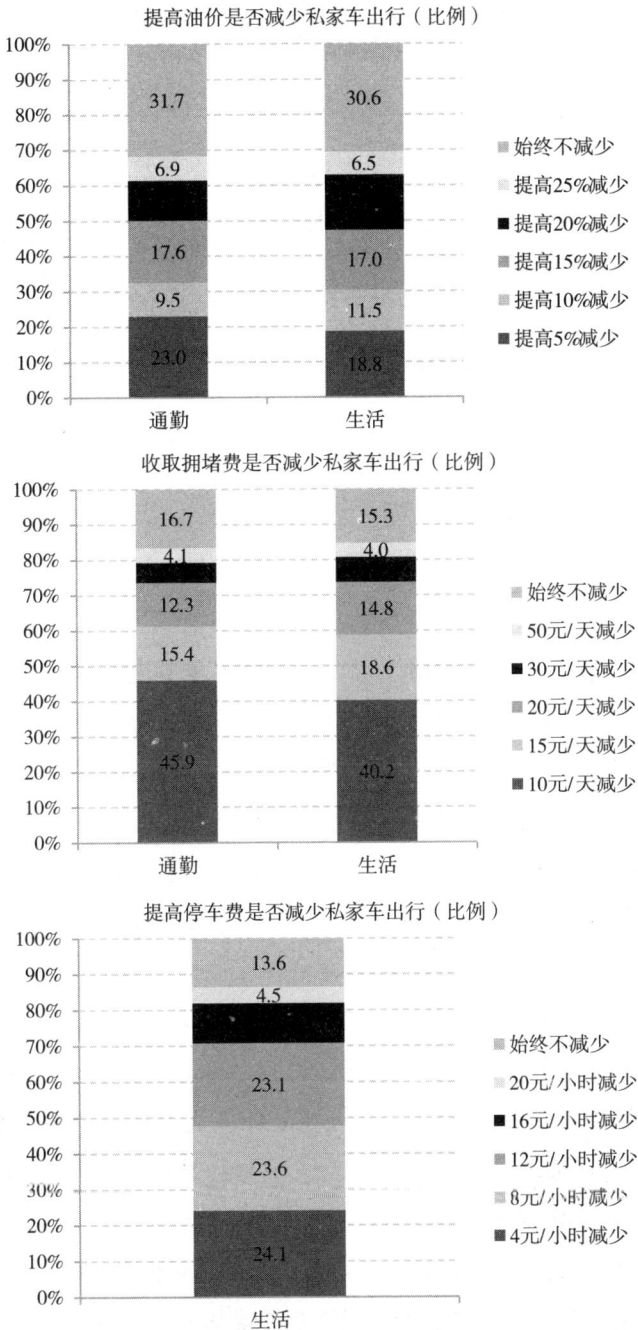

图4-17　不同政策干预情境下居民减少私家车出行的选择比例

三、居民绿色生活的行为模式及响应分析

居民绿色生活的问卷侧重于调查用电量和生活中所使用的家电的现状,分析影响居民用电和购买家电产品的影响因素,在现状基础上,针对问题采取针对性的经济手段——调整电价及提供家电节能补贴来改变居民生活中用电和购买节能产品的倾向,进而分析给予经济手段之后对居民绿色生活倾向的改变情况。

(一)居民绿色生活的现状分析

1.城市居民用电量差别显著

对4个城市571名居民的调查结果表明,当前居民每月平均电费支出在阶梯电价的一档以内的占到50%左右,二档内的占到80%左右,电力高消费的比例较小。其中,月电力消耗量在三档以上的城市中,贵阳比例最大,其次为广州和杭州,北京最低。

从购买家电产品时,居民对于家电产品耗电量和电费情况是否会计算进行的分析可以看出各个城市居民的节电意识,广州市会计算或粗略计算家电产品耗电情况的占到70%以上,其次为北京70%,再次为杭州,超过60%,最后是贵阳,仅有40%左右的居民会简单计算家电产品的耗电情况。

在对居民的用电情况进行了解之后,问卷也对居民在购买家电时对于环保问题考虑与否进行了调查。调查结果显示,超过50%的居民会在购买家电时将环保作为考虑因素,而20%的对象选择了一般会关注,偶尔会关注环保的占30%左右,仅有10%的居民在购买家电时不将产品的环保特性考虑在内。这也表明了当前各个城市居民对于环保的意识较高,购买产品时大多数会考虑将环保作为一项重要因素,也证明了如果大力推广经济实惠的家电产品,或给予家电产品部分经济补贴的话,会有效提高居民在生活中购买节能产品的意愿,从而达到生活低碳的目标。

从不同城市来分析,居民在购买家电产品时,对环保的关注度与居民的节电程度呈现正相关关系。尽管贵阳居民对于家电耗电情况了解较少,但是对于环保非常关注的比例在50%以上,一般关注的也在20%左右。杭州、广州、北京的居民对于环保产品的关注度是在递增的,但这三个城市普遍关注环保

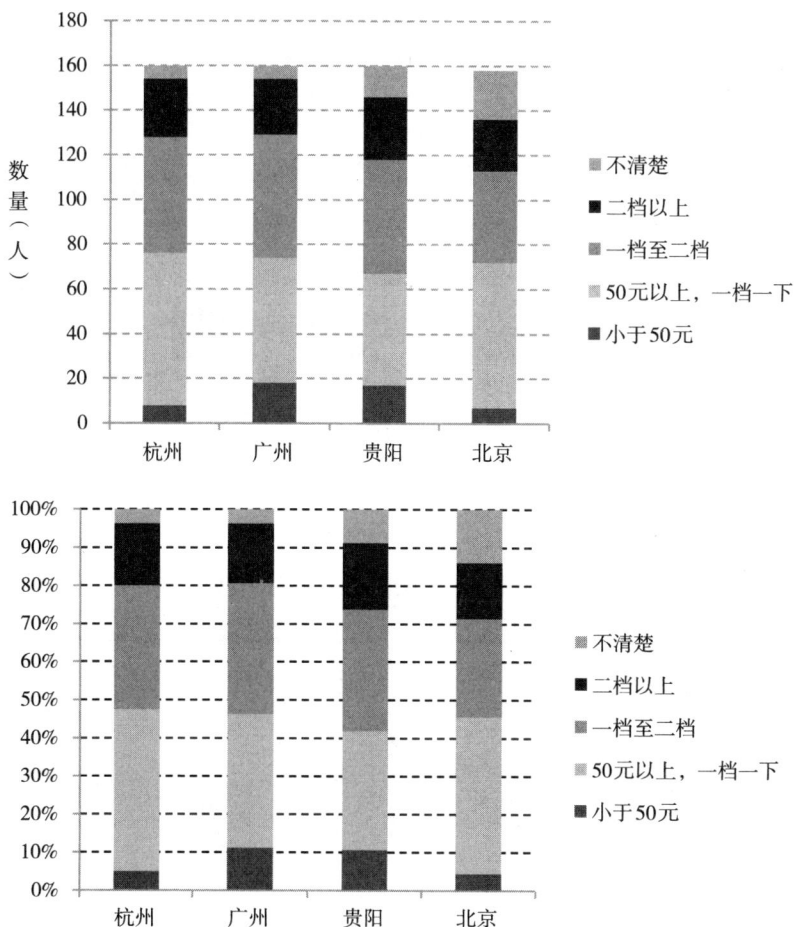

图 4-18　居民生活中月均用电情况

的比重低于贵阳。

2.收入与居民用电量呈正相关关系

从不同收入人群来看,家庭月收入在 5000—9999 元的群体占到 40% 左右,3000—4999 元的中低收入和 1 万—1.5 万元的中高收入群体占 30% 左右。收入水平较低的居民电力消费水平较低,收入水平越高,对电力消耗量在二档、三档以上的数量越大。

从不同收入水平的电费支出比例来看,消费量处于 50 元以下的随着收入的提高比重越来越低,随着收入的提高,用电量的分布也越来越均衡。用电量

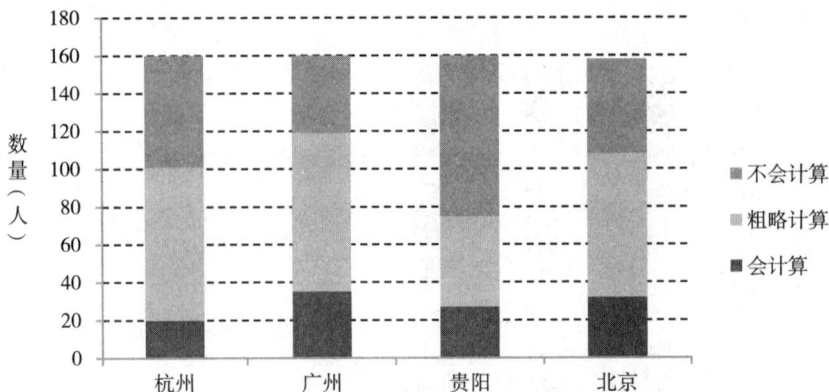

图4-19 不同城市居民对家电耗电情况的了解程度

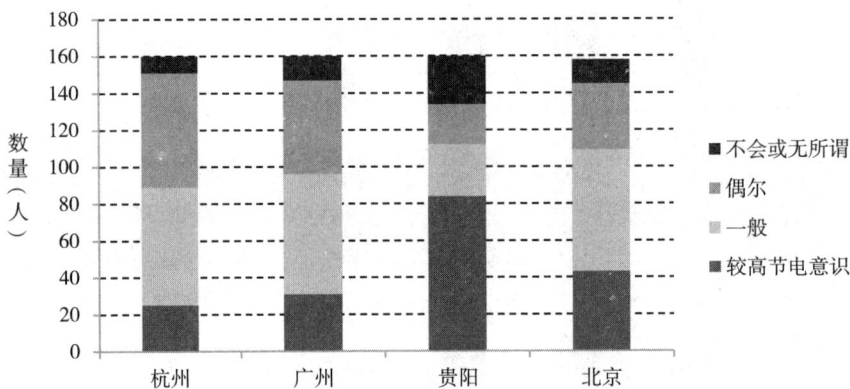

图4-20 不同城市居民购买家电产品时对环保性能的关注情况

在二档内的居民,收入越高,用电高消费的比重越低。居民用电情况与经济水平有着紧密联系,中等和低等收入者的节电意识较高,调整高收入者的用电消费倾向对于减少高收入人群的用电量将会起到重要作用。

3.家庭结构与用电量关系显著

居民的用电情况与家庭结构有着密切关系,家庭人口越多,用电量也必然越大。从四个城市不同的家庭人口数与用电量的消费情况来看,家庭人口为3人的比重较大,占到40%左右,其次为4人、5人及以上。

从不同家庭人口对应的电量消费情况来看,家庭人口越多,用电量越多。

数量（人）

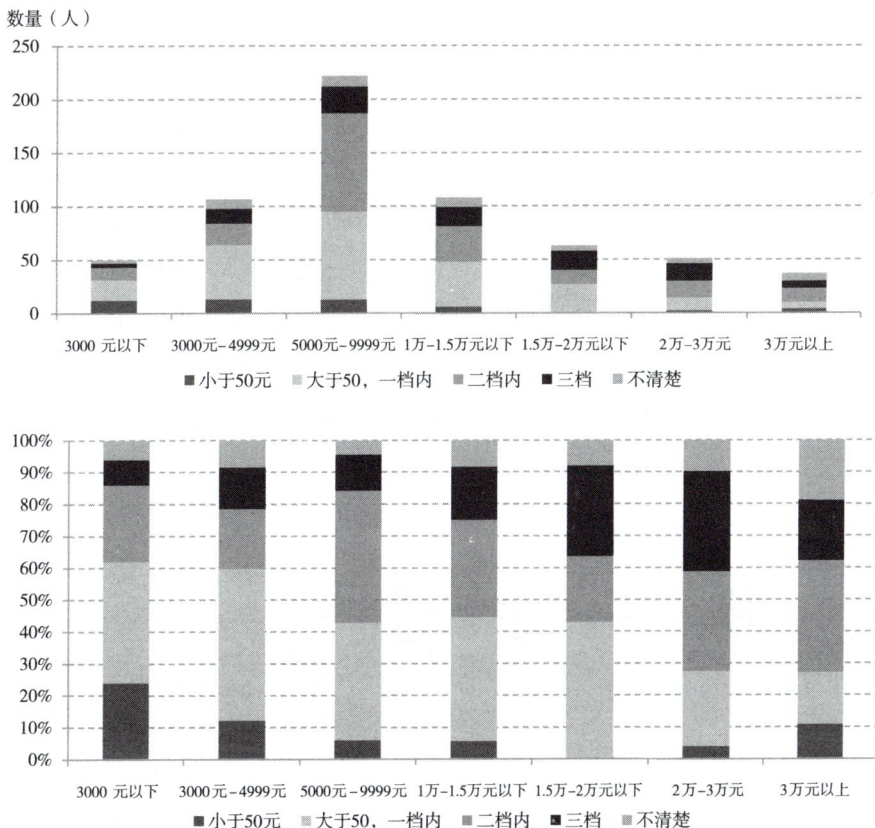

图 4-21 不同收入水平居民用电情况

单身家庭用电量集中在一档以内；家庭人口为 5 人及以上时,有 30% 左右的居民用电量高于二档,用电量消费水平较高。

4.住房面积对用电量影响显著

与家庭人口相关联的住房面积,同样对家庭用电量有着重要作用。从调研情况来看,居民住房面积在 60—90 平方米的比例最高,占到 40% 左右,其次为 90—110 平方米和 110—200 平方米。

住房面积对用电量的情况来看,住房面积小的居民用电量较少；随着居民住房面积的增加,用电量在不断提高。居住面积在 110 平方米以上的居民,用电量大部分处于二档或者二档以上；而居住面积在 200 平方米以上的居民用电消费档次高,有 25% 的居民用电量处于二档及以上,且用电量消费小于 50

家庭人口数对用电量影响（数量）

家庭人口数对用电量影响（比例）

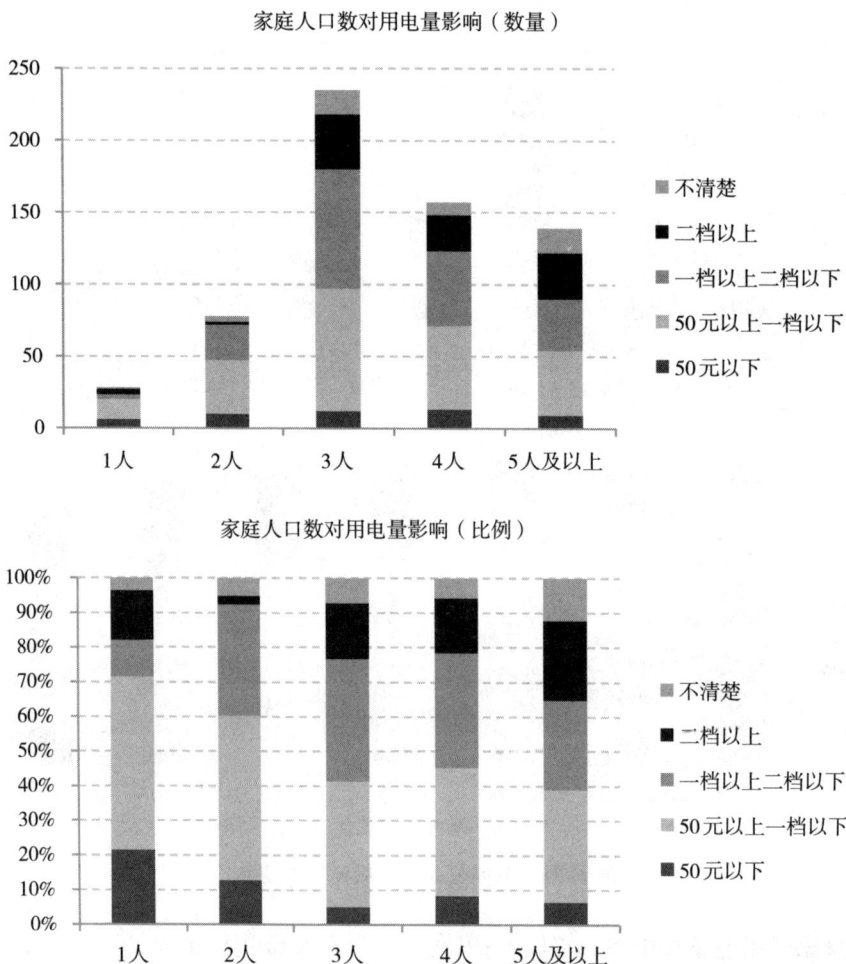

图 4-22　不同家庭结构居民用电情况

元的比例很低。居民的居住面积与其经济水平等因素有相关性，综合决定了居民的用电情况。

5.节电意识影响居民用电档次

从居民的节电意识与用电量的情况来看，具有以下特征：

居民的节电意识用是否会计算家电产品的耗电情况来反映，会计算的视为节电意识较高，粗略计算的视为节电意识一般，不会计算的视为节电意识较低。

住房面积对用电量影响（数量）

住房面积对用电量影响（比例）

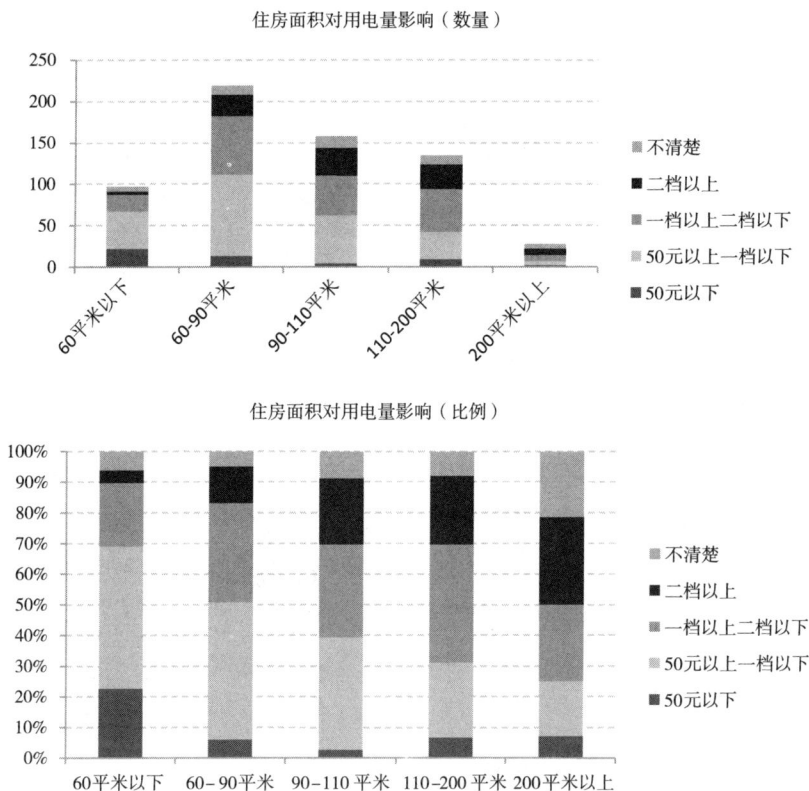

图 4-23　不同住房面积居民用电情况

节电意识较高的居民用电较为节省,有 80% 的居民用电量处于一档以内,对电费的了解情况也明显高于不会计算的居民;节电意识较低的居民用电量消费水平较高,对家庭用电情况不了解。由此可见,提高居民的节电意识对于促使居民节约电力等资源具有实践意义。

从以上居民当前用电情况来看,各个不同属性的居民对于用电量和家电产品的耗电情况具有较高的差别性。

从城市差别来看,电力高消费的比例较小,电力消耗程度较低的为广州和贵阳,消费程度较高的为北京和杭州。居民生活中节电意识较高的是杭州、广州和北京,贵阳对于家电产品能效计算了解程度低,节电意识较低。杭州、广州和北京的节电程度和对于家电产品能耗计算的掌握程度是呈现正相关关系的。这说明,城市间差别显著,贵阳由于其经济发展水平的限制,居民收入水

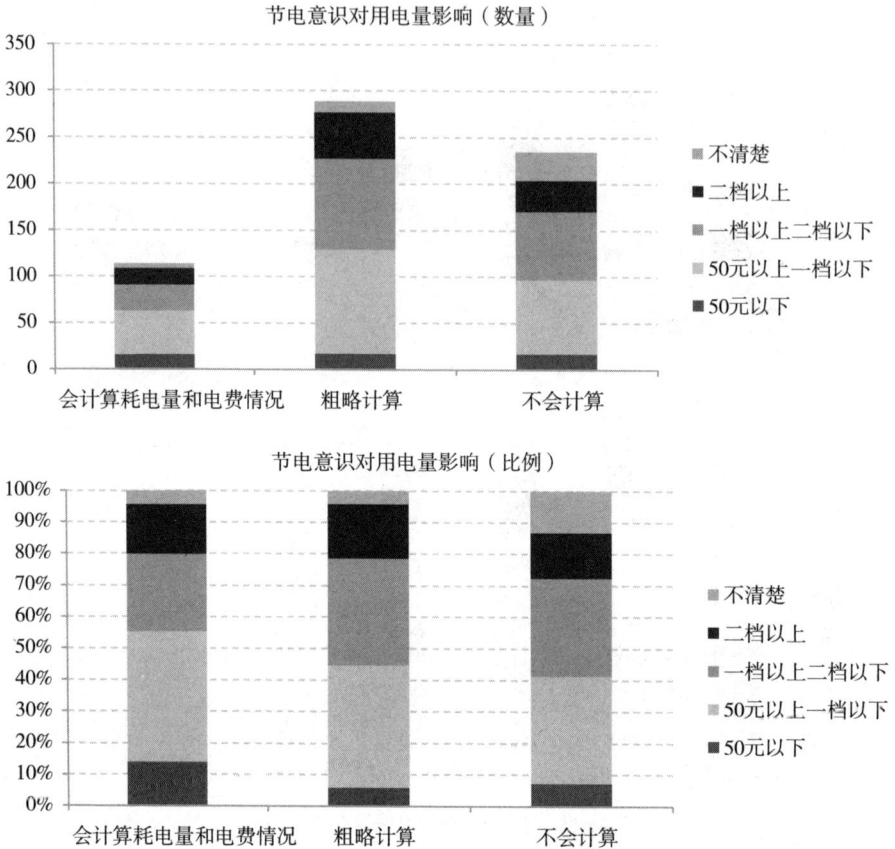

节电意识对用电量影响（数量）

节电意识对用电量影响（比例）

图4-24　不同节电意识居民用电情况

平影响了居民对于节电的积极性,同时对于家电产品的性能等方面的了解受到教育水平的影响处于四个城市最低的水平。

从收入水平差别来看,随着收入的增加,对于用电量的控制是递减的;同时,收入增加也使得居民对于用电量的认识不断降低,节电意识也不断降低,但是与家电产品的耗电情况并没有呈现非常明显的关系。

家庭结构差别上,家庭人口越多,用电量越大,呈现正比例关系。

住房面积也与居民的用电量呈现较为明显的关联性,居民的住房面积越大,用电量越高,用电的档次在二档及以上的比重也越大。住房面积与收入水平和家庭结构相关性很强,综合决定了居民的用电倾向。

节电意识也证实了节电意识越高,居民的月用电量越低,可见提高居民的节电意识对于促使居民实践低碳生活具有重要作用。

以上分析有利于针对不同属性的人群制定不同的措施,从而更有效地提高居民参与低碳发展的积极性。通过以上分析,我们也可以看出各个城市居民在生活中普遍有较高的节电意识,会主动关注节电的常识和途径,低碳发展的公众参与意识较高,可以通过具体的方案,尤其是经济手段来鼓励居民将低碳的意识转换为实际行动,从而直接减少生活中用电所带来的碳排放。

6.居民节能家电购买现状

关于居民家电使用情况,主要是针对当前居民所使用电器的情况,及其是否属于节能产品进行问卷调查。具体分为两个主要方面,节能灯和其他节能电器。问卷分析得到,当前各个城市对于节能灯的使用率较高,90%的居民家庭已经开始使用节能型照明灯具。而四个城市的节能家电所占的比例平均值为49%。节能家电产品普及率提高仍有较大的潜力。

各城市居民节能灯使用状况（比例）

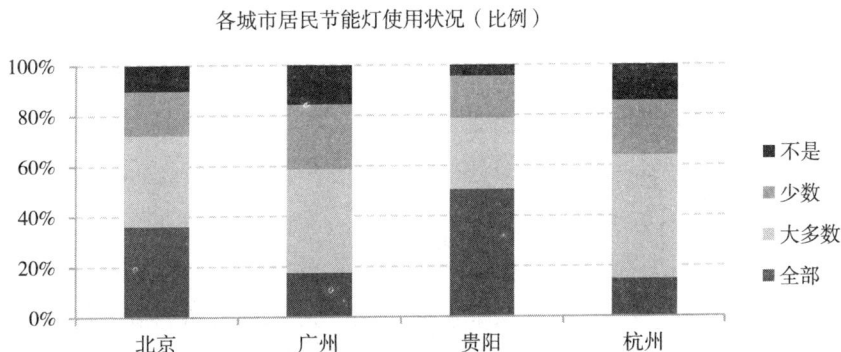

图 4-25　各城市居民节能灯使用情况

从各个省市所拥有的家电台数综合来看,城市差异与地区经济发展水平和居民生活习惯相关。贵阳家电总数较其他三个城市低,但是其节能产品的比重最高。从家电拥有总数来看,北京居民最高,贵阳最低。

北京、广州和杭州居民所使用节能家电产品的比重较为平均,为45%左右,而贵阳居民的比重最高。

从以上分析可以看出,家电消费与城市文化习惯与人均收入相关性较强。

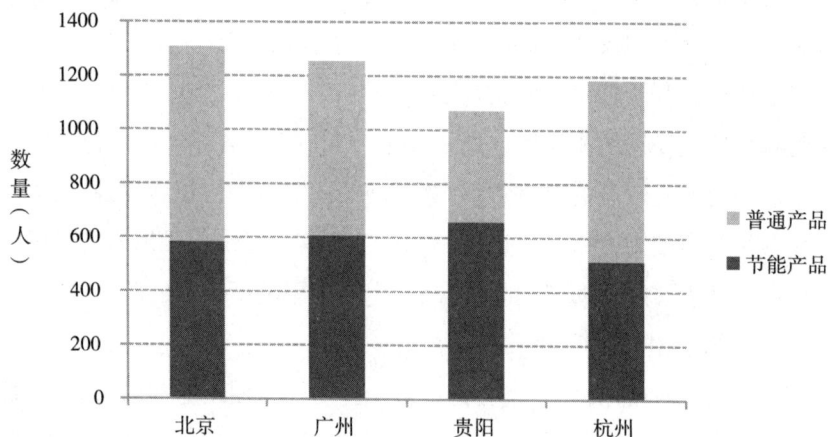

图 4-26　各城市居民家电使用情况

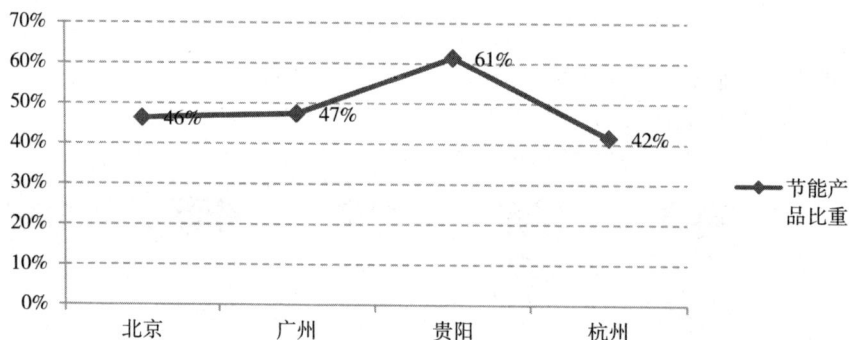

图 4-27　各城市居民节能产品比重

　　从各类电器的节能产品普及率来看,冰箱、空调、洗衣机、热水器作为生活大电器,其消费电量较其他电器高。与其耗电量相关,节能产品的比重也较高。而电暖气、微波炉等因为使用频率的关系,居民对其节能产品属性关注度不高。

　　(二)调整电价对于居民绿色生活的改变倾向

　　1.调整电价对减少居民用电量影响显著

　　针对目前城市居民具有较高的低碳环保意识,但实践不足的情况,调研也针对如何将居民的低碳环保意识落实到行动中进行了模拟分析,主要是针对节约用电的电价调整方案和刺激居民购买节能家电的节能补贴方案进行了调查。

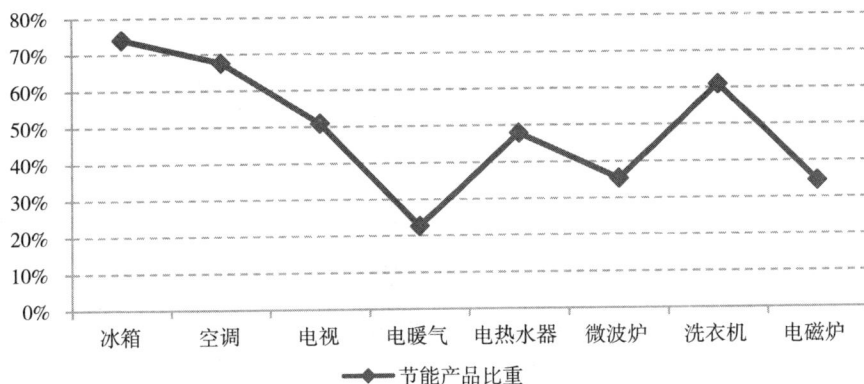

图4-28 各类电器居民节能产品比重

首先,从调整电价的角度来分析,电价上涨将会促使居民在生活中更加注意节电。从571位居民的调查结果来看,电价涨幅越高,选择不改变当前用电量的比重越来越低。当电价涨0.05元时,选择不改变用电量的占到70%,当电价涨0.1元时,该比重占到50%以下,电价涨0.5元时,有将近80%的居民选择改变用电倾向。而对于用电量的减少倾向,也随着电价上涨出现正相关关系。这说明电价的调整会对居民用电习惯产生重要影响。

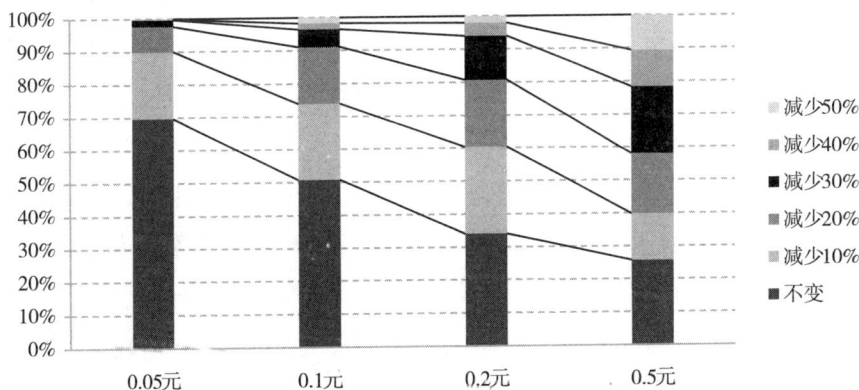

图4-29 电价上涨对于居民用电量倾向的影响

2.调整电价改变不同城市居民用电量的倾向

对于不同城市的居民,面对电价调整有较为显著的差别,贵阳居民当前节电意识最高,但是电价上涨,仍有将近50%的居民会选择在生活中较大程度地减少用电量,30%的贵阳居民会选择在保持正常生活基础上适当减少。

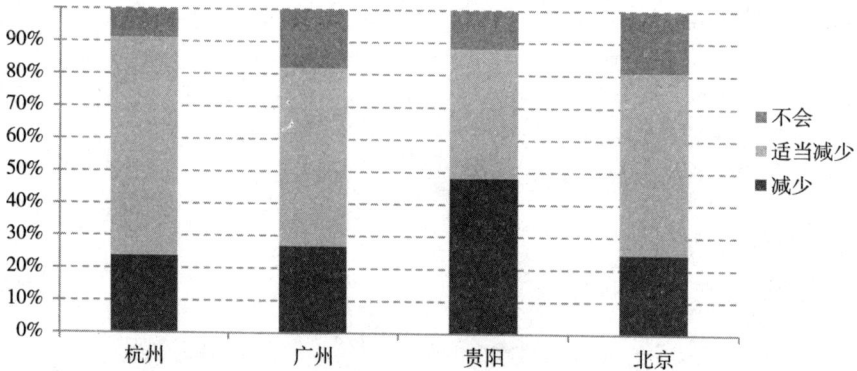

图4-30 电价上涨不同城市居民用电量倾向改变的情况

与当前各城市居民用电总量和节电意识呈现反向关系的是,随着电价调整,原本节电意识高的城市居民会具有更高的改变倾向。例如杭州,愿意改变用电倾向的占到90%,其次为广州和北京。这与当前现状也有明显的关系。

3.调整电价对不同收入水平居民用电量的敏感度显著不同

改变电价对不同收入群体的影响也不同,高收入人群还是主要倾向于维持现有生活方式或者适当注意节电;电价上涨对于中等和低等收入人群的影响较大。以不同收入水平的居民面对电价涨0.05元时不同的用电倾向来看,随着收入的增加,选择不改变当前用电习惯的比重在明显增加。收入越低的人越愿意减少用电量,减少的幅度也更高。

随着电价上涨,不同收入群体的居民其改变用电量的倾向也呈现规律性改变,即电价涨幅越大,愿意减少用电量的居民比重在不断增加,同样减少的幅度也在不断上升。对不同收入群体来看,电价涨幅越高,对高收入人群的改变倾向越明显。较低收入的居民节电意识较高,用电量消费档次较低,面临电价上涨0.05元时就会有更明显的节电倾向,而随着电价涨幅增加,为保证基本生活,改变用电量的倾向改变程度较低。当前高收入居民的用电量高,节电意识较弱,因此电价上涨幅度低时,不会有太大的节电倾向转变,只有当电价增长幅度较高时,才能有效地转变高收入居民的节电倾向。

4.调整电价对不同用电档次居民用电量的改变倾向

从当前不同用电量居民应对电价变动的选择来看,用电量较低的居民依

电价+0.05 元收入对节电影响（比例）

电价+0.1 元收入对节电影响（比例）

电价+0.2 元收入对节电影响（比例）

电价+0.5 元收入对节电影响（比例）

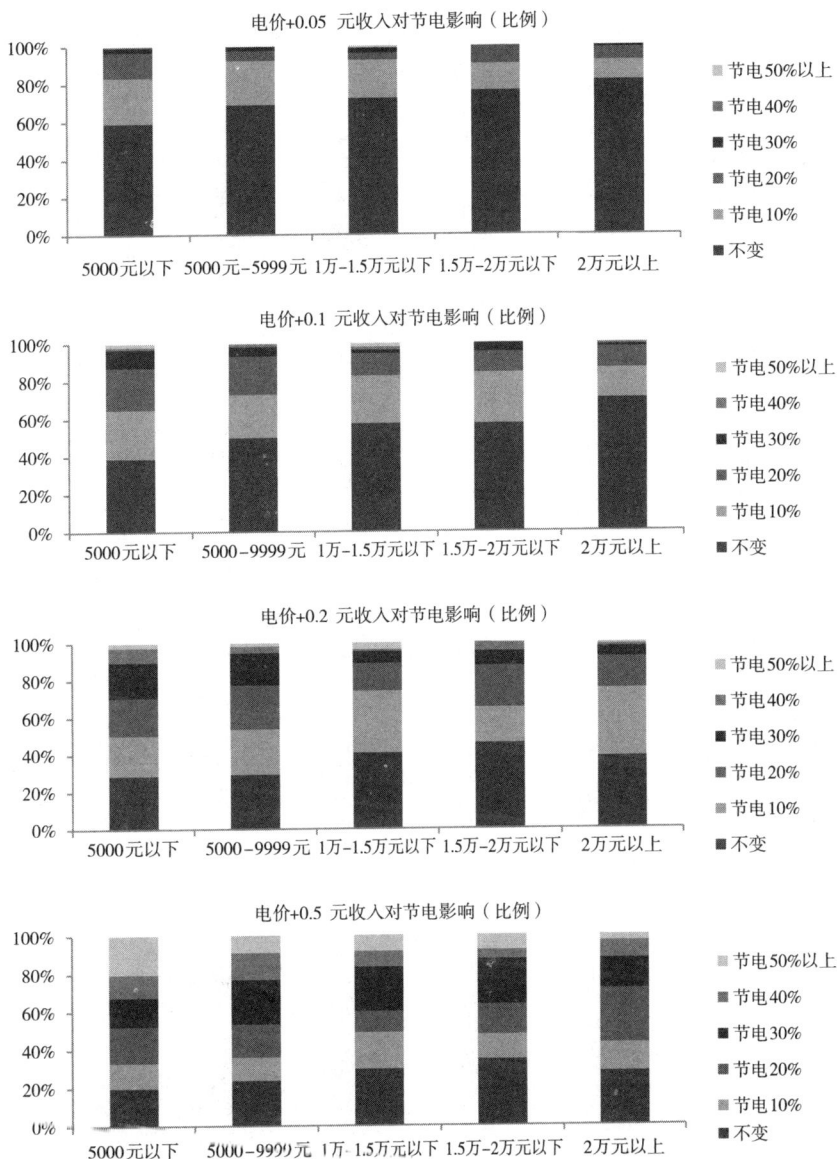

图4-31 电价上涨不同收入水平居民用电量倾向改变的情况（1—4）

然会对电价变动有较高的敏感性,当前月均用电量越大的居民,其应对电价变动时,减少用电量的趋势会低于月均用电量较小的居民。尤其是对当前电价不清楚的居民,其对电价变动的敏感性最低。

不同用电档次的居民应对电价变动的敏感性差异性较小,低于不同收入

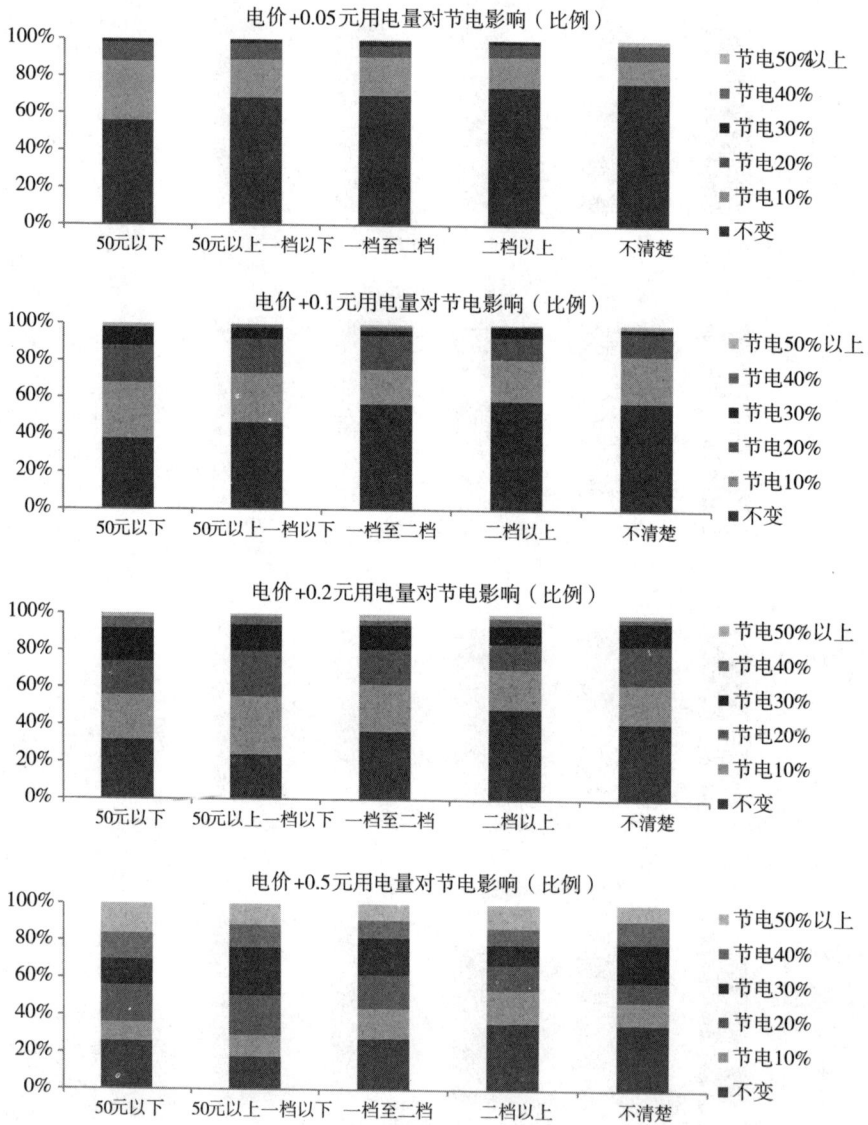

图4-32 电价上涨不同用电档次居民用电量倾向改变的情况（1—4）

群体所表现出的节电倾向的差异性。但用电量档次高和对当前用电情况不了解的居民对电价变动的敏感性较差。

5.调整电价对不同家庭结构居民用电量的改变倾向

从不同家庭结构居民应对电价变动的调查结果来看，家庭人口多的居民由于基本生活需求较高,电价变动的敏感性最低;随着家庭人口的减少,对电价变动的敏感度是逐渐提升的。这也说明电价变动需要考虑对家庭人口较多、收入较低的居民进行适当的补贴,以维护居民的社会福利。

电价 +0.05 元家庭人口数对节电影响（比例）

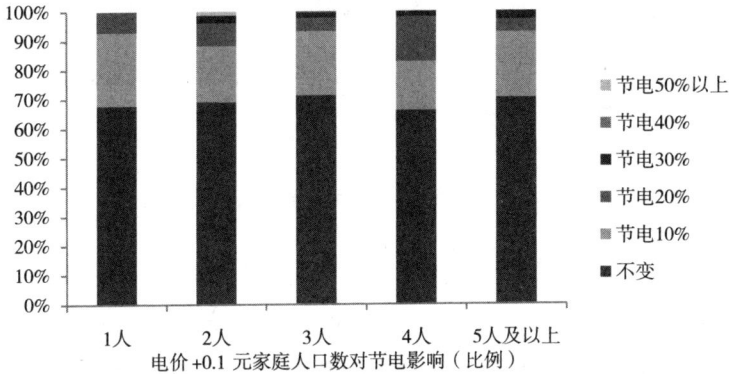

电价 +0.1 元家庭人口数对节电影响（比例）

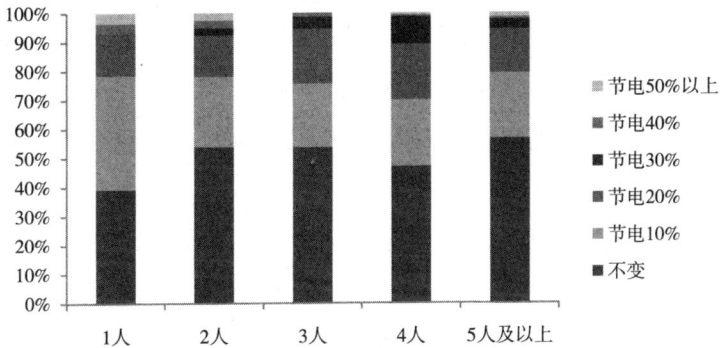

电价 +0.2 元家庭人口数对节电影响（比例）

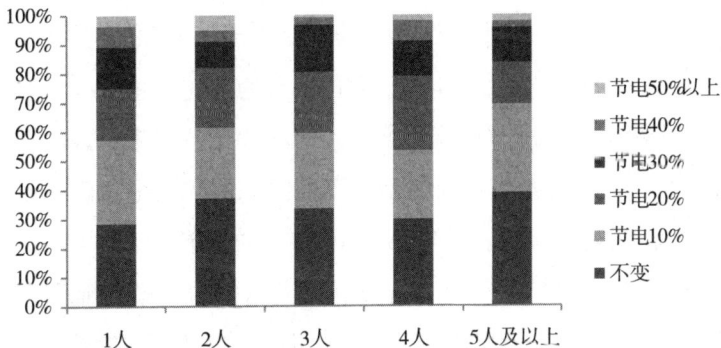

电价+0.5元家庭人口数对节电影响（比例）

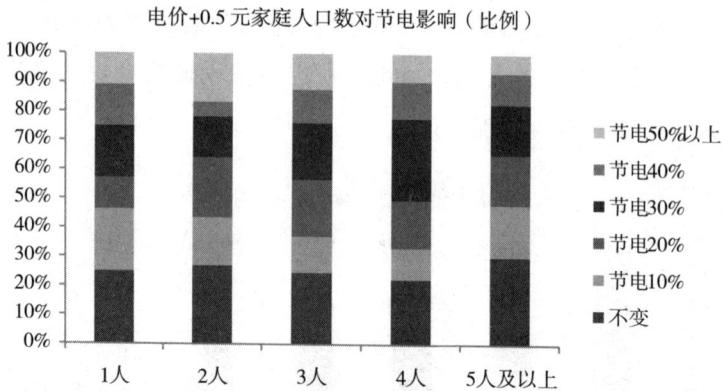

图 4-33　电价上涨不同家庭结构居民用电量倾向改变的情况（1—4）

　　总体而言,电价变动对于居民用电量的影响非常显著,从不同城市分析来看,贵阳居民当前节电意识最低,但是电价上涨,仍有将近 50% 的居民会选择在生活中较大程度地减少用电量,30% 的贵阳居民会选择在保持正常生活基础上适当减少用电量。与当前各城市居民用电总量和节电意识呈现反向关系的是,随着电价调整,原本节电意识较高的城市居民会具有更高的改变倾向。例如杭州,愿意改变用电倾向的占到 90%,其次为广州和北京。这与当前现状也有明显的关系。

　　从不同收入水平的居民差别分析,随着电价上涨,不同收入群体的居民其改变用电量的倾向也呈现规律性改变,即电价涨幅越大,愿意减少用电量的居民比重越大,同样减少的幅度也在不断上升。对不同收入群体来看,电价涨幅越高,对高收入人群的改变倾向越明显。不同收入群体的差异性高于当前不同用电档次居民对于电价的敏感性。经济因素仍是改变居民用电倾向的主要因素。

　　（三）调整电价对于居民购买节能家电消费的改变倾向

　　从电价上涨对于居民购买节能家电倾向的改变情况来看,随着电价的增加,居民对于节能家电的购买倾向是在不断提高的。当电价涨 0.05 元的时候,有 50% 的居民愿意买比普通产品贵 1000 元的节能产品,30% 左右的居民愿意购买贵 1500 元的节能产品;这个比例随着电价的上涨不断提高。而且随着电价的增长,愿意购买贵 1000 元和 1500 元的居民差距在缩减。

　　1.调整电价激励居民购买节能家电的倾向显著

从下图可以看出,当节能产品分别比普通产品贵 1000 元和 1500 元时,居民的购买倾向出现明显的改变。节能产品贵 1000 元,愿意购买节能家电的人数是贵 1500 元的两倍左右。而这一倾向随着电价的上升,差异是在不断减少的,这是因为电价上升,相当于节能产品在日常生活中的使用成本要低很多。

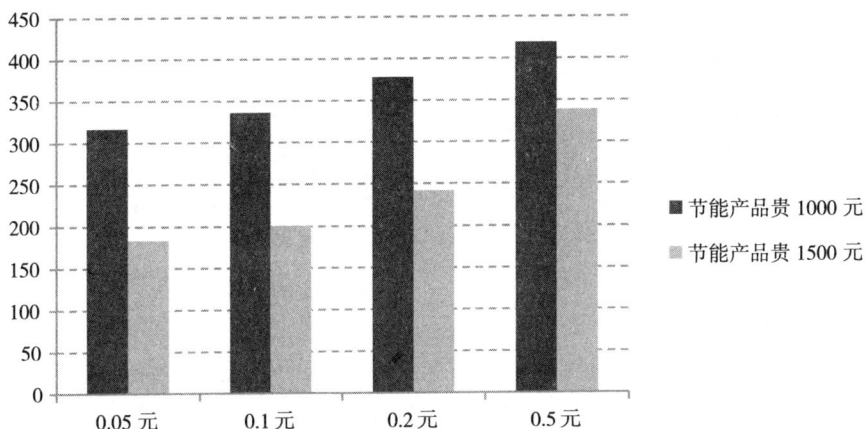

图 4-34 电价上涨不同城市居民节能产品倾向改变的情况

2.调整电价对不同收入居民购买节能家电的改变倾向

同时,从不同收入群体来看,随着电价的上涨,对于节能产品的消费倾向较多的改变的是中等收入人群(收入为 5000—15000 元),收入较高的人群购买产品时对价格不敏感,因此增加幅度不大。

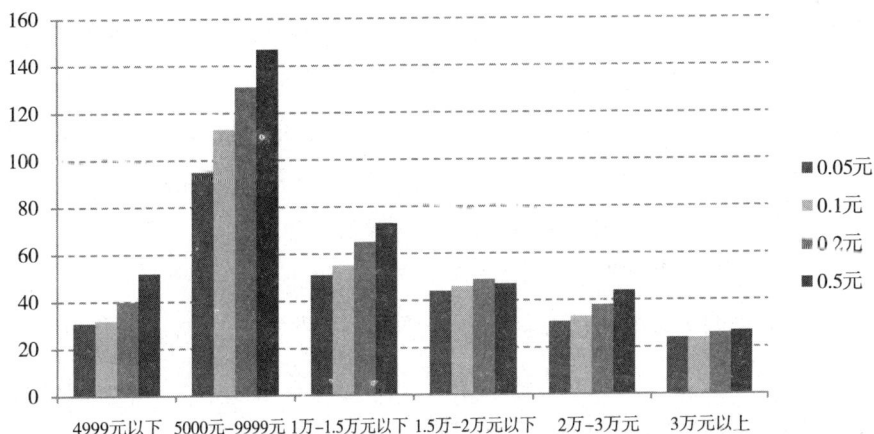

图 4-35 电价对不同收入居民节能产品购买倾向改变的情况(节能产品贵 1000 元)

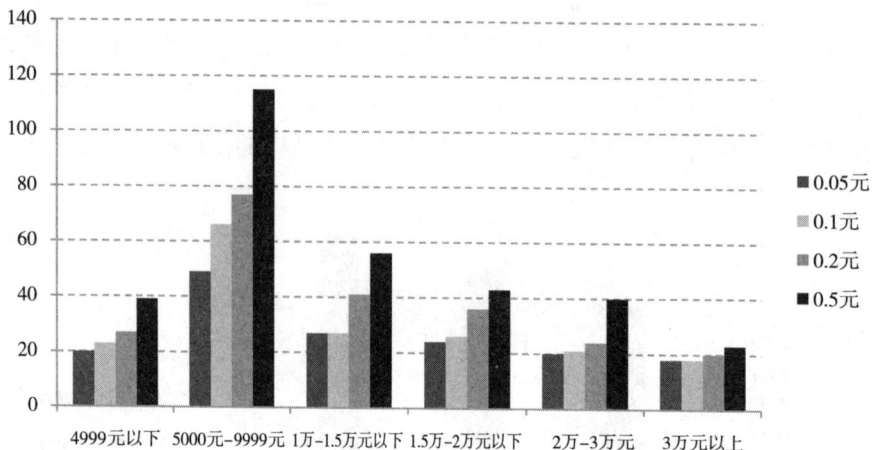

图 4-36　电价对不同收入居民节能产品购买倾向改变的情况（节能产品贵 1500 元）

另外，节能产品贵 1000 元与 1500 元将会明显影响居民的购买倾向，尤其是中等收入居民的购买倾向。不同收入群体对产品价格的敏感度不同，中等收入者对价格敏感。

3.调整电价对不同用电档次居民购买节能家电的改变倾向

不同用电档次的居民对不同价格的节能产品和应对电价上涨情况的反应不同，用电档次为中等的居民对节能产品的价格较为敏感。如图所示，当节能产品比普通产品贵 1000 元时，用电量中等的居民购买倾向较高，而当此价格贵 1500 元时，购买倾向明显降低。并且，随着电价的上涨，当电价涨幅达到 0.5 元时，这些居民购买节能产品的意愿显著提高。这说明用电档次为中等的用户对电价、对节能产品价格较为敏感。

而用电量在 50 元以下和二档以上的居民对电价变动和产品价格变动的敏感性较弱，改变倾向不明显。为促使居民增加购买节能家电产品，可针对用电档次居中的居民制定相应激励措施，使政策效果更明显。

4.调整电价对不同节能意识居民购买节能家电的改变倾向

针对居民购买家电时是否会考虑家电能效的情况，问卷将居民分为四类，基本不会计算家电能效和耗电关系的是一类；偶尔会计算的是一类；大多时间会计算的是一类；一定会计算的是第四类。

从不同的节能意识的居民在购买节能家电时的倾向来看，会计算家电能

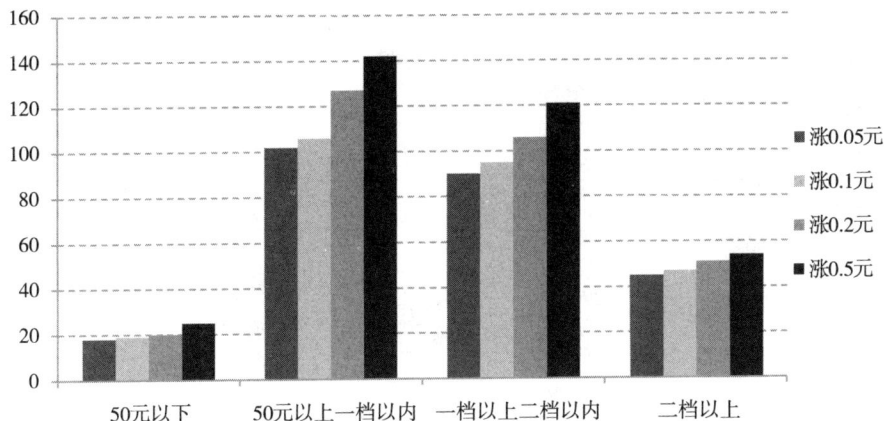

图 4-37 电价对不同用电档次居民节能产品购买倾向
改变的情况（节能产品贵 1000 元）

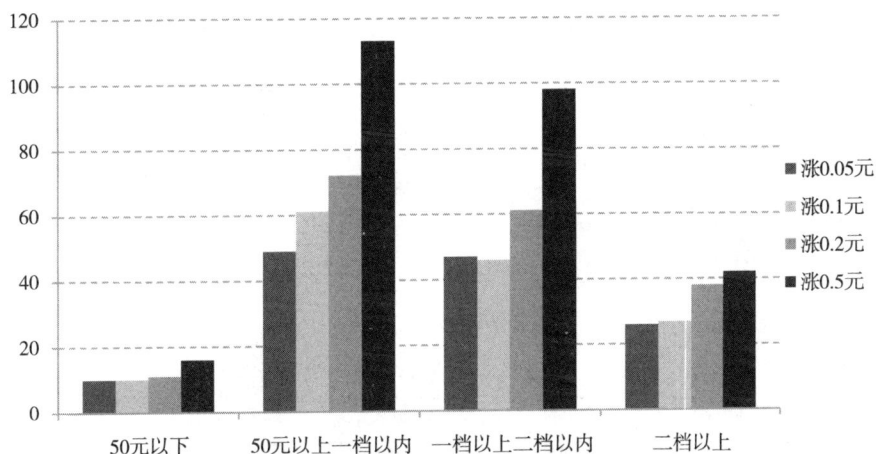

图 4-38 电价对不同用电档次居民节能产品购买
倾向改变的情况（节能产品贵 1500 元）

效的居民在随着电价变动和产品价格变动时，消费倾向改变较小，这说明节能
意识能够有效提高居民购买节能家电的主动性。

（四）节能补贴有效改变居民购买节能家电的消费倾向

下图分析了节能补贴对于居民购买节能家电消费倾向的改变情况，当电
价涨 0.05 元时，节能家电贵 1000 元，这时有 50% 左右的人不愿意购买节能家
电，而增加了节能补贴之后，有接近 40% 的人愿意购买节能家电。此倾向随

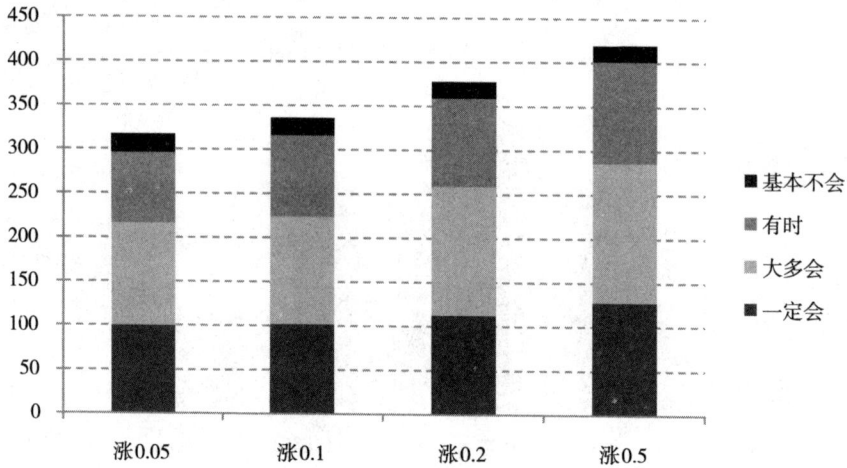

图 4-39　电价对不同节能意识居民节能产品购买
倾向改变的情况（节能产品贵 1000 元）

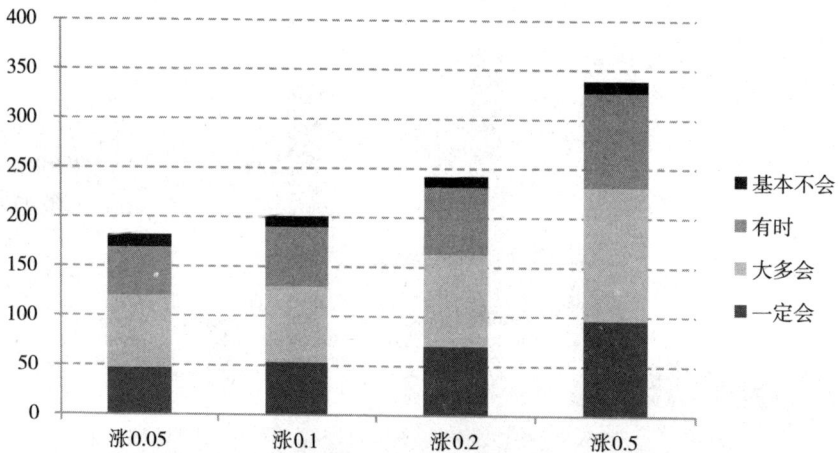

图 4-40　电价对不同节能意识居民节能产品购买
倾向改变的情况（节能产品贵 1500 元）

着电价的上涨更加明显，当电价涨幅为 0.5 元时，有 30% 左右的居民不愿意购买节能家电，而这些人在给予节能补贴之后，全部改变消费倾向。

下图可以更清晰的看出节能补贴对于改变居民对于节能产品购买倾向的影响，呈现明显的相关性，随着电价上涨，该影响更加显著，由电价上涨 0.05 元的 82% 达到 100%（电价上涨 0.5 元）。

节能补贴与电价调整相结合的方式将会有效促使居民改变购买节能家电

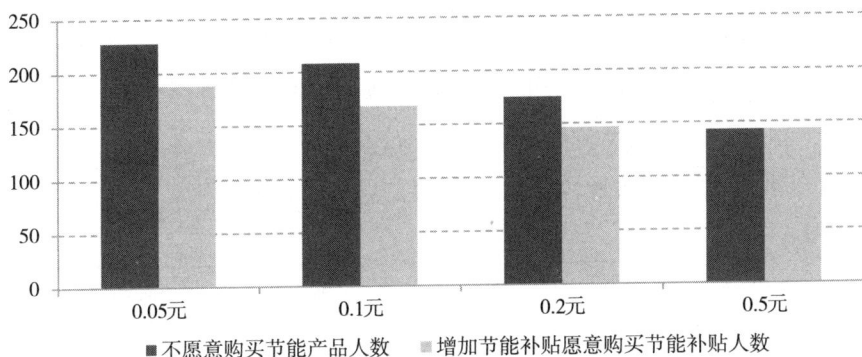

图 4-41　节能补贴对居民节能产品购买倾向改变的情况

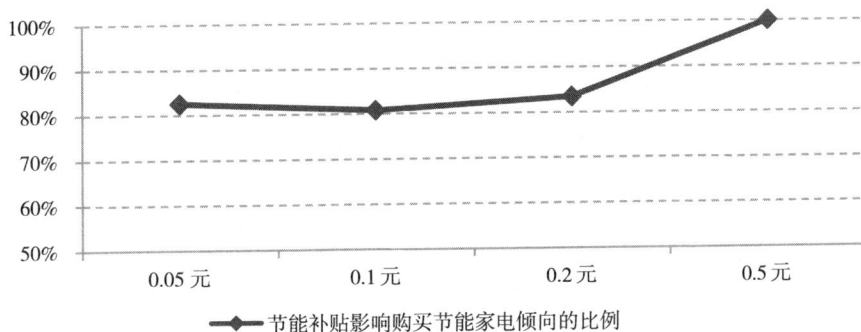

图 4-42　节能补贴对居民节能产品购买倾向改变的情况

的倾向,对于促使居民参与绿色生活具有明显作用。

（五）主要结论

问卷分析结果表明,居民在生活中普遍有节电意识,会主动关注节电的常识和途径,同时不同属性的居民对于用电量和家电产品的耗电情况具有较高的差别性,问卷调查的主要结论为:

1.居民收入水平的差异是用电倾向和节能产品购买意愿差别的主要原因

收入差别不仅仅由居民收入水平来反映,也可由其住房面积、用电档次等属性共同反映。收入较高的公众对用电量的控制是递减的,节电意识不断弱化,针对电价提高、节能家电产品价格变动的敏感性也较弱。从增加电费 0.1 元对各个收入层次的公众行为分析来看,随着收入水平提高,愿意减少用电量的倾向是在不断降低的。

居民对用电的刚性需求为满足生活所必需的用电需求,刚性需求较大的居民一般节电意识较强,但由于家庭结构、地区气候差异等原因,用电总量较高、应对电价变动敏感性较低,因此应充分保障居民的生活必需用电量,电价变动应同时保障低收入者、家庭人口较多的居民的经济福利水平。

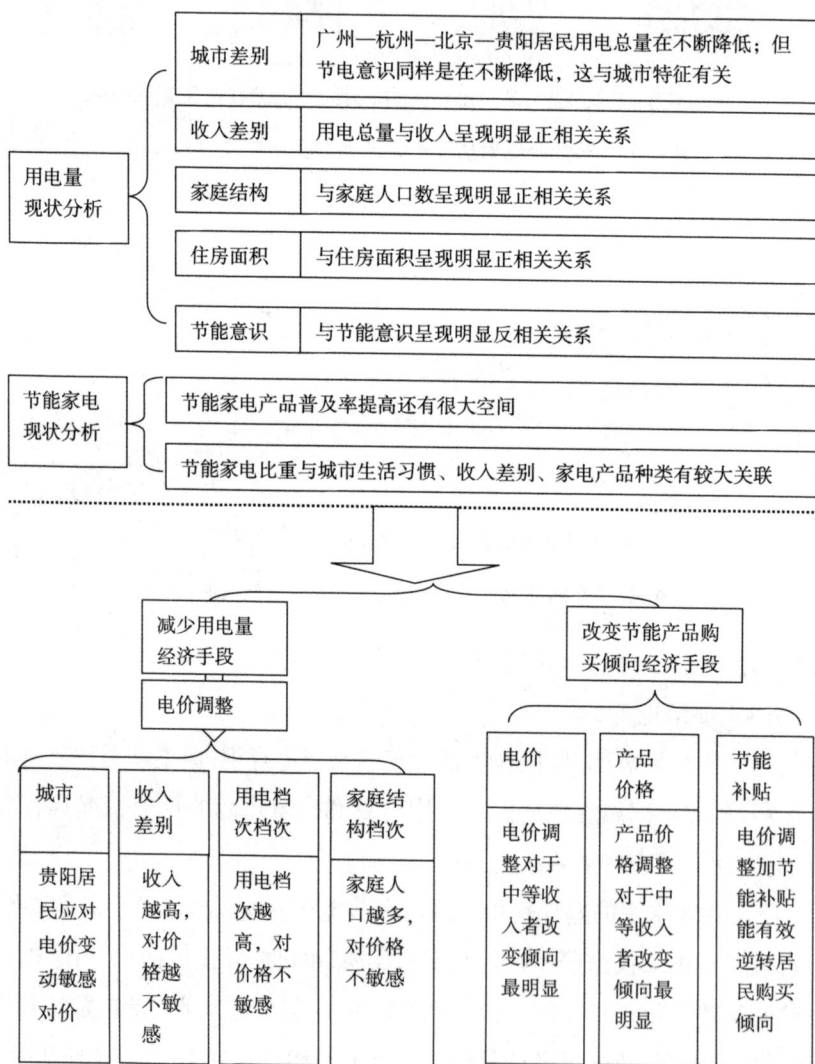

图 4-43 居民绿色生活现状及政策干预结果分析

2.经济手段是鼓励居民参与绿色生活的最有效手段

电价变动对于减少居民用电量有着明显的影响作用,尤其是中等和低收入群体。在电价变动幅度较大时,对高收入群体的影响开始变得显著。

针对改变居民购买节能家电的倾向来看,节能补贴对于改变居民的购买倾向有着重要的作用。此外,节能补贴与电价提高相结合,能有效提高居民购买节能家电的主动性。同样,居民购买节能产品的倾向与本身的收入、家庭人口等有着明显的相关关系,经济手段对于收入为中等的居民影响最大。

3.节能意识的提高有助于提高居民参与绿色生活

节电意识的研究也证实了节电意识越高,居民的月用电量越低,可见,提高居民的节电意识对于促使居民实践绿色生活具有重要作用。这一趋势在不同城市间差异更加明显。以上分析有利于针对不同属性的人群制定不同的措施,从而更有效地提高居民参与低碳发展的积极性。

四、小结

从公众参与低碳发展的两个主要方式:绿色出行和绿色生活来看,目前不同区域、不同属性的居民对低碳发展的参与程度和意愿差异显著。收入差异可以作为综合反映教育程度、工资水平等的指标,不同收入水平居民的低碳参与方式和程度具有明显差异。高收入居民对于低碳发展的参与程度较低,应对经济刺激的行为改变倾向不明显。低收入居民的节约意识强,在出行和生活中都能积极参与低碳行为,并且应对经济刺激的反应较大。

此外,经济手段相对于其他行政手段、宣传手段来说,可能会对促进居民公众参与低碳发展的程度具有更大的作用。不同居民应对石油价格变动、电价和节能产品价格变动的行为改变倾向显著。采用经济措施能更快地减少居民生活碳排放,促进低碳发展。

居民的节能意识对促进公众参与低碳发展作用也比较明显。通过调研发现,具备较高节能意识的居民,会在生活中减少能源使用、应对经济手段刺激时,能够更快地改变生活模式,来参与低碳发展。因此,政府和其他机构需要加强学校教育,加大宣传力度,并积极为推广低碳发展提供便利的基础设施等,保障居民参与低碳行为的积极性,促进低碳发展。

第四节　公众参与低碳发展的
低碳减排效果分析

本研究将以环境拓展型的投入产出模型为基础,结合居民公众参与低碳发展现状和政策响应情况,构建公众参与低碳发展的政策响应模型,分析政策冲击对居民生活用能和碳排放的作用和效果,从而用科学的方法来分析相应政策的环境经济影响。模型的构建理论以投入产出模型为基础,通过多目标线性规划方法来进行仿真模拟,从而精确预测未来发展趋势和影响。

一、公众参与低碳发展的政策响应模型构建

投入产出表是投入产出分析运用的基础。投入产出表按计量单位不同可分为实物型和价值型两种。实物型投入产出表主要包括中间产品和最终产品两部分。中间产品表示在确定时间内(通常以年度计)作为生产过程消耗使用的产品;最终产品表示本期不再返回生产过程的物质产品,它包括了本年内永远或暂时脱离了生产过程的实物产品,如用于人民生活和社会消费的消费品(永远脱离生产),或用于基建与储备的产品(暂时脱离生产),或用于出口的产品(脱离本国加工过程)。两部分相加,就是一定时期内各类产品的生产总量。

投入产出表三大部分相互连接,从总量和结构上全面、系统地反映了国民经济各部门从生产到使用这一完整过程的相互作用。投入产出表有以下行平衡关系、列平衡关系和总量平衡关系[1]。

其中,行平衡关系表示的是生产的产出平衡:

---

① Leontief, Wassily W. Input-Output Economics. 2nd ed., New York: Oxford University Press, 1986. Miller, R. E. and P. D. Blair. Input-Output Analysis: Foundations and Extensions, 2nd edition. Cambridge University Press, 2009.

中间使用+最终使用+其他＝总产出+流入

列平衡关系表示的是生产的投入平衡：

中间投入+增加值＝总投入

总量平衡关系表示的是生产部门总投入和总产出的平衡关系：

总投入＝总产出

每个部门的总投入＝该部门的总产出

中间投入合计＝中间使用合计

投入产出模型包括静态和动态两类，动态投入产出模型能够反映国民经济动态的增长和发展态势。动态投入产出模型通过投资系数阵（也叫资本系数阵）引入时间变化的动态概念，从而把投资需求同经济发展的现在和将来联系起来，使得模型更符合实际经济运行状态。

此外，在基本的投入产出模型之上，由于环境问题和经济发展的紧密联系，环境拓展性的投入产出模型也被广泛应用，该模型将环境中的物质流与经济生产和生活活动联系起来，能更充分地反应环境与经济之间的相互作用，促进可持续发展。

（一）公众参与低碳发展的政策响应模型框架

公众参与低碳发展的政策响应模型以投入产出模型的投入产出平衡为基础，针对不同的公众参与促进政策，根据调研结果确定政策对于居民生活用能的影响，从而测算政策对于二氧化碳减排的作用，以及对于经济发展的影响。

公众参与低碳发展的政策相应模型以 GDP 最大化为目标，分为三大模块：以投入产出平衡为基础的经济模块；以能源供需平衡为基础的能源模块；以二氧化碳排放为基础的碳排放模块。

碳排放的作用机制如下图所示。

生活碳排放是由居民生活中能源直接使用所产生的二氧化碳，包括家庭生活中所使用能源（主要包括电力和天然气），机动车所使用能源（汽油和柴油），能源燃烧所直接排放的二氧化碳。此外，生活消费作为影响产业生产的最重要原因，生活消费，包括生活能源消费会影响到产业生产活动，从而间接影响二氧化碳排放。本研究分析公众参与政策对于二氧化碳减排的作用，将从直接排放和间接排放两个方面进行综合分析。

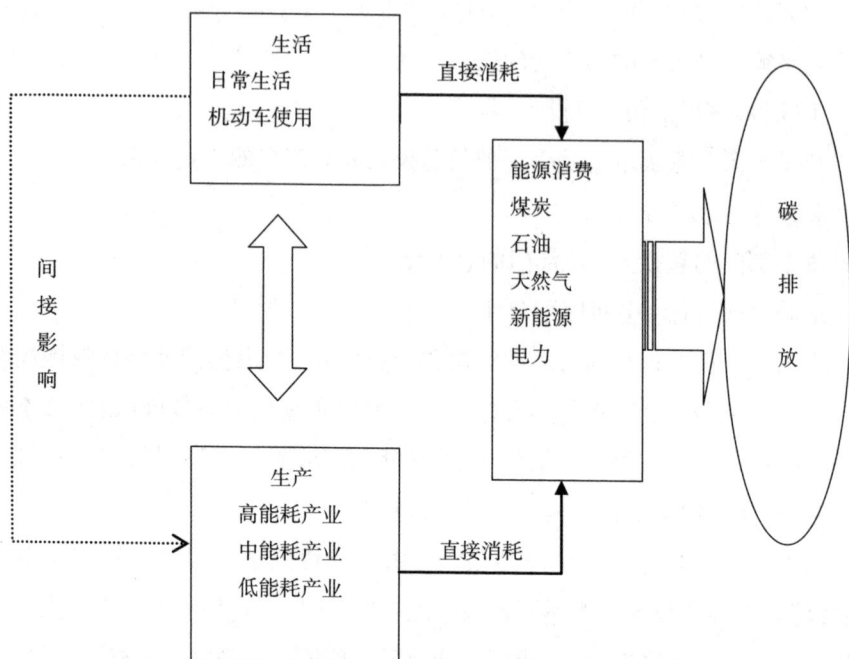

图 4-44　碳排放的排放机制

(二)能源消费函数

能源消费是产生二氧化碳的根源,因此本研究将能源相关产业从通常产业中细分出来,进而分析能源消费总和与能源消费结构改变对于碳排放的影响效果。能源消费需要满足供需平衡。

能源供给是由产业生产和居民生活消费对于能源的需求所决定,能源需求总量如下所示:

$$EDT(t) = \sum_{e} \left(\sum_{n} Ecn \cdot X_n^e(t) + e \cdot Ecr \cdot Z^e(t) \right)$$

式中:

$EDT(t)$:我国第 t 年的能源需求总量;

$X_n(t)$:n 行业第 t 年的总产值,其中 n 根据 2010 年全国投入产出延长表中的产业为基础;

e 是本研究所采用的 5 个以能源为基础的能源部门(e=1:煤炭;e=2:石油;e=3:天然气;e=4:电力;e=5:热力及其他);

Z:居民人口数;

Ecn:各行业的能源需求系数;

Ecr:居民的各能源需求系数。

能源需求系数是基于当前能源消费强度决定(亦即万元产值的能源消耗量和居民的人均能源消费量)。其中,生活能源需求系数会随着政策冲击有所改变,体现为能源消费量,亦即 e 的改变,具体影响可根据调查问卷结果进行测算。例如,由于居民节电意识的提高,使得居民的人均用电量减少,由此可影响人均能源消耗系数,进而影响能源消费总量。

(三)碳排放函数

依据《IPCC 清单指南》中提出的二氧化碳测算方法,以详细技术为基础的部门方法(自下而上方法)进行测算。基于分部门、分设备、分燃料品种的活动水平数据、各种燃料品种的单位发热量和含碳量以及消耗各种燃料的主要设备的碳氧化率等参数,通过逐层累加综合计算得到总排放量的方法。

二氧化碳排放来源于能源的燃烧和使用,能源消费服务于生活和生产,因此生活和生活行为是产生二氧化碳的根源。

计算 CO_2 排放量的公式如下:

排放量=排放因子×燃料消费量

本研究中所采用的碳排放测算公式如下:

$$CO_2(t) = \sum_{e=1}^{5} ce_e \cdot E_e(t)$$

式中:

CO_2:为二氧化碳排放总量;

ce_e:为各能源的碳排放因子;

e:为燃料类型,e＝1 煤炭,2 石油,3 天然气 4 电力 5 热力及其他;

E:为能源消费量;

t:为年度。

其中:燃料消费量以热值表示。

本研究侧重于分析居民生活中的节能行为对于碳减排的潜力,此潜力不仅包括直接减排影响,也包括由于居民生活能源消费的减少对于行业需求的影响。

居民参与低碳行为的间接影响可由投入产出分析中的完全消耗系数进行测算。

完全消耗系数揭示了部门之间的直接和间接的联系,它更全面更深刻地反映部门之间相互依存的数量关系。在国民经济各部门之间,各种产品在生产过程中除有直接的生产联系外,还有间接联系,这使得各种产品间的相互消耗除了直接消耗外,还有间接消耗。完全消耗系数则是这种直接消耗和间接消耗的全面反映。以炼钢消耗电力为例,生产钢需要直接消耗电力,还要消耗生铁、耐火材料等,而在生产生铁、耐火材料和其他所消耗的产品时又要消耗电力。这就是钢对电的第一次间接消耗。由于所有供消耗的产品都有可能消耗电力,依此类推,还有第二次、第三次以至无穷次的间接消耗。于是,钢对电力的直接消耗和无数次间接消耗之和,就构成了钢对电的完全消耗。

二氧化碳减排目标的达成,不仅需要提高产业用能效率、改善用能结构,居民生活碳排放也会直接影响碳排放,并能间接影响到产业生产,从而对低碳发展起到更为重要的作用。

(四)政策干预对居民碳减排的影响

根据投入产出模型,各部门的最终需求与投入之间存在如下关系:

$$Y = (I - A)X$$

$$X = (I - A) - 1 \cdot Y$$

式中:

X:为 Xn 部门列矩阵,

A:为投入系数(直接消耗系数 n×n 矩阵),

I:为单位矩阵(n×n 矩阵),

Y:最终需求(各部门最终需求列矩阵)

根据投入产出模型中的产出平衡,亦即行平衡,构建如下公式:

$$X_n(t) \geq A_{nn} \cdot X_n(t) + C_n(t) + G_n(t) + I_n(t) + e_n(t)$$

式中:$X_n(t)$:n 行业第 t 年的总产值(内生);

A_{nn}:投入系数,直接消耗系数,式中的第一项 a_{ij} 表示第 j 产品部门对第 i 产品部门的直接消耗量;

$C_n(t)$:第 t 年居民消费总额的列矩阵;

$G_n(t)$:第 t 年政府消费总额的列矩阵;

$I_n(t)$：第 t 年投资总额的列矩阵；

$e_n(t)$：第 t 年净出口的列矩阵。

最终需求，包括居民消费、政府消费、投资总额和净出口。居民消费的变化，会带来各行业最终需求的变化（亦即 Y 的变化），都会带来产业产值（X）的变化，由此所带来的效应可通过投入产出模型进行分析。

居民生活能源消费倾向的改变，将会直接影响居民对于能源产业的最终消费，进而还会对整个行业发展带来间接影响，居民生活能源消费对总体经济和碳排放的影响可通过间接消耗系数测算得出。在国民经济各部门之间，各种产品在生产过程中除有直接的生产联系外，还有间接联系，这使得各种产品间的相互消耗除了直接消耗外，还有间接消耗。完全消耗系数则是这种直接消耗和间接消耗的全面反映。

完全消耗系数矩阵可以在直接消耗系数矩阵的基础上计算得到，利用直接消耗系数矩阵计算完全消耗系数矩阵的公式为：

$B = (I - A)^{-1} - 1$

式中，B 为完全消耗系数矩阵，A 为直接消耗系数矩阵。

为测算由于居民节能行为所带来的间接碳减排效果，本研究采用投入产出模型进行测算，测算采用了投入产出模型的完全效应系数。当居民对于油品的最终需求（Y）发生变化时，居民对于能源行业（X）的最终需求将减少，但会间接影响到交通运输行业对能源行业（X）的需求的增加，由此减少总体能源消耗量，进而减少碳排放。

而由于居民对于汽油等油品的消费量降低，转向公共交通出行，将会使得交通运输部门的油品消耗量有所增加，因此对于居民出行的碳减排间接效果要从居民对于石油消费的间接影响与对交通运输部门的间接影响进行综合分析。居民对于石油行业的最终需求（Y）减少，而石油运输部门对于石油行业的需求（X）增加，石油行业的需求变化量由投入产出表中的需求系数所决定。

二、政策响应的参数测算

为验证政策相应对于能源的消费量之间相关性，并推出政策响应参数，本研究将调研得到的横截面数据采用回归模型进行分析。回归模型能够用来研究两个或多个变量之间的关系,利用 Stata 软件进行建模分析,得到不同的政策对能源消费量的影响参数。

（一）公众参与绿色出行的政策响应参数测算

公众对绿色出行的参与程度会影响到能源消耗和碳排放,因此政策对绿色出行的引导可以影响到能源使用。在问卷中,我们主要调查了采取公交车、地铁、步行、自行车、私家车、出租车等不同交通方式出行的人群,不同方式的燃料消耗系数,我们采用了海德堡能源与环境研究所根据 2005 年上海调研的燃料、里程、乘客人数计算得出结果如下:

表4-1　不同交通方式的燃料消耗系数

交通方式	燃料消耗系数（百万焦耳/人＊公里）
公交车	0.9
地铁	0.7
自行车/步行	0
私家车	3.3
出租车	3.8(不含司机)

数据来源:海德堡能源与环境研究所。①

在问卷调查中,研究对如何促进未采用公共交通出行的居民选择公共交通出行方式进行了不同政策的情景模拟分析,设计了(1)增加公交车密度,缩短居住地与公交站点距离;(2)增加车次,减少候车和换乘时间;(3)降低公共交通票价三种政策,每种政策又分为针对公交车和地铁两种情景,根据第三节第三部分的分析,降低票价的政策效果最小。因此接下来本研究主要考虑前两种政策对改变居民出行的能源消耗的影响。

表4-2　被调查者交通出行分担现状

	频率	有效百分比
公交	312	44.19%

---

① 海德堡能源与环境研究所:《中国交通:不同交通方式的能源消耗与排放》,2005 年。

续表

	频率	有效百分比
步行	87	12.32%
自行车/电动车/摩托车	102	14.45%
私家车	170	24.08%
出租车	35	4.96%
合计	706	100.00%

1.缩短居住地与公交车站点距离

居住地与公交站点距离改变,居民乘坐公交车的倾向就会改变,根据调查问卷,研究得出的居民出行方式改变情况。

表4-3　缩短居住地与公交车站点距离情境下居民响应

居住地与最近公交站点距离		20分钟	15分钟	10分钟	5分钟	3分钟
通勤方式新分类	公交	347	372	445	524	560
	步行　计数	80	74	64	52	42
	自行车/电动车/摩托车　计数	93	86	66	45	42
	私家车　计数	155	144	105	68	48
	出租车　计数	31	30	26	17	14
合计	计数	706	706	706	706	706

根据表4-3计算得出不同情境下能源消耗情况与现状的比值。

表4-4　缩短居住地与公交车站点距离情境下能源消耗情况

居住地与最近公交站点距离	20分钟	15分钟	10分钟	5分钟	3分钟
汽油消耗量较现状比例(%)	90.68%	84.90%	64.16%	41.64%	30.49%

由此,研究认为汽油消耗量与距离调整缩短量之间存在明显正相关关系,采用回归模型进行拟合,得到以下模型和参数:

交通能源消耗=原有耗油量×(0.235+0.037×公交站点距离缩短量)

2.缩短居住地与地铁站点距离

同样居住地与地铁站点距离改变,居民乘坐地铁的倾向也会改变,根据调查问卷,研究得出的居民出行方式改变情况。

表4-5 缩短居住地与地铁车站点距离情境下居民响应

地铁站点距离			20 分钟	15 分钟	10 分钟	5 分钟	3 分钟
通勤方式新分类	地铁		360	390	461	535	560
	步行	计数	77	74	62	53	47
	自行车/电动车/摩托车	计数	87	80	65	48	47
	私家车	计数	149	134	93	52	38
	出租车	计数	33	28	25	18	14
合计		计数	706	706	706	706	706

根据表4-5计算得出不同情境下能源消耗情况与现状的比值。

表4-6 缩短居住地与地铁站点距离情境下能源消耗情况

地铁站点距离	20 分钟	15 分钟	10 分钟	5 分钟	3 分钟
汽油消耗量较现状比例(%)	88.92%	79.05%	57.91%	34.58%	25.73%

由此,研究认为汽油消耗量与距离调整缩短量之间存在明显正相关关系:

交通能源消耗=原有能源消耗量×(0.164+0.039×地铁站点距离缩短量)

3.减少公交车候车与换乘时间

表4-7 减少公交车候车与换乘情境下居民响应

公交候车时间			20 分钟	15 分钟	10 分钟	5 分钟	3 分钟
通勤方式新分类	公交		325	345	413	510	562
	步行	计数	84	80	66	53	40
	自行车/电动车/摩托车	计数	99	91	74	51	42
	私家车	计数	165	159	125	69	47
	出租车	计数	33	31	28	23	15

续表

公交候车时间		20 分钟	15 分钟	10 分钟	5 分钟	3 分钟
合计	计数	706	706	706	706	706

根据表 4-7 计算得出不同情境下能源消耗情况与现状的比值。

表 4-8　减少公交车候车与换乘情境下能源消耗情况

公交候车时间	20 分钟	15 分钟	10 分钟	5 分钟	3 分钟
汽油消耗量较现状比例(%)	96.53%	92.58%	74.77%	45.40%	30.56%

由此,研究认为汽油消耗量与候车时间缩短量之间存在明显正相关关系:

交通能源消耗=原有能源消耗量×(0.259+0.040×公交候车时间缩短量)

4.减少地铁候车与换乘时间

表 4-9　减少地铁候车与换乘情境下居民响应

地铁候车时间			20 分钟	15 分钟	10 分钟	5 分钟	3 分钟
通勤方式新分类	地铁		330	353	427	521	563
	步行	计数	84	80	66	55	41
	自行车/电动车/摩托车	计数	97	86	73	51	46
	私家车	计数	162	155	113	60	42
	出租车	计数	33	32	27	19	14
合计		计数	706	706	706	706	706

根据表 4-9 计算得出不同情境下能源消耗情况与现状的比值。

表 4-10　减少地铁候车与换乘情境下能源消耗情况

地铁候车时间	20 分钟	15 分钟	10 分钟	5 分钟	3 分钟
汽油消耗量较现状比例(%)	95.10%	91.22%	68.52%	38.93%	27.64%

由此,研究认为汽油消耗量与候车时间缩短量之间存在明显正相关关系:

交通能源消耗=原有能源消耗量×(0.199+0.042×地铁候车时间缩短量)

根据测算结果,研究得到了公交出行引导政策对于居民出行的能源消耗系数,进而可转化为用能系数的调整。

(二)公众参与绿色生活的政策响应参数测算

公众参与绿色生活的方式主要是通过生活用电量的减少来实现,而用电量的减少可以通过节约用能实现,也可以通过购买节能家电等产品提高能源利用效率实现。

在问卷调查中,研究对如何减少居民生活用电量用经济政策手段进行了情景分析,主要是通过提高电价和调整节能产品价格两个方式来分析这两个经济手段对改变居民生活用电需求的影响。

问卷调查首先对电价调整对于电力消费量的影响进行了分析,电价调整对于改变居民生活用电量有着显著的作用。在此基础上,调整节能产品与普通产品之间的价格差距,得到了电价与节能产品价格调整相结合的不同情境下对于节能产品的消费系数,进而测算出能够减少的用电量。

1.电价对居民用电量的影响

电价变动,居民节能行为的倾向就会改变,根据调查问卷,研究得出的用电需求系数改变情况。

表4-11 居民应对电价变动的响应

	不变	减少10%	减少20%	减少30%	减少40%	减少50%
0.05元	444	130	49	13	1	1
0.1元	331	151	105	35	10	6
0.2元	217	168	130	85	25	13
0.5元	164	90	116	130	70	68

居民用电量=现有用电量×(不变居民比重+减少10%的居民比重(1-0.1)+减少20%的居民比重(1-0.2)+减少30%的居民比重(1-0.3)+减少40%的居民比重(1-0.4)+减少50%的居民比重(1-0.5))。

表 4-12　居民应对电价变动的用电量倾向改变情况

电价变动（元）	用电量较现状比例（%）
0	100
0.05	96
0.1	92
0.2	87
0.5	79

由此，研究认为用电量与电价调整之间存在明显负相关关系：

用电量=现有用电量×（0.976－0.397×电价变动额）

2.电价—节能产品购买倾向

节能产品价格会改变居民的购买倾向，在此基础上通过电价政策会促进居民购买倾向的转变：

表 4-13　居民应对电价和节能产品价格变动的节能产品消费倾向改变情况

电价上升（元）	1000+补贴	1000	1500
0	91%	47%	27%
0.05	93%	58%	34%
0.1	93%	62%	37%
0.2	95%	68%	44%
0.5	100%	75%	60%

一般认为，节能家电较普通家电节能在 10%—50% 之间，假设节能家电较普通产品节省 20% 的电力。测算节能产品的消费倾向改变，可以估算出用电量改变的情况。

问卷将节能产品与普通产品之间价格差距分为三个档次，贵 500—700 元（价格贵 1000 元，但增加节能补贴）、1000 元和 1500 元。

当节能产品较普通商品贵 1000 元，并加入补贴（假设为 300—500 元）：

节能产品购买量=家电产品购买量×（0.99×电价变动额）

家电用电量=原用电量×（1－0.99×电价变动额+0.99×0.8×电价变动

额)=原用电量×(1-0.99×0.2×电价变动额)

当节能产品较普通商品贵 1000 元：

节能产品购买量=家电产品购买量×(0.893×电价变动额)

家电用电量=原用电量×(1-0.893×0.2×电价变动额)

当节能产品较普通商品贵 1500 元：

节能产品购买量=家电产品购买量×(0.624×电价变动额)

家电用电量=原用电量×(1-0.624×0.2×电价变动额)

根据测算结果,可以看出节能产品价格的上涨,抑制居民对于节能产品的消费需求。尽管电价提高会促进居民购买节能家电,节能产品价格补贴仍非常必要。研究得到了电价调整和节能产品价格调整对于居民生活用电量的消费系数,进而可转化为用能系数的调整。

三、居民节能行为对低碳减排的直接影响

通过调研,我们得到了不同的政策激励情景下,居民对于生活用能的倾向改变情况,基于此结果,我们对现状情况下的直接碳减排效果进行了测算。

(一)节电行为的碳减排直接效果

问卷调查对居民应对电价上升和节能产品价格调整综合情况下的电力消费量改变倾向进行了访谈,得出了以下结果。

表 4-14　电价上升与节能产品价格调整对于居民用电量的改变情况

电价上升	1000+补贴	1000	1500
0	0.8180	0.9060	0.9460
0.05	0.7814	0.8486	0.8947
0.1	0.7489	0.8059	0.8519
0.2	0.7047	0.7517	0.7934
0.5	0.632	0.6715	0.6952

通过调研可以看出电价提高 0.5 元对节能的效果是最好的,并且节能补贴能够有效地促进居民购买节能产品,进一步提高用电效率,减少用电量。

但在此情景下,将会损害中低收入人群的利益,因为高收入人群应对价格变动的敏感度较低,价格提高一倍,中低收入人群的改变倾向最为明显。考虑到此,我们选择此情景下的用电量改变倾向对二氧化碳减排的效果进行分析。

2012 年,居民电力消费 6218.96 亿千瓦小时,折标准煤为 7643.1 万吨。我国电力生产结构以火电为主,占到 82.45%,2012 年中火力发电量为 38928.14 亿千瓦时,而电力行业消耗的煤炭总量为 175411.61 万吨。基于 2012 年的居民用电量和能源消耗量数据,我们对电价提高 0.2 元,以及对节能家电给予补贴的情景的碳减排效果进行了测算。

2010 年中国区域电网平均 CO_2 排放因子,约为 0.8 千克/千瓦时,由此可以测算出 2012 年居民电力消费所带来的碳排量为 49751.68 万吨,占 2012 年总碳排放量(按 2012 年碳排量为 80 亿吨进行计算)的 6.22%。若将电力价格提高 0.2 元,同时给予一定的节能家电补贴,能够减少 37%的居民用电量,从而带动 14925.5 万吨碳减排量,相当于总排放量的 2%。

(二)出行节能的碳减排直接效果

2012 年居民生活消费汽油量为 1666.52 万吨,柴油为 964.09 万吨,油品合计为 4291.57 万吨,折合标准煤为 6698.07 万吨。采用 IPCC 的能源碳排放系数。由此,可计算居民机动车消费油品所排放的碳排量为 13003.457 万吨。

此外交通运输、仓储和邮政业消费的汽油量为 3753.03 万吨,柴油为 10727.03 万吨,油品合计为 17714.9 万吨,合计 25868.58 万吨标煤,排放的二氧化碳量为 53676.147 万吨。

因此,由于机动车等交通运输部门对于石油的消费所带来的碳排放总额为 66679.60 万吨,占总碳排放量的 8.33%。此外,加上交通运输部门对于其他能源消耗所产生的二氧化碳,据测算由于机动车、交通运输部门所带来的碳排放约占总体碳排放的 10%左右。

表 4-15　公共交通设施条件改善对于居民汽油消费量的改变倾向

公交站点距离	20 分钟	15 分钟	10 分钟	5 分钟	3 分钟
汽油消耗量较现状比例(%)	90.68%	84.90%	64.16%	41.64%	30.49%

续表

地铁站点距离	20分钟	15分钟	10分钟	5分钟	3分钟
汽油消耗量较现状比例(%)	88.92%	79.05%	57.91%	34.58%	25.73%
公交候车时间	20分钟	15分钟	10分钟	5分钟	3分钟
汽油消耗量较现状比例(%)	96.53%	92.58%	74.77%	45.40%	30.56%
地铁候车时间	20分钟	15分钟	10分钟	5分钟	3分钟
汽油消耗量较现状比例(%)	95.10%	91.22%	68.52%	38.93%	27.64%

通过不同的政策干预,可以看出把站点距离和候车时间调整为10分钟会有明显的干预效果,按照平均值来算,实现当前汽油燃烧所带来的66.34%的减排效果,将会减少4383万吨的居民直接碳排放量。此外,由于居民对于交通运输部门的依赖度增高,会使得交通运输部门的能源消耗量有所增加,但由于交通运输部门效率比普通居民出行效率高很多(见表4-16),仅增加1125万吨的碳排放量,仍会带来较显著的机动车减排效果。

表4-16 居民不同出行方式的燃料消耗情况

交通方式	燃料消耗系数(百万焦耳/人×公里)
公交车	0.9
地铁	0.7
自行车/步行	0
私家车	3.3
出租车	3.8(不含司机)

来源:海德堡能源与环境研究所与中国国家发改委综合运输研究所合作.《中国交通:不同交通方式的能源消耗与排放》。根据2005年上海调研的燃料、里程、乘客人数计算得出。

四、居民节能行为对低碳减排的间接影响

依据投入产出表中对于完全消耗系数的计算,国民经济中一个部门对另一个部门的完全消耗系数由直接消耗系数进行计算,本研究根据完全消耗系数来测算由于居民终端能源消费的改变对于碳减排的间接影响效果。

$$Y = (I - A)X$$

$$X = (I - A)^{-1} \cdot Y$$

式中：

X：为 Xn 部门列矩阵

A：为投入系数（直接消耗系数 n×n 矩阵）

I：为单位矩阵（n×n 矩阵）

Y：最终需求（各部门最终需求列矩阵）

（一）节电行为的碳减排间接效果

当居民对于电力的最终需求（Y）发生变化时，将会间接影响到电力行业对能源行业（X）的需求，减少对于能源的投入，由此减少能源消耗量，进而减少碳排放。依据 2010 年投入产出表的完全消耗系数，我们对居民电力最终需求改变对能源行业的间接影响进行了测算，认为居民减少用电量会减少109712.4 万吨碳排放。

2010 年中国区域电网平均 CO_2 排放因子，约为 0.8 千克/千瓦时，由此可以测算出居民电力消费所带来的碳排量为 49751.68 万吨。若减排 37%，能减少 14925.5 万吨碳排放。根据公式，可测算出由于居民生活用电量降低能带来 109712.4 万吨碳排放，相当于 2012 年全年碳排放量的 13.71%。

（二）绿色出行的碳减排间接效果

当居民对于油品的最终需求（Y）发生变化时，居民对于能源行业（X）的最终需求将减少，但会间接影响到交通运输行业对能源行业（X）的需求的增加，由此减少总体能源消耗量，进而减少碳排放。

而由于居民对于汽油等油品的消费量降低，将会使得交通运输部门的油品消耗量有所增加，因此对于居民出行的碳减排间接效果要从居民对于石油消费的间接影响与对交通运输部门的间接影响进行综合分析。Y 中居民对于石油行业的最终需求减少，而石油运输部门对于石油行业的需求增加，石油行业的需求变化量由表 4-16 中的系数决定。

依据 2010 年投入产出表的完全消耗系数，我们对居民石油行业最终需求改变对能源行业的间接影响进行了测算，由于居民减少用油量会直接减少1167.97 万吨，从而带来 4383 万吨的直接碳减排效果。据间接消耗系数矩阵，可测算出由于居民生活用油量降低能带来 50667 万吨碳排放。此外交通运输业的油品碳排放增加 1861.36 万吨,由此可见居民绿色出行能够带来 11648 万吨的间接碳减排量,相当于 2012 年全年碳排放量的 1.45%。

五、小结

公众参与低碳发展不仅能够减少由于居民生活所带来的直接碳排放,更会因为居民对于能源消费量的减少,带动整个国民经济系统的能源消耗量减少,从而实现碳减排。根据投入产出分析中的完全消耗系数,我们对 2012 年居民生活中的节能行为的直接碳减排和间接碳减排效果进行了测算。

2012 年居民电力消费所带来的碳排量为 49751.68 万吨,占 2012 年总碳排放量(按 2012 年碳排量为 80 亿吨进行计算)的 6.22%。若在给予节能补贴、同时提高电价 0.2 元的情况下,居民的用电量能够减少 30%,从而减少 14925.5 万吨碳排放,相当于 2012 年碳总排放量的 2%。而由于居民用电量减少能够带动的间接减排效果可以达到 2012 年碳总排放量的 13.71%,对碳减排有着明显的效果。

依据 2010 年投入产出表的完全消耗系数,我们对居民石油行业最终需求改变对能源行业的间接影响进行测算,由于居民减少用油量会直接减少 1167.97 万吨,从而带来 875.48 万吨的直接碳减排效果。据间接消耗系数矩阵,可测算出由于居民生活用油量降低能带来 13509.3 万吨碳排放,此外交通运输业的油品碳排放增加 1861.36 万吨,由此可见居民绿色出行能够带来 11648 万吨的间接碳减排量,相当于 2012 年全年碳排放量的 1.45%。

通过对居民生活用电量和用油量倾向改变进行分析可知,当我们提高电价 0.2 元,同时将公共交通设施的便利性提高的话,居民生活节能行为能够为低碳减排带来重要的作用,直接减少约占总排放量 2% 的二氧化碳,同时能够间接减少约 14% 的碳排放量,对我国低碳社会建设具有重要作用。

第 五 章

低碳发展公众参与的总体目标、
总体战略及战略重点

　　基于当前我国低碳发展公众参与的现实状况,要推动和实践全民参与的低碳发展,离不开政府的引导和参与。因此,本研究从政府角度出发,着重探讨低碳发展公众参与的总体目标、总体战略和战略重点,以期为低碳发展公众参与的积极开展和深入落实提供思路。

　　首先,为解析低碳发展公众参与的总体目标,本研究将其具体化为法律、经济、文化、政治和社会等五个方面的内容,并将其分解为近期、中期和远期三个阶段性目标,以明确低碳发展公众参与从政府主导的意识提升,到法律、政策框架下的行为规范,再到最终实现政府与公众协调互动、全民自觉参与的发展过程。

　　在低碳发展公众参与总体目标的指引下,本研究进一步从经济、文化、法律、政治和社会等涉及的具体领域出发,提出利益激励战略、文化引导战略、立法保障战略、政治参与战略和社会协同战略等五大低碳发展公众参与总体战略,为具体落实低碳发展公众参与的总体目标提供了战略支撑。

　　最后,本研究还提出了加快公众参与法制建设、编制公众参与推动规划、创新经济利益激励途径、加大低碳宣传教育力度、倡导社会力量协同参与以及推动公众参与试点建设等六个方面的低碳发展公众参与战略重点,为具体落实低碳发展公众参与的总体目标和总体战略提供了战略途径。

第一节　总体目标

为实现全社会"参与低碳发展,践行低碳生活"的美好愿景,本研究提出中国低碳发展公众参与的总体目标是"法律体系完善、利益激励和文化引导手段丰富、政治参与渠道通畅、社会力量协同整合的全民互动的低碳发展公众参与"。具体目标包括:

一、近期(2015—2020 年)

政府主导的低碳发展公众参与意识提升阶段

本阶段主要以普及低碳发展理念,提升低碳发展公众参与意识为主要目标,充分发挥政府的主体优势,以政府力量为主导,通过经济、文化等激励和宣教手段,整合现有环境保护方面的社会组织和机构等各方力量,积极推动公众践行低碳生活,形成全民参与低碳发展的观念和意识。并注重低碳发展公众参与相关法律法规的建设,在全面推进依法治国的战略部署下,加快低碳发展公众参与的法治建设。

具体目标包括:(1)建立和完善实现低碳发展的市场化激励机制和政策体系,系统制定促进低碳发展的财税、补贴和金融等经济激励政策;(2)形成媒体宣传、舆论引导、科普教育、公益活动和专业培训等多渠道、多形式、多主体的低碳发展宣教活动全面开展、有序推进的良好局面,在全国主要城市开展低碳发展公众参与宣教活动,实现大多数主流媒体参与到低碳发展宣传之中;(3)公众的低碳生活常识得到普及,低碳发展意识逐步形成,低碳发展观念基本确立;(4)初步形成低碳发展公众参与的法律法规体系。

二、中期(2020—2030 年)

法律规范的低碳发展公众参与加速推进阶段

本阶段以低碳发展公众参与的法治建设为目标,全面确立低碳发展公众参与的法律法规体系,以法律规范公众参与低碳发展,通过社会道德体系和基本法律框架的建立,达到低碳参与意识融入基本行为规范、低碳参与行为准则纳入相关法律法规的低碳发展公众参与中期状态,形成公众践行低碳生活、企业实现低碳生产的低碳文化氛围。

具体目标包括:(1)经济激励手段更加多样化、常态化和精细化;(2)在义务教育阶段全面推行低碳教育,加强低碳普法教育,形成公众参与低碳发展的行为准则和道德标准;(3)发展壮大和全面繁荣低碳发展的社会组织和机构,确立社会组织在低碳发展公众参与中的主导地位,实现政府、社会组织、企业和民众的协调和合作,建立健全相关信息公开和绩效考核等制度;(4)全面建立低碳发展公众参与的法律法规体系,法律层面的权利和义务不断明确,并通过引导政府、企业、民众行为,建立低碳发展公众参与的社会秩序和长期制度。

三、远期(2030—2050 年)

公众全民自觉参与的低碳社会全面建立阶段

本阶段以最终实现全民参与、自觉低碳的低碳社会的全面建立为主要目标,通过政府、社会组织、企业和民众的良性互动,以法制建设和政治参与为主要途径,全面形成低碳生产生活的氛围和环境,实现低碳发展公众参与向自觉自愿的纵深化发展,进入低碳发展公众参与的高级阶段。

具体目标包括:(1)在经济、文化、法律等的激励、引导和规范下,形成政府、社会组织、企业和民众之间良性互动,在全社会达成低碳发展共识;(2)形成"官产学研"一体化的"公众参与"创新体系,在政府、社会组织、企业和民众间建立强有力的制衡和互动机制;(3)形成完备的低碳发展公众参与法治体系,使公众的知情权、参与权、选择权、决策权和监督权等得到保障,低碳发展相关立法、决策实现全程公众参与;(4)实现社会组织、企业和民众参与低碳问政的畅通和多元渠道,政治参与广泛开展,全面建立低碳社会。

第二节　低碳发展公众参与的总体战略

本研究以行为主体为研究对象,从主要涉及领域出发,结合作用机制与途径,提出以下五项低碳发展公众参与的总体战略①:利益激励战略——强调补贴、税收等经济手段的激励作用,激发公众自觉自愿参与低碳发展的积极性,调动市场力量,鼓励低碳生活;文化引导战略——通过媒体宣传、舆论引导、科普教育、专业培训、公益活动、榜样示范等多种途径,引导公众树立低碳意识,培育低碳文化;立法保障战略——以法律、法规的强制性明确公众参与低碳发展的权利、范围、形式和程序等问题,约束高碳行为,建立长效机制;政治参与战略——在低碳发展相关政策的制定过程中引入政治参与,从参与内容、参与主体、参与渠道和参与保障等方面入手,发挥专家作用,完善决策机制;社会协同战略——重视 NGO 作用,加大对 NGO 的培育和扶持力度,搭建政府与公众的沟通渠道,提倡社会监督,发挥社会力量。

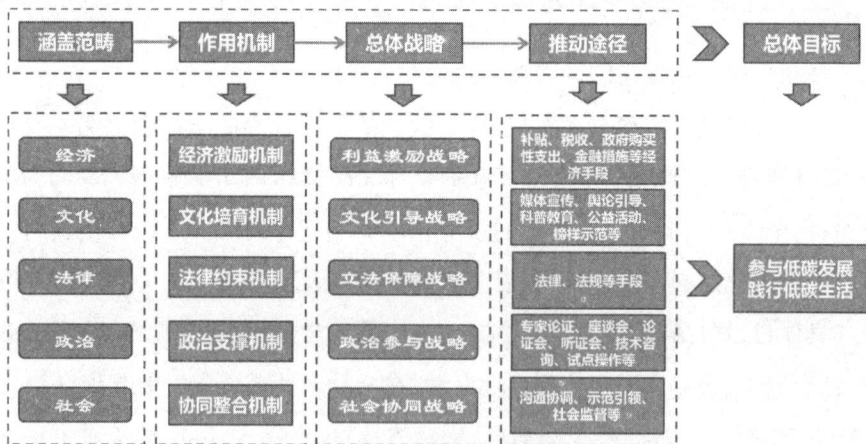

图 5-1　低碳发展公众参与总体战略框架

---

① 李国平、陈曦:《中国低碳发展公众参与的五大战略》,《中州学刊》2014 年第 12 期。

一、利益激励战略

利益激励是低碳发展公众参与最为直接的驱动力。经济利益能够使社会参与主体以其认为对自身最为有利的方式对某种刺激做出自发反应。在市场经济环境下,经济手段通常是最为有效、用途较广的激励方式之一。引入市场化的激励机制,通过税收、补贴等手段激发公众自觉自愿参与低碳发展的积极性,培养公众践行和参与低碳发展的主角意识,是低碳发展公众参与总体战略中不可或缺的一部分。

随着社会经济的不断发展,生态破坏、环境污染等问题日益严重,人们对于经济发展的"外部不经济性"愈发敏感,碳排放所导致的一系列环境问题也逐步得到公众的关注。在低碳发展公众参与过程中,由于"外部不经济性"的存在,参与者的利益不能得到有效的保障,损害他人利益的行为也没有得到相应的处罚或制裁,在一定程度上影响了公众践行低碳生活的热情,阻碍了公众参与低碳发展的积极性。因此,如何解决"外部不经济性"已经成为当前低碳发展的重大问题之一。在各国探索过程中,经济激励机制不失为一种合理有效的解决手段。

利益激励战略意在调动市场力量,以经济手段平衡公众参与低碳发展的额外经济开销和物质享受损失,从而帮助公众建立低碳行为和经济利益的平衡。以经济手段对低碳发展参与者的低碳行为做出适当的奖励和补偿,将物质激励和精神激励相结合,针对不同行为主体提出不同的激励机制。与此同时,也应从经济约束的角度出发,适当考虑负向激励作用,针对"高碳"行为和"高碳"生活方式实行一定的处罚和制裁,通过经济手段和市场机制的调节和控制,鼓励公众践行低碳发展。

通过经济利益手段激励公众参与低碳发展应遵循以下基本原则:第一,效率与公平相结合,消除公众在参与低碳发展实践活动中的抵触情绪,形成和谐的社会关系,为低碳发展提供良好的公众基础;第二,市场与政府相结合,一味的引入市场机制可能会导致"市场失灵",适当加入政府的宏观调控,把握经济激励手段的有效运行;第三,制度与技术相结合,在制定利益激励战略的同时,不能够忽略技术水平,低碳发展的先决条件是低碳技术,只有应时应地的考虑目前的低碳技术才能够建立适当的公众参与制度。

在兼顾上述基本原则的基础上，考虑我国低碳发展的实际情况，合理选择激励途径。首先，通过财政补贴的形式，一方面从投资、生产层面鼓励企业进行低碳生产，降低成本，提高企业的经济效益，另一方面在消费层面对普通公众的低碳消费和购买行为予以补贴，促进个人生活方式的低碳化；其次，通过税(费)收政策的调整，强制征收碳排放税(费)，加强碳排放有关税种和相关费用的惩罚功能，并减免个人和企业与低碳行为有关的税(费)种，促进企业选择低碳技术生产，公众选择低碳生活方式，引导其自觉转向低碳生产及生活方式；第三，提升政府在绿色低碳方面的购买性支出，增加节能减排设施建设投入及相关科技研发投资，加大低碳购买行为，影响消费者和企业的决策方向；第四，低碳指向的金融措施，通过低息或免息贷款，降低生产成本，鼓励消费，保证公众的低碳生产生活需求。

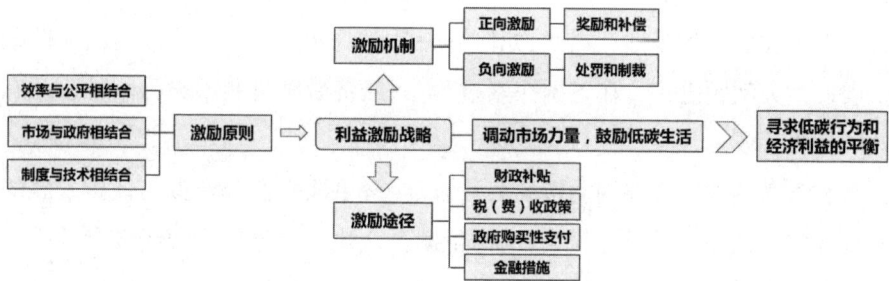

图5-2　利益激励战略框架图

二、文化引导战略

道德修养及文化内涵是一个社会健康运行的基石。如何引导公众形成低碳文化和低碳理念，用低碳发展的价值观念引领个人生活、生产等社会生活的诸多层面，是低碳发展公众参与的重要领域。培养公众的低碳意识、常识以及各种必要技能，使公众能够有意识、有能力参与到低碳发展的实践活动之中，提升其积极参与的愿望，最终才能在全社会形成低碳发展的道德文化及价值观念。

低碳发展不仅需要技术、资金及制度的保障，更需要社会文化的培育，低碳发展归根结底是公众参与的经济社会发展模式。低碳发展的各个层面的活动都属于人的行为，人的行为必然会受到价值观、思想意识、行为习惯、习俗、教育背景等文化层面的因素决定，因此可以说，构建低碳文化体系是低碳发展公众参与的基本点之一。首先，在价值取向上，崇尚低碳绿色价值观，从根本上引导公众走低碳环保的发展之路；其次，在生存态度上，认同低碳环保，树立不损害生态环境以及他人生态利益的生活观念；最后，在行为方式上，推行适度消费，坚持理性的消费行为方式，身体力行落实低碳行动。

文化引导内涵丰富，寓意广泛。本着丰富性、和谐性、主体性和针对性原则，通过发展低碳文化，引导公众全面、深入的参与到低碳发展实践的各个领域。第一，发挥文化导向功能，引领公众形成低碳文化氛围，使公众有序地参与到低碳发展的实践活动之中；第二，形成低碳发展共识，凝聚公众力量，建立统一的低碳发展目标；第三，建立低碳道德准则，发挥文化约束功能，弥补法律法规的不足；第四，拓展文化带动作用，丰富低碳文化载体种类，增强低碳文化的感染力及传播能力。

在文化引导战略中，通过媒体宣传、舆论引导、科普教育和公益活动等方式和途径，在全社会树立低碳生产和低碳生活的价值观念，将绿色环保和低碳发展等理念融入构建和谐社会、实现生态文明的价值体系中。从政府、非政府组织（NGO）和学术机构等开始，在倡导低碳发展理念和推广低碳行为方式的同时，注重引导公众参与低碳宣传，通过多元畅通的渠道，让更多个体和组织由低碳宣传对象变为主体，最终实现人人践行低碳发展，人人参与低碳宣传的公众参与目标。具体来说，充分发挥报刊、杂志、广播、电视等传统媒体以及互联网、移动网络等新媒体的宣传作用；结合义务教育、科普讲座和学术论坛等，不断强化公众对低碳发展的认可程度；积极开展形式丰富、寓教于乐的公益宣传活动，吸引更多公众参与到低碳发展之中。

三、立法保障战略

民主社会，法制先行。法律是公众的行为规范，既给予公众充分行使权利和自由的空间，也规定了公众的义务，对公众的违法行为进行惩处，为公众的行为设立边界，并利用权利义务关系对公众间关系进行协调。在低碳发展公

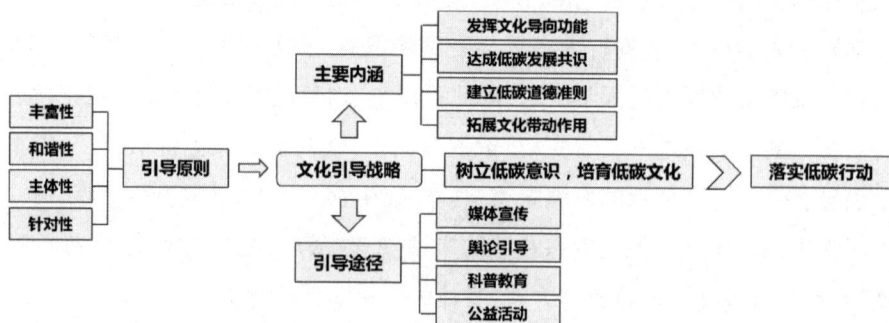

图 5-3　文化引导战略框架图

众参与中,法律发挥着不可替代的思想引领、行为约束、权益保障作用,是规范公众参与方式和实现有序参与的保证,是制定与低碳相关政策和规划的基础。

目前,我国还没有专门针对公众参与低碳发展的法律体系,现行的公众参与立法主要涉及公众环境保护听证制度与环境影响评价制度,如 2004 年审议通过的《环境保护行政许可听证暂行办法》[①],规定对特定项目和规划实行公众环境保护听证制度,但具体可操作性有待提高,对于公众参与的具体方式、参与机制、参与效力等保障手段规定得不太具体,现实中又存在着一些影响公众参与的障碍,影响到公众的积极性和公众参与的实施效果。因此,有必要从法律制度上保障公众参与低碳事业。

法律是评价公众行为是否合法的标准,能够影响人们的价值观念和是非选择,从而达到指引人们行为的效果;法律通过自身的存在及运作实施,能够产生广泛的社会影响,从而督促、引导、教育人们弃恶从善、正当行为。将践行低碳理念、参与低碳发展作为公众的义务予以规定,可借助法律的强制手段扭转公众对低碳理念接受不足的局面,使人们认识到在践行低碳的生活方式上没有其他选择,树立"高碳违法"的意识,从而推动形成全社会对低碳发展的认可与实践。与低碳义务相对应,赋予公众充分的权利,包括知情权、参与权、诉讼权、赔偿权、表达权、监督权、批评权、建议权、受教育权和结社权等,给予公众表达利益诉求、获取低碳信息及教育的途径,促使政府的决策和治理活动

---

① 国家环境保护总局:《环境保护行政许可听证暂行办法》(环发[2004]22 号)。

由封闭走向公开,形成对公共权力的有效制约,提高行政决策的科学性和正当性。

通过制定相关法律能够明确公众参与低碳发展的基本权利和义务,法制宣传能够促进公众形成基本的低碳理念,引导公众养成低碳的生活方式。在法律的基础上制定的低碳发展规划和政策,更加具体明确地展现政府推动低碳发展的意图和措施,为公众参与低碳发展提供更为清晰的指导。

立法的根本目的在于使公众参与有法可依,应坚持民主、公开、权利义务相对应和可操作性的原则。民主原则是指通过法律手段推动公众参与,应当尊重群众的主体性地位,将公众定位为低碳发展的根本推动力,通过法律赋予公众及其团体在法律上的地位,奠定公众参与低碳环保事业的法律基础。公开原则是指在立法的全过程充分赋予公众及其团体审议法案,提出批评、意见和建议的监督权,设立公众监督低碳立法的奖励制度,并组织公众宣传、讨论立法方向和内容,为公众提供更加丰富、可行的监督、反馈渠道,鼓励公众参与低碳立法。权利义务相对应原则是指公众的参与权利以公众履行法定低碳义务为基础,促使全民自觉形成履行低碳义务的意识。可操作性原则是指立法内容上应具体规定公众参与低碳发展的事项,如时间、形式、领域等,并通过程序保障对实体权利进行落实。

立法保障战略的实施应借鉴环境保护领域立法保障公众参与的经验和教训,通过修订现有相关法律,加强低碳发展公众参与的相关法律制度建设。立法机关应向公众公开低碳立法规划、立法计划及法律草案条款,并对公众的意见和建议进行反馈;在肯定公众参与低碳发展的基础上,建设低碳环保的公益诉讼制度,赋予公众对阻碍低碳发展、侵害公众利益等行为提起诉讼的权利;当公众在低碳相关权益受到侵害时,通过司法或行政的手段,保障权利的行使。通过上述手段的实施,最终实现公众参与由法律强制向公众自觉的过渡,利用低碳理念重新塑造公众的价值观。

四、政治参与战略

政治参与战略的重点在于参与低碳发展相关政策的制定。低碳发展相关

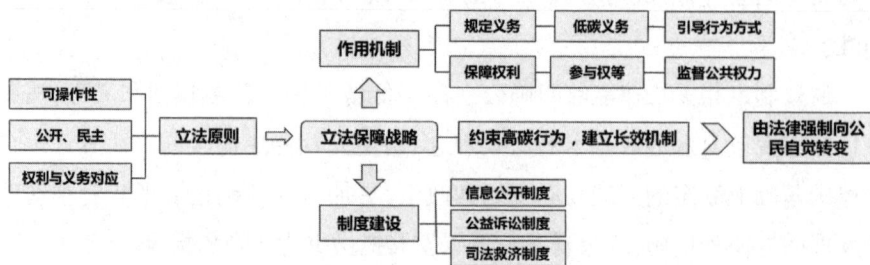

图 5-4　立法保障战略框架图

政策是参与低碳发展、践行低碳生活的重要载体,因此,低碳发展相关政策的制定是参与低碳发展、践行低碳生活的重要前提和关键环节。低碳发展相关政策制定过程中的政治参与不仅有利于提高政策的民主性和科学性,还有利于提高政策质量和政策可接受性,推动政策顺利、有效地执行。

政治参与战略的推进需要构建公众的政治参与机制。政治参与机制主要包括参与主体、参与内容、参与途径和参与保障四个维度的内容,并与政治参与的内涵(即"谁参与"、"参与什么"、"如何参与")相契合,始终贯穿公共决策分析的全过程。

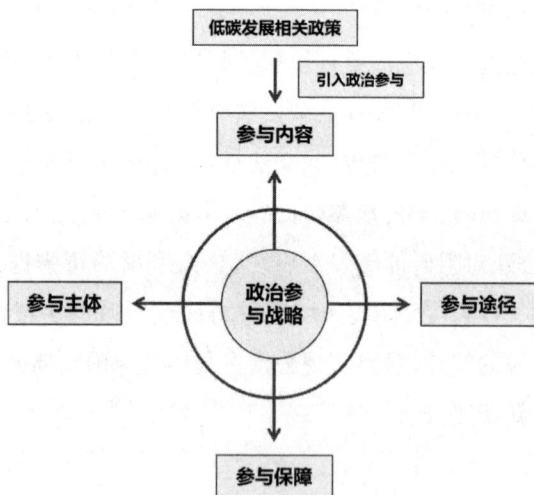

图 5-5　政治参与战略参与机制示意图

第一,参与内容。低碳发展政治参与的内容主要是低碳发展相关政策的制定。在国内需求和国际压力的双重推动下,我国已明确将低碳发展作为国家战略,并在"十一五"时期初步建立了低碳政策框架,这些政策措施在"十二五"期间,得到继承、发展和创新。为优化能源结构,国务院制定了促进可再生能源和核能发展的中长期规划,形成了由产业发展、投资、价格、税收等内容组成的政策框架,扩大了非化石能源的应用规模。节能政策体系以约束性节能目标、节能目标分解以及节能目标责任制实施(包括统计监测考核)为核心,制定了一系列的政策,以指导具体的节能行动。在碳汇政策方面,要大力发展农业、林业和草原碳汇,以增加其固碳能力。

第二,参与主体。参与主体是指"谁参与"的问题。政治参与的主体是公民,具体指具有共同利益取向的社会个体和群体的集合,具体包括公共管理者、专家学者、媒体、企业、社区、社团组织等。由上述政策内容可知,低碳发展相关政策具有高度的专业性和复杂性。鉴于参与内容的限定性,在低碳发展政治参与领域,普通公众参与政策制定的可能性和可行性较小,而相关专家学者参与政策制定则是可行的,也是必要的。因此,在当前阶段,我国低碳发展政治参与的主要主体是专家学者。

专家学者不仅是专业知识和科学研究方法的拥有者,他们对事实性、技术性问题具有更为精确的、客观的分析,他们的参与无疑会提高低碳相关决策的科学性和可行性。不过,如同"市场失灵"和"政府失灵"一样,专家也存在自身专业的局限性,因此,发挥专家学者在低碳发展决策中的作用,一方面要有鼓励和激励机制,另一方面也要防范和避免其在决策制定过程中易出现的专家专制和越位等问题。

第三,参与途径。参与渠道涉及的是"如何参与"的问题。对于一般的社会参与而言,理论和实践中的参与渠道多种多样。然而,由参与内容和参与主体决定低碳发展的参与渠道主要适合于专家学者。当前,专家论证、座谈会、论证会、听证会、技术咨询、试点操作等手段已在政策决策过程中得到运用。针对目前低碳发展政策制定和执行中存在的问题,要继续并更好地发挥专家学者的作用,就要提高具体参与途径的可选择性、可达性和畅通性,并鼓励和激发实践中的参与模式创新。

第四,参与保障。政治参与理念的实现,需要一系列制度和非制度要素的支持和保障。参与保障是政治参与的外在环境,是政治参与顺利进行的前提。社会参与的顺利进行和有效实现,依赖于参与的基础性保障。参与的基础性制度、程序性制度和支持性要素构建了六类保障:制度保障、组织保障、程序保障、资金保障、人才保障和技术保障等①。它们共同构成了政治参与的保障体系,将政治参与所依赖的社会要素、制度要素、技术和资源要素结合起来,从而为低碳发展相关政策的制定提供更丰富的理性化和正当化资源。

虽然应对气候变化、低碳发展议题出现在政府政策议程中的时间较短,专门针对低碳发展公众参与的政策文件很少,但与之密切相关的环境保护领域则有较多相关规定。

表 5-1　低碳发展公众参与相关政策一览表

类别	政策名称	政策制定与决策	信息公开与政策监督
公众参与的基础政策	《全面推进依法行政实施纲要》(2004)	√	
	《中华人民共和国政府信息公开条例》(2007)		√
	《国务院关于加强法治政府建设的意见》(2010)	√	
环境保护领域相关政策	《中华人民共和国环境保护法》(1989)	√	
	《国务院关于环境保护若干问题的决定》(1996)	√	√
	《中华人民共和国大气污染防治法》(2000)	√	
	《中华人民共和国环境影响评价法》(2004)	√	
	《环境影响评价公众参与暂行办法》(2006)	√	
	《环境信息公开办法(试行)》(2008)		√
	《关于培育引导环保社会组织有序发展的指导意见》(2010)	√	
低碳发展领域政策	《中国应对气候变化国家方案》(2007)	√	√
	《节能减排全民行动实施方案》(2007)		√
	《节约能源法》(2007)		√

上述鼓励政治参与的制度基础是低碳发展政治参与顺利进行的前提。然

---

① 刘红岩:《公民参与的有效决策模型再探讨》,《中国行政管理》2014 年第 1 期。

而,这些制度基础对于支持低碳发展领域的政治参与,尤其是专家参与是远远不够的。若要进一步提高低碳发展相关政策的科学性和民主性,提高政策质量和政策可操作性,使政策顺利执行并实现政策目标,就要进一步完善专家学者参与低碳发展相关政策制定的制度、组织、程序、资金、人才和技术等保障措施。

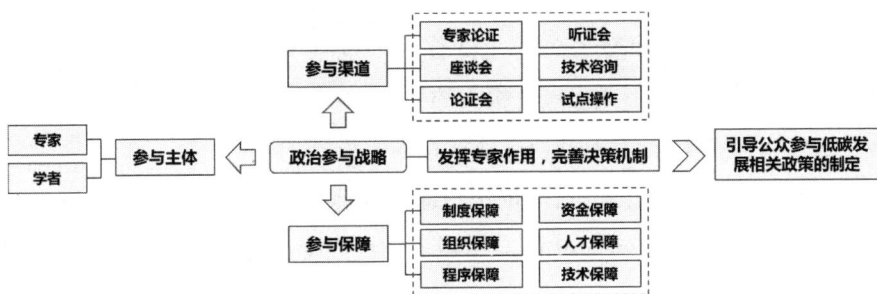

图 5-6 政治参与战略框架图

五、社会协同战略

随着社会的发展,社会管理的主体日益多元化。在低碳发展进程中,只有政府、企业、公众、媒体、专家学者、NGO 等多主体通力合作、协同一致,才能够实现公共管理事务效益最大化,实现公共资源的整合和优势互补,达到"共赢"的目的。同时,低碳发展是一个系统化的动态过程,参与对象具有广泛性,社会组织不断分化、衍生,利益结构不断调整,传统的权力集中、单线运行的社会管理方式难以满足低碳发展的需求。因此,社会力量的参与和政府部门的引导是推进低碳发展两个相辅相成的方面。在市场机制难以自动形成推动低碳发展的动力时,政府和社会应分别发挥各自的作用,改变以往政府承担所有责任的传统管理方式,走出一条由政府主导的、遵循市场规律的、拥有广泛公众参与的低碳发展道路。

在各种社会力量中,NGO 具备推动公众参与、维护公众权利的专业能力和人才队伍,是连接政府决策与民意之间的桥梁和纽带,是低碳事业发展的重要力量。在践行低碳发展公众参与理念的过程中,NGO 对公众参与的推动作用主要体现为三个层次:第一,通过宣传普及、教育培训、组织活动等途径提高公众在低碳发展中的主体意识,影响、带动公众形成低碳理念,为公众的低碳生活方式提供示范;第二,作为公众利益的代言人,从公益的角度出发采取行动,承担公众与政府部门的沟通和协商职责,实现公众与政府的互动,推动政府做出有利于公众参与和低碳发展的决策,并提供多样化社会服务;第三,作为独立主体为公众和政府提供第三方视角的调研报告和议案,通过提供服务与智力决策拓展公共空间,优化其他社会力量和公众参与低碳发展的平台,提供社会监督。此外,NGO 在发挥上述作用的过程中,还具有灵活、高效的特点,在组织结构、活动形式上具有很大的弹性,可以根据不同的条件、情况灵活调整工作布局和步骤,具有政府无法比拟的优势。

按照"积极扶持,深化合作,依法管理"的原则,在低碳发展中引入以 NGO 为代表的社会力量,重新认识 NGO 等社会组织在促进低碳发展公众参与中的作用,增强对其的信任和扶植,为 NGO 的发展创造更大的空间,开发其潜在的社会协同资源。首先,积极建设各种公共服务平台,进一步完善社会管理多元化架构,充分发挥各种社会组织、各方社会力量的协同、互补作用,通过整合政府和媒体、NGO、专家学者等社会力量,建立健全信息发布、民意表达、绩效评估、奖惩问责机制,赋予公众参与低碳发展的制度化渠道,为低碳的公众参与营造全社会共同关注的氛围和良好的制度环境。其次,倡导社会监督,保障公众对低碳发展的知情权、参与权与监督权,促进低碳行政执法人员依法履行职责,提高低碳管理的质量和效率,通过社会监督活动提升公众对政府部门决策的参与热情,提高社会主体表达利益诉求、就公共事务进行协商谈判的能力,推动公众意识的觉醒和公众社会的建立,打造有利于公众参与低碳发展的社

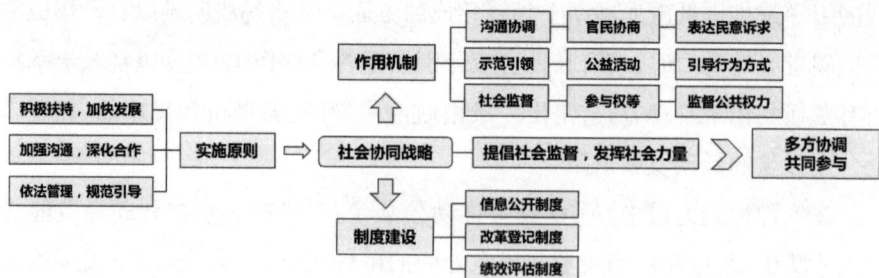

图 5-7　社会协同战略框架图

会软环境,促进经济社会进步与低碳发展互惠共赢。最后,通过职能转移、放松管制、能力建设、财政支持、购买服务等方式培育和促进 NGO 的发展,给予其更大的发展空间,并积极与其开展合作。

第三节　低碳发展公众参与的战略重点

在低碳发展公众参与的总体目标和总体战略的指导下,有序推进、全面落实低碳发展公众参与,需要从加快公众参与法制建设、编制公众参与推动规划、创新经济利益激励途径、加大低碳宣传教育力度、倡导社会力量协同参与以及推动公众参与试点建设等六个方面着手。

一、加快公众参与法制建设

公众参与国家和社会管理事务、对国家机关进行监督的权利在宪法中得到了确认和保护。以法律为基础,加快低碳发展公众参与的法制建设,从根本上确立低碳发展公众参与的法律地位,并通过立法将公众参与权具体化和制度化,明确公众在低碳发展中的责任和义务。

（一）法律框架

顶层设计,搭建框架。低碳发展公众参与涉及经济社会发展的多个方面,目前,我国尚未对低碳发展进行整体立法,可行的方法是国家先行完成顶层设计,修改和完善公众参与的法律框架,制定国家对低碳发展公众参与的指导意见。此后,再依据低碳发展公众参与实践,制定并出台相应法律,引导和约束公众参与低碳发展的行为。

自下而上,整合立法。结合《环境影响评价公众参与暂行办法》等法律的制定与实施经验,逐步将公众参与涉及的领域扩展到特定建设项目和规划的环境评价之外的更多领域,并制定出台相应的工作方案、管理办法及配套规定。在公众参与涉及的基本领域的基础上,将公众参与在低碳发展中的法规和规章整合进应对气候变化立法的相关章节。

（二）义务和权利

设置义务，引导低碳。将公众参与低碳发展定义为公众的一项基本义务，在法律中予以明确和具体的规定，为公众履行义务提供便利和条件，并针对拒不履行低碳义务的行为制定相应制裁措施，引导公众回避"高碳"的生活方式。

建立标准，法规指导。研究制定公众生活、企业生产的碳排放核算标准，进一步完善个人、群体及企事业单位等的碳税及碳交易制度。在国家层面出台公众低碳生活指导方案，对各级政府在推动公众参与中的职责予以规定，各地区有关部门可参照其制定本地区公众参与指导意见和地方法规。此外，还要注重相关法律法规的宣传和教育，将公众履行低碳义务的强制性行为逐步转变为注重低碳、减少碳排放的自觉行为。

与低碳义务对应，法律应承认公众的生存发展权，给予公众知情权、参与权和监督权等相关权利，并设计制定相应的保障制度。首先，明确各种权利的主客体、适用范围和适用情况等细则，在现有法律体系中加入低碳参与权等特有内容。其次，公众可以通过合法的渠道获得政府低碳决策的制定计划，依法选举专门的公众代表，参与低碳发展相关决策和法律的制定、执行和反馈过程，全程实施监督。公众个人和社会团体等还可以通过公众代表依法享有提出批评、意见和建议的权利，政府必须对其进行及时合理的回应。

（三）制度建设

政府在引导公众参与低碳发展的过程中，应在完成立法、有法可依的基础上，完善公众有序参与机制，提高公众参与的有效性。

第一，建立健全政府信息公开制度。公众可以通过政府发布会、媒体、网络等多种渠道了解和获取低碳相关信息，包括低碳行动计划、碳排放标准、低碳工作报告等，既帮助公众形成低碳行为参照，指引公众学习低碳榜样，又可以督促政府行使管理职能、企业履行减排义务。政府及相关部门可以定期或不定期举行听证会、审议会等，并设立24小时举报电话、举报信箱，建立信访接待，设立和维护网络论坛等。

第二，建立公益诉讼制度，扩大低碳诉讼主体。借鉴国际经验，放宽对诉讼主体资格的限制，创新原告认定程序和手段，将诉讼主体资格扩大到公众个人或团体、企事业单位甚至非直接利害关系人,允许其介入以国家机关为原告、企业或私人为被告的诉讼进程。诉讼主体在被告未履行相应的义务和法律责任,导致碳排放超出法律规定,对公共利益造成直接与间接的侵害或有侵害之虞时,法律应允许非直接利害关系人为维护低碳发展公共利益而向法院对行为人提起民事或行政诉讼。

第三,建立健全司法救济制度,打造公众参与低碳发展权利的屏障。如果公众的低碳参与权受到损害,在向执法部门反映低碳环保违法情况后,执法部门不作为,公众有权利以个人或集体名义起诉侵权主体,或直接起诉执法部门,寻求补救和赔偿。司法部门应对这种公众诉求提供司法救济,还应允许有直接利害关系的环保组织为公众代言,向侵权主体索要赔偿。

二、编制公众参与推动规划

对于我国现阶段来说,自上而下的政策推动方式更为有效。因此,为进一步提高低碳发展过程中公众参与的程度,可以制定公众参与推动规划,借助各级政府和部门的力量对公众参与进行积极的引导和鼓励。具体来说,就是要针对国家、地方以及各部门首先编制低碳发展公众参与总体性指导意见,并在其基础上进一步完善公众参与的实施办法,以"逐步建立公众在低碳发展方面的参与监督机制"为主要目标,逐步形成公众参与机制。

(一)国家层面

中央政府对低碳发展公众参与的指导意见制定有全局统筹的重要作用,在国家层面上推动低碳发展公众参与的工作内容主要包括:中央政府将公众参与列为政府工作的主要内容,编制全国性公众参与推动规划、与全国性规划对应的行动纲要以及国务院各部门编制部门内部的公众参与推动规划。

首先,中央政府可以把"编制公众参与推动规划"这一任务加入到国家大政方针之中,作为对各级地方政府和各部门的指导性方针,对各地方和各部门公众参与推动规划的编制和实施提供纲领性指导。具体来说,在编制诸如五年规划这种对国家社会各方面产生重要指引性作用的规划文件时,把低碳发展公众参与的推动作为国家未来发展的重要任务之一,要求各级地方政府和部门根据实际情况编制相应的规划文本。其次,中央政府可以直接编制全国性的公众参与推动规划,这样不仅可以引起全国范围内对低碳发展的关注程度,也可以起到为各级地方政府和各部门规划编制提供示范性文本的作用。这种规划的编制可以交给国家发改委气候司,以最大限度地保证规划的合理性和可行性。第三,气候司除了编制全国性的规划之外,可以在此基础上进一步编制《低碳发展行动纲要》,以进一步明确推动低碳发展公众参与的战略重点和工作任务。第四,国务院其他部门需要编制本部门内部对低碳发展公共参与总体规划的支撑性规划,需要财政、立法、宣传等各部门进行积极的响应和配合。出于对我国条块化行政体制的考虑,各级部门不仅与本级地方政府相关,还要受到上级部门的管理和约束。因此,上级部门将本部门内部的公众参与推动的总体性考量,会对下级部门的政策行为起到良好的促进和指导作用。并且在编制的过程中需要与全国性的公众参与规划进行协调和对应。

(二)地方层面

除了全国性规划之外,在国家层面的公众推动规划指导下,地方层面也需要进一步编制地方性的公众推动规划。这种做法的根本原因在于我国区域之间的发展情况有非常大的差异性,如果以单个全国性规划的方案去指导所有地方的公众参与推动实践,会因为忽略了地方发展的特异性而造成实施结果的不理想。

一方面,各级地方政府需要对公众参与总体规划及公众参与行动计划的编制负责。在编制体系上,可以借鉴城市规划的编制体制,并且进行适当缩减。目前,我国城市规划的编制从省级政府一直延展到乡(镇)一级,覆盖到了所有的地方政府行政单元。考虑到公众参与规划的任务需要各方面政府部门的支持和配合,从体系上来看,编制到市一级层面即可。从编制主体来说,地方一级的行动规划可以交由省、市级的发改委进行编制,以实现与国家级规划的对应和契合。从编制内容来看,除总体规划外,可以进一步编制《低碳发展公众行动参与计划》作为实施近期重点任务和项目的具体指导性文件,以确保低碳发展公众参与的落实,对所辖区域的低碳发展公众参与推动工作进行详细的部署。

另一方面,各级政府部门也要积极配合规划的编制和推动工作,编制本级部门内部的公众参与推动工作的支撑性规划。同样的,这一规划的编制涉及财政、立法和宣传等各部门力量,这类规划文本的编制不仅要与上位部门内部的推动规划相一致,同时要与本级地方政府编制的推动公众参与总体规划相协调。部门规划的目的就是明确各部门近期的行动目标和主要工作,切实推动低碳发展公众参与向纵深推进。

三、创新经济利益激励途径

经济激励在行为引导上能够发挥非常重要的作用。为了激励公众在低碳发展过程中的积极参与,可以建立以财税为主的激励制度,引导企业和公众趋向有利于低碳发展的行动目标,限制企业和公众的高碳生产和消费模式,从而实现资源的有效配置和全社会的低碳发展。

(一)国家财政补贴

财政补贴是促进低碳发展的一项重要经济手段,可以对公众的低碳行为进行正向激励。财政补贴可以分为三类:第一,对低碳投资进行补贴,主要针对低碳相关投资者的投资行为,调动其投资的积极性;第二,针对低碳产品进行补贴,根据产品产量对生产者进行补贴,有利于降低低碳生产成本,增加低碳生产企业的经济效益,提高企业生产低碳产品的意愿;第三,对低碳消费进行补贴,即在消费端对消费者进行补贴,提高公众对低碳产品的购买意愿,扩大低碳产品的消费市场。

在投资补贴方面,加大对低碳节能相关投资的补贴力度,主要针对生产生活的主体——能源,对绿色清洁能源的研发、生产实施较大力度的资金补贴。对风电、生物质能发电、太阳能发电等投资项目,中央及地方财政应按照一定的比例进行财政补贴,并确定逐年递增的比例,在技术研发期内降低投资者的资金压力,确保缩短技术研发周期,加快投产速度。

在生产补贴方面,在兼顾能源生产的同时加大一般消费品的低碳化。可以采用单位产品碳排放量的相关指标进行低碳产品度量,将低于某一碳排放量的产品划分为低碳产品,根据低碳产品名录,制定相应的补贴标准,并根据企业的生产数量进行补贴,降低低碳产品的生产成本,保证低碳产品的价格优势。

在消费补贴方面,倾向绿色节能电器、环保汽车等重点领域,逐年加大对上述低碳环保产品的补贴力度。同时注意减少补贴中间环节,直接针对消费者进行补贴,以促进消费者低碳消费意愿的不断增强。

(二)税收政策

除补贴之外,利用税收政策对低碳行为进行激励约束也是非常好的选择。税收政策既可以对符合低碳发展的行为进行正向激励,也可以对不符合低碳发展的行为进行负向激励,能够更好地在同一制度框架下实现多方面功效。低碳发展的税收政策主要包括两方面内容:

第一,强制性的税(费)收政策,尤其是力度较大的税收政策。从负向激励的角度来看,为鼓励企业选择低碳的技术进行生产,碳税的征收可能是一个非常有效的方式。目前,国内已经有比较多的研究发现碳税的征收可以起到节能减排降碳、提高能源使用效率和调整产业结构三个方面的作用。综合来看,为适应我国"宽税基、简税制"的改革原则和征收环境税的未来趋势,可以将碳税的征收与能源税、资源环境税及所得税等统筹考虑。关于碳税征收的对象,可以结合现有的碳税征收方式,以煤、石油、天然气等化石燃料按含碳量测算排放量作为计税依据。在税率问题上,为了避免对经济造成较大冲击,同时削弱各方面对碳税征收的阻力,可以采用超额累进的征税方式,加大对于高碳产品的征税水平。同时在降低整体税负水平的基础上,优化税制结构,突出碳税的引导调节作用和与其他经济手段的协同机制。

此外,在居民生活方面,适当的经济手段也有利于公众践行低碳生活,实现低碳发展。例如特大城市尝试在交通拥挤时段对部分区域道路使用者收取一定费用,利用价格机制来限制城市道路高峰期的车流密度,引导居民转向公共交通出行;实施不同区域、不同类型停车场差异化收费等需求管理措施,加强停车设施规划建设及管理;实行更大差异的阶梯电价来改变高收入者的用电倾向,同时保护低收入群体的经济利益等。

第二,税(费)收优惠政策。从正向激励的角度,为促进个人和企业主动选择低碳化的生产生活方式,可以对符合低碳化的行为进行一定的税收减免,如减免关税、形成固定资产税、增值税和所得税(企业所得税和个人收入税)、消费税等,鼓励纳税人施行有利于低碳环保的行为。重点是对使用低碳生产技术或节能减排成效卓著的企业进行一定比例的所得税减免,对个人投资低碳项目的行为进行所得税免征等。

四、加大低碳宣传教育力度

利用传统媒体与新兴媒体的各自优势和多元化的媒体平台,普及低碳发展科学知识,宣传低碳发展理念和常识。结合义务教育与公益活动等多种形式,发挥舆论引导与监督作用,吸引更多公众参与到低碳发展之中。在全社会树立低碳生产和低碳生活的价值观念,推进低碳发展养成教育,鼓励低碳发展领域多学科合作,将绿色环保和低碳发展的理念融入构建和谐社会、实现生态文明的价值体系中,形成全民参与的低碳发展的社会行动体系。

（一）媒体引导和监督

在宣传领域,形成内外并进的低碳发展宣传格局。加强媒体自身能力建设,推动国内外媒体的交流,依据传统媒体与新型媒体的传播特性,充分利用多元化的媒体网络,拓展公众对于低碳发展的信息获取渠道,提高公众的认知和参与能力,发挥媒体在低碳发展公众参与中的引导与监督作用。

在我国,传统媒体整体上呈现出受众群体广、信息量大、准入机制严格、政府督导性强等特点,这为其发挥低碳引导与宣传作用提供了优良平台。利用传统媒体的上述特点,开设低碳发展方面的专栏和专题节目,解读低碳政策,宣传低碳典型,普及低碳常识,使公众对于低碳发展产生具象的理解,从而积极参与到低碳发展当中。同时,利用传播平台,开展"低碳公益广告竞赛"等公众喜闻乐见的竞赛活动,建立奖励机制,对积极投身低碳发展公众参与的市民予以表彰和奖励,鼓励更多公众在低碳宣传教育中由传播受体转变为传播者,更深层次的参与到低碳发展当中。值得注意的是,宣传工作一定要具备长效性,短期甚至临时的宣传往往不能引起公众的注意,宣传效果较差。

新兴媒体近年来正以惊人的速度飞速发展,其以手机、计算机网络为平台,呈现出超时空性、超媒体性、交互性强的特点,这为公众在低碳发展中及时发现和反映问题,监督政府工作提供了绝佳平台。利用新兴媒体传播信息的双向性,发挥媒体的舆论监督职能。在低碳发展相关的门户网站、论坛社区中,有效的建立意见建议板块,定期收集公众的意见建议,在短期内予以解决并发布,面向全社会予以反馈。近年来,微博的兴起使得网络媒体向"自媒体"时代迈出了历史性的一步,一则新闻在微博上曝光后,在很短的时间内能够被数以万计的网友评论和转发。公众不仅可以"看"和"听",还可以提出自己的意见和建议。利用微博相对宽松的舆论环境,建立低碳发展微博账号,在发布信息的同时,及时与公众互动,收集意见和建议。当然,网络媒体在具有较强监督作用的同时,也存在一定的问题,例如公众的知识构成不同,网络信息的真实性缺乏保障等。因此,要对网络舆论进行适当引导,去其糟粕,使其成为公众参与低碳发展的重要组成部分,对政府、企业、社会组织和个人的低碳化进行督导和促进。

(二)低碳教育

在教育领域,加强全民低碳发展意识培养,充分发挥学校在低碳发展教育中的基础性作用。加强针对年轻群体的低碳教育,保障低碳发展的可持续性。年轻群体思想活跃,容易接受新鲜事物,可塑性较强,并且随着时间的推移,该群体将逐渐成为社会的主流人群。因此,加强针对年轻群体的低碳教育,是我国低碳发展公众参与十分重要且必要的环节。

一方面,将低碳教育纳入义务教育范畴,从青少年抓起,树立低碳生活理念。校园是中小学生生活的主要场所,在校园内青少年受到的教育会对其产生根深蒂固的影响。要通过开展环境教育课程、讲座等方式,将低碳教育纳入义务教育范畴,让青少年系统地树立低碳生活和低碳发展理念。校园生活中的点滴都会对青少年产生潜移默化的影响,在校园内推广低碳出行、节约资源、拒绝一次性餐具等生活方式,并对践行低碳生活的学生进行适当的奖励,会取得良好的效果。注重加强低碳发展的养成教育,将其贯穿学前、小学、初高中、职业教育、高等教育和继续教育的全过程,编写适合不同年龄阶段的教材,形成覆盖儿童、青少年和成人的应对气候变化和低碳发展教育体系。

另一方面,树立低碳公益风尚,鼓励年轻群体参与低碳公益活动。针对年轻群体热爱时尚,精力旺盛的特点,从其兴趣点入手,以年轻人喜闻乐见的方式,开展低碳公益活动。例如,世界自然基金会(WWF)于2007年发出的"地球一小时"倡议,在年轻群体中很受欢迎,甚至一度成为一种时尚。年轻人并非缺乏参与低碳公益活动的热情,而是缺乏能够吸引他们关注的平台。因此,在传统的课程、讲座等形式之余,要更多的开展针对年轻人兴趣,能够吸引年轻人的低碳公益活动,如低碳音乐会、低碳艺术展、低碳公益广告原创大赛等。

（三）资金投入

加大对低碳发展相关宣传教育工作的资金投入,不仅需要加强政府用于低碳发展宣传教育的资金总量,而且需要社会各界资金的支持,形成多渠道多形式的资金投入机制。

第一,设立低碳发展宣传教育的专项资金。低碳发展宣传教育财政专项资金,用于低碳发展宣传教育重点项目,将支持政府决策、公众和 NGO 参与、媒体传播、国民教育和企业发展等方面的能力建设作为其主要投入领域。

第二,增加资金来源和渠道。除加强政府财政投入之外,低碳发展宣传教育需要拓宽社会各界资金的投入途径,增加社会融资。充分发挥企业低碳发展的主体作用,引导中国企业加大对低碳发展领域的技术创新和资金投入。积极利用外国政府、国际组织等双边和多边基金,支持中国开展低碳发展领域的宣传教育。除此之外,吸引银行、保险公司、证券投资机构、基金等金融机构加大在低碳发展宣传教育方面的资金投入,增强金融机构的多元化利益,承担更多的环境责任和社会责任。

第三,加强低碳发展宣传教育的基层投入。在低碳发展的科普、教育以及相关培训的重点领域,增强街道、乡镇等基层组织的能力建设,拓宽公众参与低碳发展的途径,推动低碳发展科学知识的全民普及,形成良好的低碳发展氛围。

五、倡导社会力量协同参与

低碳发展的公众参与需要多元主体,政府是低碳发展的主导力量,公众是践行低碳行为的主体,企业、NGO 等承担着不尽相同的社会责任。NGO 在搭建政府与公众之间桥梁等方面发挥着积极作用,尤其在沟通、咨询、社会服务和社会调剂等方面[1]发挥着越来越重要的作用,通过社会互济互助活动,实现

---

[1]　吴光芸、李建华:《论民间组织在公共治理中的作用》,《学会》2009 年第 7 期。

社会资源的有效整合和利用。政府应注重借助 NGO 的力量强化与公众的沟通,动员社会各方力量更好的参与到低碳发展之中来。

(一)能力建设

低碳发展需要不同社会力量之间的相互协调和良性互动,通过加强组织机制建设,加强从业人员管理,培育相关中介组织,规范市场运行机制,推动国际交流合作,提升低碳发展公众参与领域的能力建设,实现多元主体的协同参与。

第一,推动低碳发展组织机制建设,加强部门协调,实现资源共享。强化低碳发展不同机构组织之间的沟通、管理和引导,充分发挥各自优势,在功能上实现互补,形成良性的互动机制。低碳发展领域的相关工作涉及国家发改委、科技部、环保部、教育部、商务部、国家气象局、国家海洋局等多个部门及其机构,同时还有国内外大量的 NGO,它们也在低碳发展等方面了发挥了巨大的作用。此外,包括驻华使馆在内的一些驻华机构也开展了相应的低碳发展传播教育和培训活动。因此,需要建立部门之间的协作和信息通报机制,通过定期和不定期的信息通报制度,实现不同机构之间的信息共享。

第二,建立多层次人才队伍,加强从业人员管理。一方面,建立低碳发展专家人才数据库,实现专业人才的精细化管理。鼓励科学家以及政策制定者、研究人员积极参与低碳发展的科学普及、政策宣讲和开展相关的培训活动。通过会议、沙龙等形式,组织专家进行研讨,拓展工作思路和提供解决方案。另一方面,加强从业人员管理和培训,建立低碳发展领域职业资质分级体系。低碳发展工作具有较强的专业性,对于评估、核算和交易等领域培训实施资质管理,通过颁发执业资格规范从业人员行为,加强从业人员的业务能力。鼓励从业人员接受相关的培训,通过系统的培训和学习,建立一支规范的从业队伍,规范市场秩序,提高专业水平,实现人才队伍建设的良性发展。

第三,培育和规范市场中介组织。通过市场化力量践行低碳发展,不仅有利于改善目前以政府为主导的工作模式,而且有利于创造新的就业机会。特别是随着碳交易、碳标识和评价工作的深入开展,各种各样的碳市场中介机构也会应运而生。培育为宣传教育培训服务的中介组织,开展相关资质、标准、评估和咨询等相关服务,鼓励多元主体参与到低碳发展当中。与此同时,明确行业规范,对于低碳发展领域中介组织的准入门槛、职能、范围和服务标准进行明确的规定,并鼓励市场中介建立行业自律组织,通过行业联盟、协会等机构,加强自我管理和约束。

第四,积极推动低碳发展的国际合作与交流,为我国实现低碳发展创造良好的国内外环境。我国有关低碳发展相关工作才刚刚起步,与发达国家相比还有很大差距。大力开展与发达国家政府、企业、NGO 等的交流,加强与联合国开发计划署(UNDP)、世界银行、联合国教科文组织等国际机构的合作,构建通畅的国际交流平台和合作网络。通过开展国际交流,搭建新的合作平台,充分学习和借鉴其先进的制度、经验、模式、方法和资源,从发达国家引进资金、技术等,全面提升我国低碳发展公众参与的能力和水平。

(二)资金支持

政府可以通过多种方式对各社会力量进行资金支持,既包括直接的财政补贴、税收优惠,也包括服务外包、政府购买等,还可以是多种政策工具组合。

第一,完善资金管理制度,夯实扶助支持基础。坚持"规章政策护航,支持监管并重"的原则,在对基本情况进行调研的基础上,从运行模式、发展规划、服务内容等方面入手,制订专项资金管理办法,明确财政资金投入方向、税收优惠标准和资金使用核查机制,发挥资金对各社会力量在培育扶持、能力建设、人才发展、公益创投等方面的作用。

第二,提供运营补贴和项目补贴。本质上,补贴是政府为对低碳发展公众参与做出贡献的社会团体的一般性支持。财政补贴应注意保持社会团体的独立性,政府除要求接受补贴的社会团体提交必需的年度报告和财务报表以外,不干涉其日常运作、内部治理和战略发展等。将运营补贴作为常规项目计入年度财政计划,并根据低碳发展的进程和社会团体的申请,通过审批发放项目补贴。同时,要注重利用财政资金建设社会组织发展平台,包括社会组织服务中心建设、信息化平台建设和运作、社会组织孵化和培育等。

第三,政府公共服务以招标形成外包给社会组织。服务外包是建立在招标程序基础上的,应遵守市场经济原则,平等公开的面向所有符合资质的社会团体和组织。对政府购买的产品和服务有承包意愿的社会团体可以提交投标申请,中标的社会团体与政府签订合同,履约按期提供公共产品和服务。通过服务外包,既能够引入市场机制提高公共服务的水准,也可以为其提供必要的资金支持,实现双方共赢。

（三）非政府组织

NGO 在低碳发展过程中可以发挥巨大的作用。作为与社会公众密切联系的纽带,NGO 具有独特的优势。以群众认可、服务居民为原则,对 NGO 提供发展指导、组织建设等关键性支持,有助于提升其整体建设水平。主要包括建立 NGO 人才长效培育机制,由社工和专家通过培训辅导等形式为 NGO 提供人才、技能和组织方面的孵化培育;为 NGO 提供办公场地等基础设备,最终促进社会团体人才队伍的职业化和专业化;为 NGO 提供信息服务,寻找、研发社会服务项目,或帮助组织完善低碳项目申报和策划。

第一,逐步放松对 NGO 的管制,推进现有《社会团体登记管理条例》等相关行政法规的修订工作,改革现有监管与登记管理分离的双重管理体制。一方面,放宽 NGO 的登记管控。可按照绩效设计 NGO 筛选审查标准,将低碳环保领域符合资质的 NGO 纳入重点培育、优先发展中,允许其直接向民政部门依法申请登记;另一方面,保障各类社团平等发展。加快官办社团组织去行政化的步伐,允许不同背景的 NGO 在法律允许的范围内,参与到公共服务、政策咨询、利益调剂等方面的活动中。在引入竞争机制、提高绩效的同时,为 NGO 提供更加充足的发展空间。

第二,设定 NGO 考评指标体系,对其进行绩效评估。绩效评估是补贴支持的参照,也是考察政府培育孵化效果的依据。在明确预算、制订专项资金管理办法的基础上,地方政府应强化专项资金的预算管理,督促各职能部门对项目实施情况进行内部绩效评估,并定期对专项资金的使用情况进行检查,对项目完成情况、专项资金预算执行情况、资金使用效益、资金管理情况等实行监督管理和追踪问效,确保专项资金的使用效率,保证社会效益的最大化。在项目完成情况的审查中,重点考察 NGO 动员公众参与低碳发展的规模、宣教层次、组织效果等,提高帮扶资金使用效益,推动 NGO 不断改进和提升自身工作。

第三,开展信息公开和社会监督。政府应将 NGO 财政支持、社会团体孵化培育的进展情况定期公示,听取公众及 NGO 的意见和建议;定期举办发布会、听证会,公开政府有关部门及受资助 NGO 在推动公众参与中的工作进展;为公众及 NGO 提供低碳发展的数据和信息,方便社会参与和监督;开拓政府工作信息发布渠道,与媒体、NGO 等定期举办联席会议。

六、推动公众参与试点建设

我国低碳发展刚刚起步,除个别领域外,公众参与的广度和深度明显不足。与此同时,推进有利于公众参与低碳发展的制度建设、政策设计等工作在不同地区的条件也不尽相同,低碳发展公众参与的经验比较有限,在全国范围内全面推行五大战略存在一定的现实困难。因此,结合国家低碳试点省区和城市,选取一定数量的公众参与试点,重点研究公众参与五大战略的具体推进方式,总结公众参与的地方性经验,筛选最具推广价值的试点方案,具有积极的实践意义。

(一)试点选择

国家发展和改革委员会于 2010 年 7 月 19 日发布的《关于开展低碳省区和低碳城市试点工作的通知》[①]和 2012 年 11 月 26 日下发的《关于开展第二批低碳省区和低碳城市试点工作的通知》[②]中,已经确定了 6 个省区低碳试点,36 个低碳试点城市,大陆 31 个省市自治区当中除湖南、宁夏、西藏和青海以外,每个地区至少有一个低碳试点城市。低碳试点已经基本在全国全面铺开。

在这些低碳省区和城市试点中,根据产业结构及转型的紧迫性、生态环境承载力的发展趋势、市民整体低碳意识的水平等,选取适当的低碳试点作为低碳发展公众参与试点。建议在选取低碳参与试点的过程中,按城市规模在大、中、小城市中按照一定比例选取,以便于之后的试点经验推广;依据低碳发展程度、公众素质水平、NGO 发育成熟度等选取基础较好的作为试点重点单位,

---

[①] 国家发展和改革委员会:《关于开展低碳省区和低碳城市试点工作的通知》(发改气候〔2010〕1587 号)。

[②] 国家发展和改革委员会:《国家发展改革委关于开展第二批低碳省区和低碳城市试点工作的通知》(发改气候〔2012〕3760 号)。

注重以城市试点带动农村试点,实现低碳发展公众参与的城乡平衡发展。在城市内部,以居民收入、教育年限、年龄等为指标,选取集中度较高、人口素质较好的社区作为低碳试点社区,并建立低碳参与试点经验定点输出交流机制,非试点地区、单位可以与试点地区、单位进行经验交流举办研讨会、论坛等。

(二)试点方案

在选定的低碳发展公众参与试点范围内,我们可以试行上述的法制、规划、激励、宣传教育、社会力量等方面的方案,量化试行结果,并予以跟踪反馈。在实施试行方案的过程中,比较适宜采用逐步推进的方式,根据公众的接受程度调整进程。

首先,建立低碳参与平台,发布低碳信息,收集公众意见和建议,根据试点的整个建设过程和后续发展情况进行全程跟踪和成效反馈。将低碳参与公众平台作为长效反馈机制的基础,要求试点地区政府及时予以回应,并根据种种要求不断调整低碳发展公众参与的策略和方式,以期在全国范围内进行推广。

其次,根据各城市关于公众参与规划的内容,按照先进性、地区性的标准对入围试点的城市进行评选,对遴选结果优越的试点单位给予政策、规划、财税和市场准入等方面的政策倾斜。国家在对执行结果进行评估后,可将效果明显的城市和省区作为范例。

再次,统筹中央和地方各渠道对低碳发展公众参与事务的资源,采取财政补助、贷款贴息等方式,率先建立一些宣教作用强、示范效果好的试点项目,重点推进公众参与的框架建设、制度设计和绩效考核。

最后,试点地区为加强领导,统筹协调,成立试点工作领导小组,并设立专门办事机构组织好相关工作;建立试点工作信息通报制度,按季向上级有关部门报送试点进展等情况;积极探索低碳发展公众参与的有效模式,及时总结试点经验,采取多种方式做好宣传工作,扩大政策影响,为经验推广发挥示范引领作用。

第 六 章

中国低碳发展公众参与的宣传、教育和培训

低碳发展通过低碳技术实现全社会生产方式和消费方式的全面低碳转型。要实现这个历史性的转折,离不开全社会的共同参与。积极制定和实施低碳公众参与宣传教育战略,不仅有利于在全社会传播低碳发展科学知识,普及低碳发展理念,传播低碳生活常识,改变公众的行为方式和行为习惯,发挥公众在低碳发展中的主人翁作用,同时也有利于低碳发展,推动经济社会的可持续发展。

第一节　相关研究及国际经验

一、研究框架

对低碳发展的宣传最早始于狭义的媒体低碳发展报道。早在 20 世纪 30 年代,低碳发展问题开始引起包括《纽约时报》在内的西方主流媒体的关注,而人为因素导致全球变暖这一观点则开始于 50 年代,特别是在 1957 年"国际地球物理年"期间被更多媒体人所认知。但随后的六七十年代,媒体关于低碳发展的报道却不多。直到 20 世纪 80 年代中后期,在国际科学联合会理事会、联合国环境规划署、世界气象组织机构的推动下,国际低碳发展政策开始成型,而人为原因造成的低碳发展议题也开始出现在公共议程之中,从而促使

针对低碳发展的公众传播以及如何有效地进行低碳传播、教育和培训的思考开始得到广泛关注。

进入新世纪以来,低碳发展的宣传教育形式和内容不断扩展,开始更关注媒体以外的政府、非政府组织(NGO)、企业、环保个人等各类主体,利用多元的平台和渠道、更广泛的信息源和不同的框架使得信息有效地抵达更多公众;研究如何将国际气候治理规范、国际低碳发展谈判的最新进展和共识在各国国内进行传播和扩散,最终被国内公众所接受;研究如何使用各类方法、语言、修辞、叙事建构起有效的宣传、教育策略,进而提升公众的意识和改变其行为习惯;同时也更加关注传播活动的公共话语和公共行动本质,重视通过各种本地化的传播行动、教育平台和培训活动来发动公众参与的力量。

众多的国际机构、国家和地区,如联合国开发计划署(UNDP)、欧盟、农业和粮食安全机构(CCAFS)以及英国、德国、加拿大、日本、澳大利亚、美国等,都已经制定了符合各国国情的低碳传播战略,这些战略的目标包括提高教育、公众意识和改变行为方式,部分机构还发布了相关的策略和方法手册供工作者使用。

具体来说,当前学界研究低碳发展宣传教育培训的主要视角主要有以下四个方面:

一是受众认知研究,即基于公众低碳发展认知调研的数据分析和深入研究,如世界银行、皮尤调查中心、盖洛普调查公司、全球调查网、尼尔森、英国广播公司全球服务与全球扫描等机构都进行过的全球或多国公众的低碳发展认知调查。在这些调查数据基础上的分析,无疑是了解全球公众基本认知的重要前提。

二是传播策略分析,主要是基于风险传播、科学传播、社会营销、心理认知等相关范式和理论,探讨如何有效地传播低碳相关科学知识以实现说服传播,提高公众的低碳素养,特别是改变那些低碳论"反对者"或"质疑者"的态度。

三是对媒体的低碳报道进行文本分析、话语分析和框架分析,以显示出媒体在低碳相关议题中的角色和作用及其与科学界和政府的关系。议程设置在环境报道方面具有明显的效果。因此,正是基于媒体对公众意见与认知的强大作用,分析媒介构建环境/低碳议题的特征及其背后的逻辑十分重要。这种观点的意图在话语权力的博弈中占有一席之地①。比如,媒介与话题利益相关方在低碳相关报道中有着迥异的诉求:记者倾向于通过报道来呼吁公民行动,NGO 也在积极倡导低碳行动,而相关利益方如企业则通过各种方式来对抗新闻界的努力等等。

四是从国际层面来分析低碳传播的规范和国家形象的塑造,将低碳规范和谈判融入国际政治、经济、外交等视角,去研究各国已有的物质结构与文化因素,比如群体观念、社会心理与国际规范之间的契合程度,以及推动低碳议题扩散的传播策略和方法。

此外,学者们也从政治经济学和意识形态的角度来考察各国不同的政治环境、经济利益、国家立场,进而引发低碳传播中的话语权强弱、话语框架和策略差异。

此外,包括"气候超越与信息网"(COIN)、"气候传播专家团"(CCCAG)、Futerra 可持续发展传播有限公司等 NGO 和企业也进行了大量的低碳传播研究和行动,它们的视角主要关注从下到上的传播策略研究,如探讨如何鼓励社区和团体参与、降低低碳行动难度、引发公众关注并开发公众的参与积极性等。

总体看来,发达国家政府、媒体、NGO、学者对公众参与低碳发展的研究较早且成果较多,并且这些措施也已取得了较好的成效,有效地提升了公众对于低碳发展的认知。

各国日益重视制定和实施有关低碳发展的宣传教育问题,以提升公众意识,树立绿色、低碳发展理念。1992 年签署的《联合国应对气候变化框架公约》第六条明确指出:"各缔约方应在国家一级并酌情在次区域和区域一级,根据国家法律和规定,在各自的能力范围内,拟订和实施有关低碳发展及其影响的教育及提高公众意识的计划;保障公众获取有关低碳发展及其影响的信息;公众参与低碳发展及其影响和拟订适当的对策;培训科学、技术和管理人员。并在国际层面,编写和交换有关低碳发展及其影响的教育及提高公众意

---

① 曾繁旭等:《框架争夺、共鸣与扩散:PM2.5 议题的媒介报道分析》,《国际新闻界》2013 年第8 期。

识的材料。"①这一条款被视为指导各国开展低碳宣传、教育和培训的最早的政策性文件。

世界上最早开始低碳相关传播实践与研究的是欧美等一些西方国家。其公民社会的充分发展以及公众参与制度的相对完善,成为低碳传播产生和发展的思想和制度基础。近10年来,随着低碳发展问题的日益严峻,基于低碳的传播、教育及培训活动作为普及低碳发展科学知识,提升公众意识,改变公众态度和行为的重要方式,越来越受到国际机构和世界各国的重视。UNDP、环境署(UNEP)、欧盟、美国、英国、德国、日本等都实施了卓有成效的公众意识提升项目,发布了实施低碳宣传、教育的策略和方法手册,成立专门基金支持相应的传播研究和制定气候传播战略。

综合来说,尽管各国在低碳领域的传播及教育培训实践不一而同,但从其制度、模式、策略、内容、受众、主体的分析等方面来看来看,仍具有相通的可供借鉴的经验和做法。

二、政府引导的多方参与模式

各国都高度重视低碳发展的宣传教育工作,将其视为低碳发展公众参与的重要内容。虽然不是所有国家都制定了专门的低碳发展宣传教育战略,但相关指导原则和政策表述已散见于各国低碳发展适应战略、低碳发展战略相关文件中。例如,德国《国家气候变化适应战略》中明确规定:一要提高公众的气候保护意识,不断增强社会各界低碳发展的敏感性;二要构建广泛的低碳发展决策系统,便于政府机构、企业、社会和私人家庭等各相关社会责任主体及时对低碳发展作出反应并采取相应行动;三要协调与确定各参与方的职责分工,制定并实施相关的适应性措施。在美国,国家层面并没有制定专门的低碳发展宣传教育战略和指导政策,但州、市、县等各级地方政府在治理低碳发展方面非常重视宣传教育和公众参与,联合学术界对低碳发展传播战略、策略和技巧进行了专门的研究,并制定了一些地方性低碳传播战略或公众扩展方

---

① 《联合国应对气候变化框架公约》,http://baike.baidu.com/view/89815.htm#7_6。

案(OUTREACH AND COMMUNICATIONS)。英国政府从 2000 年开始实施气候变化项目(Climate Change Programme),在最新修改的项目计划(2006 年更新)中提出,政府部门应当从传播主体、途径、方式、内容等方面加强公民个人低碳发展的行动。此外,该项目还建立了促进公民行为转变的"4E"模型(Exemplify,Enable,Engage and Encourage)。其中,Enable 部分包括"提供信息"、"教育培训"等方面,帮助公民更简单地完成行为改善;Engage 部分包括"社区行动"、"个人交流"、"媒体行动"、"网络关系应用"等方面,鼓励公民以实际行动积极参与。2004 年,环境、食品和农村事务部(DEFRA)和能源与气候变化部(DECC)共同开展了气候变化传播战略(Climate Change Communication Strategy)。该战略虽然没有出台政府文件,但制定了相应的实施原则和具体措施。

由此可以看出,各国在低碳领域的宣传教育的主要任务,是通过多种方式传播、解读低碳发展及成因、低碳发展等科学知识以及国家应对战略、措施,提升公众对低碳发展和低碳发展问题的认识和敏感性,进而影响其行为。以掌握低碳发展知识为基础,以低碳发展影响为导向的低碳发展目标取向,贯穿了各国低碳公众参与宣传培训教育的全过程。

由于低碳发展和低碳发展议题本身所具有的公共性和专业性特征,在大多数国家,宣传教育是一种由政府引导,媒体、科学界、NGO 和企业等多维利益相关者共同参与的模式。但由于各国政治体制、公民社会发展程度的不同,实施模式也表现出不同的特点,主要表现为传播主体的区别。例如日本和中国就是典型的政府主导的"自上而下"的模式。在美国,由于其国内的低碳发展治理基本上是"自下而上",因此其宣传教育模式也呈现出典型的"自下而上"的特征。主要表现为传播主体多元化,既包括科学界、媒体、NGO、教育界、政治家、各级政府,也包括宗教界人士、商界和普通公众。德国的低碳传播机制呈现出由科学界、政府和媒体三大传播主体平行推动的特点,并且三个主要传播主体都按照各自的逻辑来构建和传播关于低碳发展的信息。英国的低碳发展早期是由 NGO 推动的,例如《气候变化发展法》就是由环保 NGO 自下而上推动立法的典型案例,但政府也是低碳传播的重要主体。因此英国的传播模式表现出政府和 NGO 共同主导的特征。

从参与主体来看,各国政府、科学界、媒体、NGO、企业等低碳发展利益相关者均是低碳发展宣传和教育培训的参与者,但各主体在不同国家的重要性和影响力不尽相同。例如,美国的传播主体主要由科学界、媒体、NGO等共同组成,德国主要由科学界、政府和媒体三者共同主导,英国是政府和NGO以"小政府、大社会"的方式共同推动,而日本则是"政府主导,跨部门合作"的方式。

不论在哪个国家,NGO在低碳传播中都发挥了不可替代的作用。NGO参与传播的形式主要包括推动通过相关法案、传递研究成果、参与政策讨论、游说国会议员、推动具体传播项目实施等。美国加州2006年通过的《全球气候变暖解决方案》中,提出了"加州在2020年的温室气体排放量降低到1990年的水平",作为法案的直接起草者,美国环保基金(EDF)、美国自然资源保护委员会(NRDC)等NGO在此方案的立法过程中与州长斯瓦辛格为核心的州政府通力合作,通过不懈努力使得法案获得最终通过。

从实施策略来看,由于低碳发展的公共性要求公众的广泛参与,各国都普遍采用了"大传播"的概念,不仅限于狭义的通过电视、广播、网络、电影、纸质新闻媒体等大众传播渠道对相关信息进行报道,而是普遍采用了先进的大众传播技术和手段。具体可以归纳为以下四个类别:(1)信息传播:通过电影、新闻媒体、广播、电视、网络等大众传播渠道进行低碳发展信息传播;通过传单、小册子、信息本等印刷品资料进行信息传播;(2)大型活动:包括开展主题宣传活动、行动日、信息亭、展览、参与行动计划等方式;(3)教育和辩论活动:包括国会辩论、研讨会、讲座和报告等;(4)咨询和培训服务:通过多种方式为公众开展健康、节能建筑、低碳企业、交通和农业等领域的信息咨询和培训服务。

此外,英国、日本在低碳传播中还注重运用经济手段,推动传播方式的商业化、专业化和品牌化。例如,英国2007年推出品牌项目"Save Money, Save energy, Act on CO_2",邀请公民测算自己的碳足迹,并进行个人财政奖励或鼓励参加"碳中和"行动。日本还注重充分发挥"名人效应",邀请社会精英或公众人物参与低碳发展传播,有效扩大活动的知名度和影响力。例如,日本著名的"Team Minus 6%"行动会邀请政府官员、企业家、影视明星、艺术家、运动员甚至知名的动漫角色加入,并在网上公布他们的姓名、承诺以及所采取的行动。

三、公众认知与传播机制

受众(公众)不仅是传播过程的起点同时也是传播过程的终点,无论是何种信息,都需要以受众的需求为起点并以受众接受信息为终点,因此受众也成为低碳发展和教育培训的重要环节。各国在低碳发展宣传和教育培训活动中都非常重视对公众,即传播目标人群的识别、分类以及低碳发展认知调查和需求分析。这些研究为各国制定有针对性的低碳发展公众参与战略提供了真实可靠的实证分析支撑。例如,美国耶鲁大学气候传播项目进行的"六个美国人"调查,即基于调查将美国人对气候变化的认知分成"震惊、关心、谨慎、无所谓、怀疑和轻视"六类,从而对美国公众气候变化的认知进行了细分研究[1]。德国非常重视识别不同的受众人群,从性别、收入、教育、居住区域、政治派别、信仰等各角度来分析不同公众的低碳发展认知特征,并根据其不同认识状况和需求设置不同的传播议程。此外,德国还非常重视和不同的目标人群进行定期对话和交流,建立互信关系,同时重视对公众主体意识的培养。

对公众主体意识的培养,是各国低碳宣传教育的一个重要内容。例如,德国政界和经济界经常积极组织和推动关于低碳发展、能源政策等方面的社会讨论和重点宣传,提高消费者和企业对可持续能源政策的认识,达成全社会共识。德国已建成完整的节能环保教育体系,该体系从幼儿园教育开始并逐步延伸到各种不同层次的教育活动中。日本在 2005 年 4 月出台的《京都议定书目标达成计划》中明确确定了日本公民在低碳发展中的基本角色:(1)限制日常生活中的温室气体排放——公民都应当意识到温室气体的排放同日常生活息息相关,并且应当控制自己的能源消耗和温室气体排放,选择低碳生活方式;(2)参与应对全球变暖行动——公民应当把自己视为利益相关者,加深对

---

① Global Warming's Six Americas 2009: An Audience Segmentation Analysis (2009), Available at http://environment.yale.edu/climate-communication/files/SixAmericas2009.pdf.

全球变暖问题及其应对措施的认识和理解。

从实施内容来看,各国都非常重视和保障公众对低碳发展问题的知情权,在宣传和教育过程中重视内容的贴近性。例如,德国联邦政府和环境部、经济部和交通部等相关职能部门专门在网上建立了关于应对气候变化、低碳发展、能源转型等方面的公开数据库、政策信息公开网页和公众交流信箱,定期发布和更新数据;各研究机构、行业协会和 NGO 也非常乐意将自己的相关研究成果公布给公众共享。美国媒体在传播过程中,会有意识地将低碳发展及其影响、节能减排措施与公众日常生活、已有认知或个人体验关联起来,"帮助科学家讲述低碳发展故事",使得活动内容更有亲近感、更容易为公众所接受。

各国在传播节能、低碳绿色发展等相关理念和知识过程中,还非常重视传播内容的科学性、针对性和可操作性。例如,2009 年 2 月德国经济部能源政策研究小组在主题为"确保德国未来能源供应的十项长期行动方针"中明确在能源消费领域,向居民提供清晰的节能目标、节能技术、操作方法和参数,使节能政策获得公民的理解和广泛支持,实现数量可观的能源节约。

从实施渠道来看,各国都非常重视通过新老大众传媒进行低碳宣传。大众传媒是传播过程中不可替代的重要介质,也是重要的传播主体之一,不仅包括电视、广播、网络、报纸、杂志等传统媒体,也包括博客、微博、脸书、推特等新媒体。电视由于其广泛的普及性成为最重要的传播介质,各国电视台经常就低碳发展焦点问题邀请政要、科学家、社会名人等进行专题访谈、头脑风暴,帮助公众提高认识、明确参与方向。政府、企业、社区也经常制作醒目的公益广告,密集安放在主要街区,并通过组织各种体验活动,对公众进行引导。各国传播实践证明,大众传媒在引导公众行为方面具有不可替代的作用,一是媒体可以利用其敏锐的嗅觉在其搜集的大量信息基础上持续提出新的消费观念和模式,并通过对新兴行业或新产品和服务进行大力宣传,鼓舞大众参与其中;二是媒体应运用典型案例以及具体商品积极开展低碳消费教育,进一步对消费者的生活方式产生积极影响,从而实现通过低碳传播塑造公众行为的最终目标。

由于大众媒介是公众获取有关低碳发展信息的主要渠道,而低碳发展又具有一定的专业性壁垒,因此在宣传教育过程中,各国都十分重视传播者、教育者、培训者自身专业素养的提高,通过联合高校等有关研究机构举办各种关于低碳发展和低碳发展专业知识的培训班、研讨会,帮助其更好地理解低碳发展相关知识,进行更好的解码和传播。例如,为了提高气象播报员的素质,耶鲁大学气候传播项目会定期邀请全国著名气候学家、地方高校的科学和气象专家和从事气象播报的媒体人员共聚一堂,就相关问题进行交流和研讨,以帮助电视气象人员更好的理解和传播气候变化、天气问题和低碳发展。

第二节　我国低碳发展宣传教育现状分析

多年来,我国政府一直重视低碳发展领域的宣传教育培训工作,通过各种渠道,普及低碳发展科学知识,展示我国低碳发展的行动和成就,传播绿色低碳发展理念,树立推进低碳发展的教育普及体系建设,加强对中央和地方各级政府官员、科研人员、企业、媒体和 NGO 的培训,提高社会公众参与意识、推动形成资源节约、环境友好的生产和生活方式。

一、政策回顾

多年来,我国政府一直重视通过气候变化宣传教育培训工作,通过各种宣传教育培训渠道,采取各种现代技术手段和传播媒介,普及气候变化科学知识、提高社会公众参与意识、传播绿色低碳发展理念,推动形成资源节约、环境友好的生产和生活方式。

针对我国低碳发展现状,有关部门制定了一系列宣传教育培训政策,在《中国应对气候变化国家方案》、《中国应对气候变化的政策与行动》系列报告、《"十二五"国家应对气候变化科技发展专项规划》和《"十二五"控制温室气体排放工作方案》等文件中分别进行了阐释。

在《中国应对气候变化国家方案》中,第三、第四、第五部分均阐述了相关的政策内容。在第三部分"提高公众意识与管理水平"一节中提出,"通过利用现代信息传播技术,加强气候变化方面的宣传教育,鼓励公众参与等措施,到 2010 年,力争基本普及气候变化方面的相关知识,提高全社会的意识,为有效应对气候变化创造良好的社会氛围"。第四部分从提高公众意识的角度提出,"加强宣传教育工作,利用图书、报刊、广播等大众传播媒介,对社会各阶层公众进行气候变化方面的宣传活动,鼓励和倡导可持续的生活方式,倡导节约用电、用水,增长垃圾循环利用和垃圾分类的自觉意识等;在基础教育、成人教育、高等教育中纳入气候变化普及与教育的内容,使气候变化教育成为素质教育的一部分;举办各种专题培训班,就有关气候变化的各种问题,针对不同的培训对象开展专题培训活动,组织有关气候变化的科普学术研讨会;充分利用信息技术,进一步充实气候变化信息网站的内容及功能,使其真正成为获取信息、交流沟通的一个快速而有效的平台",并强调要"发挥政府的推动作用,提高各级政府领导干部、企事业单位决策者的气候变化意识,利用社会各界力量,宣传应对气候变化的各项方针政策,提高公众应对气候变化的意识"。在第五部分能力建设方面提出,"制定提高公众气候变化意识的中长期规划及相关政策,建立与国际接轨的专业宣传教育网络和机构,培养宣传教育人才,面向不同区域、不同层次利益相关者的宣传教育活动,宣传普及气候变化知识,引导公众选择有利于保护气候的消费模式等能力建设"。①

2008—2012 年陆续发行的《中国应对气候变化的政策与行动》年度报告也对应对气候变化宣传教育培训的相关政策进行了相应的阐述。《中国应对气候变化的政策与行动——2010 年度报告》明确提出,"国家把建设资源节约型和环境友好型社会作为学校教育和新闻传播的重要内容,利用各种手段普及气候变化方面的相关知识,提高全社会的全球环境意识"。2011 年国务院正式印发的《"十二五"控制温室气体排放工作方案》,②提出了"利用多种形式和手段,全方位、多层次加强传播引导";2012 年,科学技术部、外交部、国家发展改革委等十六个部门联合发布的《"十二五"国家应对气候变化科技发展专项规划》,提出了"加强应对气候变化的科学普及与传播工作、提高公众参与意识等保障措施"。应对气候变化的宣传教育培训工作已成为我国经济社

---

① 《中国应对气候变化国家方案》,见 http://www.ccchina.gov.cn/WebSite/CCChina/UpFile/File189.pdf。
② 国家发展和改革委员会:《中国应对气候变化的政策与行动——2010 年度报告》。

会发展战略中的一个不可或缺的组成部分。

二、我国低碳发展宣传教育现状

2009年以来,我国加大了低碳发展公众宣传教育的力度,提升了公众的参与意识。在此基础上,社会公众在节能环保方面的意识有了明显的提升,同时,社会公众也积极实践低碳办公及绿色出行,逐步形成了节能环保人人有责的良好社会氛围。

（一）宣传领域的行动

我国通过多种形式和途径开展低碳发展传播,普及科学知识,提高公众参与意识,倡导低碳生活,使低碳理念成为全社会的共识和自觉行动,营造良好的舆论氛围和社会环境。

1.新闻报道。充分利用电视、广播、报纸、互联网、微博、微信等新老大众传媒,针对低碳发展焦点问题进行新闻报道,广泛传播低碳发展科学知识、影响,普及低碳绿色生活理念和常识。

2.图书、影视和音像作品。目前,我国已经出版大量与低碳发展相关的图书、影视和音像作品,包括一系列反映低碳发展和气候灾害的画册、短片和科普读物,利用平面、网络和影视媒体进行低碳发展知识传播。以中央电视台、新华社等为代表的国家媒体制作了《面对低碳发展》、《应对全球变暖——中国在行动》、《关注低碳发展》、《环球同此凉热》等多部纪录片,环境保护部制作了《应对气候变化,就在开关之间》、《应对气候变化,始于足下》等多部环保公益广告片,设计制作了2万余套公众低碳发展挂图。新华网、人民网等媒体都设立了低碳发展专题网页,及时追踪报道全球低碳发展的热点新闻,传播低碳生活理念。

3.主题活动。利用"防灾减灾宣传周"、"节能宣传周"等主题活动,以及世界环境日、世界气象日、世界地球日、世界海洋日、世界无车日、全国防灾减灾日、全国科普日等主题日活动,我国政府积极开展低碳发展科普和低碳发展理念宣传。2009年以来,每年举办"节能宣传周"活动,开展了赠送节能丛书、合同能源管理节能公益讲座、"校园低碳行动"等,提升了公众参与低碳发展的积极性。2010 年,上海举办以"低碳、和谐、可持续发展的城市"为主题的世界博览会期间提出了"低碳世博"理念,世博会将大量新能源、节能环保科技成果转化为实际应用,对广泛宣传低碳、环保生活理念起到了积极作用。

4. 非政府组织积极行动。NGO 通过组织举办形式多样的活动,在引导公众参与低碳发展方面起到了积极作用。中国国际民间组织合作促进会、绿色出行基金、国家应对气候变化战略研究和国际合作中心等在辽宁、北京、天津、杭州等 15 个省、市组织"酷中国——全民低碳行动计划"项目及低碳公众宣传教育巡展活动。近 40 家中外民间组织共同发起了气候公民超越行动(C+)计划,倡导企业、学校、社区和个人积极参与应对低碳发展的活动。社会公众也以实际行动积极参与低碳发展,在机关、社区、企业、军营和学校等开展了丰富多彩的活动①。

(二)教育领域的行动

通过在基础教育、高等教育和成人教育中纳入低碳发展的内容,推动青少年掌握低碳发展的相关知识,树立积极参与低碳发展的意识。自 2007 年开始,国家发改委与英国大使馆,在全国十多个城市开展了一系列的低碳发展教育活动,启动中英气候课堂项目,以此来提升教师讲授低碳发展知识的能力,加强中小学生低碳发展的意识。2009 年,环境保护部宣传教育中心和汇丰集团开展了"汇丰生态学校低碳发展教育项目",帮助青少年认识低碳发展给地球和人类带来的影响,倡导从自身做起保护环境,减少碳足迹;2011 年,教育部基础教育课程和教材发展中心、联合国教科文组织以及多家机构联合开展了"中小学低碳发展教育项目",建立和推动高等学校、中小学校及周边社区携手合作互动平台。

从实施主体来看,目前我国的低碳发展教育具有明显的政府主导型特征。低碳发展教育培训行动与我国应对气候变化国际谈判大局结合紧密,可以使公众在较短的时间内获得有关低碳发展的知识。

(三)培训领域的行动

近年来,政府相关部门和众多国内外机构在低碳发展领域通过培训班、研

---

① 国家发展和改革委员会:《中国应对气候变化政策与行动 2012 年度报告》,中国社会科学文献出版社 2013 年版。

讨会、专题讲座、实地调研、集中学习、报告会等多种方式,针对政府官员、媒体、教师、NGO 等开展了形式多样的培训活动。

目前我国低碳发展领域的培训一直由政府主导,由涉及气候变化和低碳发展的多个部门共同推进,包括国家发展改革委、科技部、财政部、外交部等国家部委,以及 UNDP、德国国际合作机构(GIZ)等国际组织和部分发达国家也有所参与。其中,国家发改委举办了多期中央和地方干部低碳发展能力建设培训班,提高了各级政府对于低碳发展政策的理解和应用。此外,商务部、科技部、环保部、水利部、国家林业局、中国气象局也分别就所涉及的领域,组织实施了一系列低碳发展领域的培训项目。同时,我国政府还联合 UNDP、GIZ、英国驻华使馆等国际机构和 NGO 在中国开展了一系列相关培训工作。

从培训内容来看,我国低碳发展领域开展的培训主要分为五类:一是为各级领导干部普及低碳发展相关知识,帮助其提高规划编制、政策制定的能力。二是针对水资源利用管理、防涝抗旱、防灾减灾以及疾病防治等专业领域进行业务培训。三是开展低碳发展领域的专业人才培训,帮助其提高开展低碳发展研究和政策支撑的能力。四是针对大型国有企业实施节能减排、实行技术改造以实现低碳发展的培训。五是针对教师和媒体,普及低碳发展知识,提高低碳发展宣传和教育的能力。

三、效果和成就

(一)形成了内外结合的传播模式

在低碳发展宣传领域,我国政府通过不断拓展新的传播方式,扩大多元化传播主体和运用多样化的传播手段,实现了传播的复合功能,不仅将控制温室气体排放的目标、政策和行动及时向媒体发布,增强了国内各界对于低碳发展的认知度,同时积极加强与国外媒体的沟通,赢得了国际社会对中国低碳发展工作理解和支持。

(二)低碳发展逐步纳入国家教育体系

我国低碳发展教育取得了明显进步,低碳发展被逐步纳入国家教育体系。在基础教育中,低碳发展逐步成为日常教学的内容之一;在高等教育领域,关于低碳发展和低碳发展方面的教学和科研成果不断增多。通过在各级学校及更广的范围推广低碳发展教育，提升了我国全民素质教育，特别是青少年的教育，有效地促进了"资源节约型和环境友好型"社会的建设，具有现实的经济效益和深远的社会效益。

（三）培训工作增强了地方低碳发展能力

近年来，我国低碳发展培训取得了显著成效。通过各种培训，中央和地方各级领导干部、科研和技术人员、部分企业、公众对低碳发展与经济发展、低碳发展与消费、生活方式，以及低碳发展问题引起的各国政治经济利益争端等问题的认识、应对意识和能力有了显著提高。特别是针对教师和媒体的培训活动，增强了低碳绿色发展的传播范围，辐射面广，影响深远。不仅传播了绿色低碳发展理念，还推动了公民素质教育，具有广泛的社会影响力和良好的社会效益。同时，培训还大大提高了地方减缓和适应低碳发展的能力，部分企业开始走上节能减排、技术改造，以技术创新实现低碳转型之路。

四、存在的问题

与可持续发展面临的任务相比，我国低碳发展宣传教育培训工作还存在以下一些薄弱环节，亟待进一步加强：

（一）宣传领域

（1）对低碳发展和低碳发展的宣传认识有待深化。低碳发展本身是一个复杂的科学问题，在具体宣传工作中，还存在对低碳发展、低碳发展问题的现实性、影响的深远性、任务的紧迫性认识不足的问题。

（2）基础宣传工作和能力建设亟待加强。国家对低碳发展科学研究宣传基础工作相对薄弱，应急响应宣传能力不足；低碳发展宣传工作尚未形成整体合力，宣传队伍建设有待加强。

（3）对低碳发展制度建设和法律法规宣传仍需加强，缺乏相关的配套宣传政策措施、标准和规范。

（4）宣传投入有待加强，节能、新能源和可再生能源等方面的成果宣传推广应用力度不够，财政投入需要进一步加大。

（二）**教育领域**

（1）国家层面上还缺乏气候教育的专项战略。这反映我国政府部门还尚未彻底认识到低碳教育对于社会发展贡献的重要性。缺乏国家战略层面的低碳教育专项政策,就不能为国内外组织提供一个参与低碳发展教育行动的统一的政策蓝图,极大地约束了低碳发展领域教育行动的规模。

（2）气候教育的管理分散。现阶段低碳相关教育管理分置在不同的部门,特别是职业群体的低碳发展教育,分属各自主管部门的教育机构管辖,造成教育资源比较分散,使用效率低下。

（3）低碳教育资源匮乏。低碳发展教育在我国刚刚起步,适合中小学生和职业群体阅读的相关教材和科普读物严重不足,低碳发展相关知识在各学科中的渗透有限,没有建立完善的教师培训体系,对高等院校环境专业的学生也没有进行系统的训练,还尚未形成系统化的课程资源和教师资源,直接影响了低碳发展教育的效果和质量。

（4）低碳发展教育体系尚不健全,受众面偏小,规模严重不足。从受教育群体看,现阶段低碳相关教育以中小学学生为主,针对高等院校学生、职业群体的项目偏少。低碳发展需要全社会共同行动,需要公众改变高碳的消费和生活方式,只有全社会共同努力,才能实现低碳发展的最终目标。

（5）低碳发展教育资金的筹措渠道有待进一步拓宽。建立低碳发展教育体系需要大量的资金投入。仅依靠政府财政和国际机构的资助无法满足教育需求,必须采取多种融资渠道筹措资金,特别是积极探索利用社会资金的体制机制。

（三）**培训领域**

（1）国家层面上还缺乏气候培训的整体规划和政策框架。目前,中国在低碳发展领域开展的培训项目均为各部门短期行为,缺乏具有战略性、前瞻性的长期规划和整体设计。

（2）培训部门管理分散,没有统一的协调机制。目前,中国低碳发展领域开展的培训项目均由各部门自行安排,覆盖领域较为分散,造成教育资源比较分散,使用效率低下,部门条块分割,没有统一的协调机制。

（3）培训主体不健全,受众面偏小,规模严重不足。目前培训对象主要是政府官员和技术官员,对企业界、咨询机构、社区以及公民社会的培训尚未到位,受众面偏小,不利于开展社会化的培训活动,市场发育滞后,不利于社会各界积极参与低碳发展。

(4)培训资金有限,来源单一,筹措渠道有待进一步拓宽。目前我国财政体系中尚缺乏支持低碳发展工作的专项预算科目,培训缺少稳定的财政经费来源,难以保持连续性,亟需建立低碳发展国际合作专项工作长效机制。

(5)缺少私营部门的参与。从目前开展的低碳发展领域培训来看,参与主体大多为政府机构,私营部门、科研机构以及民间机构参与度较低。仅依靠政府财政和国际机构的资助无法满足培训需求。

(6)要加强与国际机构的合作。在培训方面,各部门各自为政,与联合国等国际机构、其他发展中国家联系和交流不够,可加强与国际机构培训部门的合作,学习其运作的成功经验与失败教训,不断提高我国培训的水平。

第三节　低碳发展公众传播机制

近年来,我国在低碳发展中的作用日益突出,在《京都议定书》背景下,我国作为主要温室气体二氧化碳的世界第一排放大国,在国际气候谈判中的地位至关重要。然而与上述重要地位相比,我国媒体对低碳发展的报道却存在较大缺陷,公众的知晓度及参与度也比较低。

因此,在推动低碳发展的过程中,需加强在政府领导、NGO、学术界、媒体、普通公众等各方之间的信息互动传播,形成合力来适应和减缓低碳发展。要解决这些要素之间相互传递信息的方式以及传播效果等问题,需建立一种合适的传播机制,这种机制的建立是提高各级政府、决策部门和社会公众对低碳发展的认识,扎实推进传播基础能力建设,加强宣传普及工作,发动全社会广泛参与的基础,也是气候传播有效运行和有效传播的保证。

要建立低碳发展公众传播机制,一是要准确定位低碳发展信息传播机制中的各要素,弄清各要素之间的相互作用关系和机理;二是明确各要素之间如何分工合作,即是通过怎样的运行模式来完成低碳发展信息传播的全过程;三是要制订和修订气候传播相关的制度,来规范、约束和指导各要素间的活动。

一、低碳发展传播机制要素定位

中国低碳传播研究开启相对较晚,通过分析历年来我国参与低碳发展谈判和公众传播模式发现,低碳发展信息作为一种公共信息,整个传播过程主要涉及三个要素:传播主体、媒介(渠道)及公众。

(一)政府的主体地位

政府掌握着制订法律政策和管理社会的权力,具有强大的宏观调控手段。在推进低碳传播过程中,以政府为主体的传播者发挥着极为关键的作用。我国低碳发展所涉及的政府部门是以国家发改委牵头,涉及环保、气象、林业、农业、海洋、交通等众多部门。各个部门在传播中的侧重点和地位都不尽相同。以政府主导的低碳发展传播中,担任信息生产、制定、发布和传播的组织机构主要有国家发改委、相关部委、地方政府及其下属各职能部门和事业单位。

(1)国家发改委。牵头负责我国低碳发展的具体工作,主要负责低碳发展国际形势和主要国家动态的研究和发布,拟订并发布我国低碳发展重大战略、规划和重大政策,制定并发布国家低碳发展战略等工作。

(2)相关部委。根据部门职责分工,具体负责低碳发展信息的相关专题研究和发布。

(3)地方政府及其职能部门。根据国家低碳发展总体政策导向及管辖地区差异,组织开展传播活动。

(4)部委下属事业单位。部分部委下设了专门研究低碳发展或者负责低碳发展传播的相关事业单位,比如发改委下属的国家气候战略中心、国家气象局下属的国家气候中心、环保部下属的宣教中心等。这些单位主要负责落实上级指示,开展具体的传播活动。

在现阶段低碳发展传播机制中,政府的主体地位无法取代,但是作为信息发布者,需要加强与媒体、NGO 等多方的全方位合作,在政策上多加引导和支持,增加信息公开度和透明度,这样才能为低碳发展信息传播创造更好的传播空间。

(二)媒体和 NGO 的双重身份

广义上讲,媒体介于信息来源与接收者之间,可以通过符号和传播渠道的控制来将相关信息中的语言、价值、利益、观念及目标等转换成不同群体可接受的内容①,进而传播给受众。在传播学中,媒介是信息传播行为得以实现的必要条件。NGO 是民意的代表者和表达者,它代表着环境正义。在近几年的气候变化谈判中,NGO 积极参与,发出了自己的声音,提出了自身的利益诉求,这些诉求尽管不完全与政府的声音相一致,但是为推动低碳发展提供了一种外在的动力。

传统意义上,媒体和 NGO 等被定位为传播主体将信息传播给受众的一个载体,这个过程中,媒体和 NGO 主要是以被动接受为主,起到渠道和中介的作用。但随着传播技术的发展与进步以及对低碳发展问题的积极参与,媒体和NGO 已然成为气候传播的间接主体,可以通过设置全球变暖、冰川融化、温室效应、国际气候谈判以及节能减排等低碳发展的相关议题促使政府、社会组织和公众认识到低碳发展的重要性,并采取相应的策略。所以,在低碳发展问题中媒体和 NGO 具有双重身份。

比如,近年来国内外的 NGO 积极开展推进低碳发展的相关活动。2007年 3 月,包括自然之友、乐施会、绿色和平、行动援助、地球村、世界自然基金会、绿家园志愿者和公众与环境研究中心在内的 8 家 NGO 启动了《中国公民社会应对气候变化:共识与策略》项目,该项目推动了我国公民社会积极回应低碳发展,并推动公众形成共识和应对策略。

(三)公众的角色转变

广义上的公众是指具有共同舆论关注的群体,主要包括企事业单位的人员,中小学、高校、科研机构中的学生以及生活在社区内的普通群众。他们是低碳信息传播的"目的地",信息的"接收者"和传播效果的"显示器"。

但随着新媒体的广泛发展,传播机制中公众的定位需要与传统的公众不同,角色应该进行转变。公众不只是被动的信息接收者,还是积极的信息参与者,其在上一传播环节中是信息的接收者,但在下一传播过程中会扮演传播者

---

① 刘雪明、沈志军:《公共政策的传播机制》,《南通大学学报(社会科学版)》2011 年第 3 期。

的角色,并做出信息反馈,实现与政府、媒体的良好互动。此外,公众也可以作为自传播的主体,开展主动传播,充分利用新媒体时代的特点,表达自己的意愿,保证传播的良性发展。

综上所述,低碳传播过程中各要素良好作用的发挥以及相互配合是传播活动有序、高效进行的重要基础。

二、低碳发展传播的传播模式

由于传播机制中各要素的地位不同,为了良好的运作,达到信息有效传播的目的,需要根据信息的不同以及社会发展建立一个良好的运作模式,使各要素的职能得以充分发挥。

传统的传播模式由政府掌握着信息的准确性和方向性,在传播中占有主导地位,是一种单向直线模式,它明确而又直观的表述了信息,但缺乏反馈的渠道,没有能反映出现实中传播活动所具有的双向和互动性质。

随着低碳发展形势的日趋明朗,媒体和 NGO 等的主动参与传播,加之受众意识的提升,原有的直线式传播模式已不能完全体现新时代传播的特点。所以我们需要根据所要传播的信息内容,建立互动式的传播和自传播两种模式。互动式传播指的是传播主体不再是单一的政府,媒体和 NGO 等也不再是单一的信息载体,受众也不再只是被动的信息接收者,其角色可以根据信息的类别及传播阶段的不同进行互换。自传播模式是指受众作为信息的提出者发起者,充分利用网络、新媒体等手段进行传播,从而影响政府决策。

(一)线性传播模式

对于低碳发展相关的政策法规、科普知识等公共信息,一般采取传统的以政府为主导的线性传播模式,这种模式较直观,运作方式简单。

这种传播模式主要是政府部门通过政府网站、文件、会议、政府主流媒体等形式,及时的将政策法规、国家战略、科普知识等公共信息向公众进行广普性传播。这种模式不强调受众的反馈,其作用更多的是传达、告知,让公众从概念上对信息予以了解。由于中国现阶段的国情,政府对信息的主导地位短期将不会改变,媒体的自主话语权较少,公众意识较低,因此,这种模式在中国将长期存在。

（二）互动模式

低碳发展的互动传播模式主要是建立在政府、媒介、公众间的全面合作的基础之上，对相关信息进行传播—表达—接受—反馈—再传播的过程。这种传播模式所传递的信息主要是媒介、公众可以参与的信息，比如：国际谈判、低碳发展、低碳生活等信息。

这种模式在线性传播模式的基础上，增加了反馈和互动的环节，对传播要素没有做具体的限制，政府、媒体、公众都可以同时作为信息的传播者和受众，实现传受双方"二元统一"的局面。如政府需要向企业传播低碳发展理念，需要先将信息传递给媒体，媒体是信息的受者。同时媒体借助自身的平台将信息传播给企业，这时又成了传播者，企业通过做为信息接收者，根据自身情况对于如何实现低碳发展进行反馈活动，在反馈环节企业又成为了传播者，三者之间形成一种具有双向反馈关系的传播共同体。

这种模式有助于打破以往的权力平衡，通过传播主体和公众构成的多元化，使得低碳发展信息在各要素之间不断添加新素材、新角度和新观点，达到最佳效果，从而全方位的提升公众对低碳发展的参与度。根据我国2020年所承诺的碳强度减排承诺，预计在"十三五"期间，通过政府更好地整合与协调公众利益，建立良好的信息反馈机制，及时修正、完善政府政策，建立互动式低碳发展传播模式。

（三）自传播模式

随着网络科技的发展和新媒体的逐步崛起，传统的媒介、NGO以及公众也可以作为传播者发起传播，在了解和熟悉信息乃至配合政策实施的过程中，希望按照自身的需求来向政府和社会公众表达利益诉求，这种模式称为自传播模式。当公众对低碳发展所引起的某项事件或问题具有较高的关注度时，其通过自身平台进行舆论扩散，进而引起政府的关注，政府再利用媒体对这些热点话题进行集中报道和解释，从而反馈给媒体和公众。

这种传播模式在发达国家已经广泛存在，其是建立在公众和媒体对低碳发展有着较高的认识和参与的情况下。根据中国目前公众和媒体低碳发展的现状，争取在2020年建立这种自传播模式。

三、低碳发展宣传教育机制的配套措施

传播机制需要对影响信息传播机制有效运行的各个要素做出合理、高效的制度化安排。全方位地建立和健全相关制度,既是低碳传播机制有效运行的基础,又是促进信息畅达、公开透明、有效传播的保证。

（一）制定和完善系统的法律制度

低碳发展的信息作为一种公共政策信息,应视为政府信息公开的一个重要方面,根据我国当前实际,将政策信息传播以及传播的原则、内容、范围、方式、及反馈机制等进行系统化、科学化规定,规范和制约传播者的随意性与不作为,充分尊重受众的知情权和话语权。与此同时,要完善政府的新闻发言人制度,加大信息传播的力度,保证信息发布时效性。[①]

在低碳发展领域,应加快和深化低碳立法和战略研究,规范传播各要素的权利与义务,分阶段制定传播模式,保障各种传播模式的有效运行。

（二）加强传播媒介的制度创新

新时期的传播媒介既是传播赖以实现的载体,又可以成为辅助的传播者,因此我们要加强传播媒介的制度创新,规定报刊、电视、广播、网络等各种媒介在信息传播方面的权利与义务,充分发挥传播媒介的舆论导向和政策引导作用。

在构建社会主义和谐社会的时代背景下,传播媒介的制度创新与有效安排是传播媒介健康发展的基本保障,是维护社会主义核心价值观,正确引导社会舆论,实现低碳发展信息有效传播的重要举措。[②]

（三）建立合理的激励和补偿制度

低碳信息传播的核心内容是向公众传播低碳发展、绿色出行等理念和政策,但是也要看到,这些理念和政策会在不同程度上对企业和公众的现有利益产生不利的影响。因此,要因势利导,合理反应公众的利益诉求,并及时协调,避免引发社会冲突。

---

① 刘雪明、沈志军:《公共政策的传播机制》,《南通大学学报(社会科学版)》2011 年第 3 期。
② 刘雪明、沈志军:《公共政策的传播机制》,《南通大学学报(社会科学版)》2011 年第 3 期。

各种新政策、新理念的有效推行与实施,必须通过合理化的激励和利益补偿机制进行构建和运行,以此来刺激和引导居民绿色消费和企业实现低碳转型,使得新政的利益受损者最终成为先进理念的受益者。因此,在低碳发展的过程中,要建立合理的低碳发展激励和补偿制度,使一些利益受损者能够通过合理的方式获得相应的利益补偿,以拓展低碳传播的受众面。

通过加强制度建设,保障信息传播的有效进行,不断完善信息传播过程中的沟通机制,构建政府—媒介—受众之间的良性传播路径①。

(四)建立气候传播效果的评价体系

对传播效果及时、准确的评估是检验传播机制的有效手段,也是对传播机制进行调整和改进的重要依据。由于目前低碳发展的问题对不同受众心理影响的深浅程度不同,所以要从受众的认知层面、态度以及行为方式等方面设立不同的衡量标准,建立科学的评价体系。

第四节　政策建议

加强部门分工和联动机制,完善低碳发展的归口管理。利用多元化的媒体平台,普及低碳发展科学知识,宣传低碳发展理念和常识,加强低碳发展国内外传播,加强舆论引导;加强低碳发展教育,推进低碳发展养成教育,鼓励低碳发展领域多学科合作;构建多层次、多形式、多渠道的培训机制,形成全民参与的低碳发展社会行动体系;积极推动低碳发展的国际合作与交流,发挥NGO 的作用,为我国实现低碳发展创造良好的国内外环境。

我国制定和实施低碳发展公众参与宣传教育战略的主要目标是建立和完善低碳发展宣传教育培训管理职能,形成分工合理、上下联动的工作机制。

在宣传领域,形成内外并进的低碳发展宣传格局,加强媒体自身能力建设,推动国内外媒体的交流,充分利用多元化的媒体网络,拓展公众对于低碳发展的信息获取渠道,提高公众的认知和参与能力。

---

① 刘雪明、沈志军:《公共政策的传播机制》,《南通大学学报(社会科学版)》2011 年第 3 期。

在教育领域,加强全民低碳发展意识培养,充分发挥学校在低碳发展教育中的基础性作用。加强低碳发展的养成教育,将其贯穿学前、小学、初高中、职业教育、高等教育和继续教育的全过程,编写适合不同年龄阶段的教材,形成覆盖儿童、青少年和成人的低碳发展教育体系。

一、加强组织机制建设

加强低碳发展组织机制建设,就是要加强低碳发展不同机构组织之间的沟通、管理和引导,充分发挥各自优势,在功能上实现互补,形成良性的互动机制。

(1)加强部门间的组织协调。加强部门协调,实现资源共享。低碳发展领域的宣传教育工作涉及国家发改委、科技部、环保部、教育部、商务部、国家气象局、国家海洋局等多个相关部门及其机构,同时还有大量国内外NGO,它们也在低碳发展宣传教育和培训等方面了发挥了巨大的作用。此外,包括一些英国驻华使馆等驻华机构也开展了相应的低碳发展宣传教育和培训。因此,需要建立部门之间的协作和信息通报机制,通过定期和不定期的信息通报制度,实现不同机构之间的信息共享。

(2)建立低碳发展宣传教育培训的信息网络。加强低碳发展宣传教育培训的网络化平台建设,形成多节点的宣传教育培训网络,设立区域性低碳发展宣传教育培训中心。建立远程宣传教育培训系统,建设专家数据库。加强网络在线教育建设,编写低碳发展教材建设,通过数字化使更多的人可以免费下载。定期通报发布相关信息,加强各相关机构和部门的合作、实现信息和平台共享。

(3)充分发挥非政府组织的作用。NGO在低碳发展宣传教育和培训过程中发挥了巨大的作用。在低碳发展领域,众多的国际NGO和国内社会团体在涉及低碳传播、社区体验和防灾减灾以及扶贫等多个领域均发挥了重要的作用。作为与社会公众密切联系的纽带,NGO具有独特的优势。此外,鉴于NGO的相对独立性,既要为他们开展活动提供相关平台,也要加强对其的引导和管理,通过增强合作与沟通,提升低碳发展宣传教育培训的整体效果。

二、加强资金投入

要增强政府、企业、媒体和社会各界低碳发展的意识和能力,必须加大对低碳发展相关宣传教育工作的资金投入,不仅需要加强政府用于低碳发展宣传教育培训的资金总量,而且需要社会各界资金的支持,形成多渠道多形式的资金投入机制。

(1)设立低碳发展宣传教育的国家专项资金。设立低碳发展宣传教育培训国家专项资金,用于低碳发展宣传教育与培训的重点项目,将支持政府决策、公众和 NGO 参与、媒体传播、国民教育和企业发展等方面的能力建设作为其主要投入领域。

(2)增加资金来源和渠道。除了加强政府财政投入之外,低碳发展的传播培训工作还需要丰富社会各界资金的投入途径,多渠道筹措社会融资。充分发挥企业低碳发展的主体作用,引导中国企业加大对低碳发展领域的技术创新和资金投入。积极利用国外政府、组织基金,支持中国开展低碳发展领域的宣传教育。除此之外,吸引银行、保险公司、证券投资机构、基金等金融机构加大低碳发展宣传教育培训方面的资金投入,在增强金融机构的多元化利益,提升其在低碳发展方面的声望的同时,承担更多的环境责任和社会责任。

(3)加强宣传教育培训的基层投入。我国需要在低碳发展的科普知识、教育以及相关培训的重点领域,加强地方低碳发展基础能力建设,增强对于街道、乡镇等基层组织低碳发展的能力建设,提升公众对于低碳发展的参与能力,直接推动低碳发展科学知识的全民普及,形成良好的低碳发展氛围。

三、培育和规范市场中介组织

通过市场化力量开展低碳发展教育培训,不仅有利于改善目前以政府为主导的工作模式,而且有利于创造新的就业机会。特别是随着碳交易、碳标识和评价工作的深入开展,各种各样的碳市场中介机构也会应运而生。

(1)培育中介组织。在低碳发展领域,培育为教育培训服务的中介组织,开展相关的资质、标准、评估和咨询等相关服务,鼓励多元主体参与应对低碳发展的教育培训。

（2）加强中介组织的管理与行业自律。明确行业规范，对于低碳发展领域中介组织的准入门槛、职能、范围和服务标准进行明确的规定，并鼓励市场中介建立行业自律组织，通过行业联盟、协会等机构，加强自我管理和约束。

四、加强人才队伍建设

建立多层次的人才队伍，加强对从业人员的管理，有利于增加低碳发展宣传教育和培训工作的持续开展。通过建立专家人才数据库，实现各种人才的精细化管理，加强从业人员资质管理，规范市场秩序，提高专业水平，实现人才队伍建设的良性发展。

（1）建立专家人才数据库。建立低碳发展专家人才数据库，实现专业人才的分类管理。鼓励科学家以及政策制定者、研究人员积极参与低碳发展的科学普及、政策宣讲和开展相关的培训活动。通过会议、沙龙等形式，组织专家进行研讨，拓展工作思路和提供解决方案。

（2）加强从业人员管理和培训。建立低碳发展领域职业资质分级体系。低碳发展工作具有较强的专业性，对于评估、核算和交易等领域培训实施资质管理，通过颁发执业资格规范从业人员行为，加强从业人员的业务能力。鼓励从业人员接受相关的培训，通过系统的培训和学习，建立一支规范的从业队伍。

大力开展与发达国家政府、企业、NGO 等在低碳发展宣传教育培训领域的合作与交流，通过开展国际交流，搭建新的合作平台，充分学习和借鉴其先进的制度、经验、模式、方法和资源，从发达国家引进资金、技术等，全面提升我国低碳发展宣传教育培训的能力和水平。

大力开展与 UNDP、世界银行、联合国教科文组织等国际机构在低碳发展宣传教育培训领域的合作与交流，在形式多样的学习与实践互动过程中，逐步提升我国低碳发展宣传教育水平。

第 七 章

低碳发展公众参与的政策设计

实施低碳发展需要以法律、法规和政策来设定低碳发展的国家目标,确定政府和企业的行为准则;需要以宣传、激励等措施来吸引公众参与和实践;需要以法律法规和规章制度来保障公众参与。目前,我国低碳发展方面的法律法规已有相当数量并且正在逐步完善,传播、激励公众参与低碳发展的政策和政府行动也在逐年增加,但保障公众参与低碳发展方面的法律法规仍然相对匮乏,政策体系建设也较不完善,亟待进一步的补充和完善。

第一节　法律法规体系

公众参与立法和政府决策,需要完备的法律法规体系作为支撑和保障。具体而言,需要三大法律制度。第一是基础性制度,包括公民社会和信息自由制度;第二是程序性制度,主要包括听证制度、行政立法和行政决策的征求意见、听证和救济等保障公众参与的辅助性制度;第三是支持性制度,包括但不限于"公益代表制度"和"大众传媒支持"①。落实到法律法规上,一般包括《信息公开法》《行政程序法》,以及关于公众组织化参与、媒体参与方面的相关法律。

---

① 孙树志:《行政程序法基本制度研究》,甘肃文化出版社 2012 年版。

《信息公开法》对于公众参与的意义在于,有公开才会有知情,有知情才会有参与,因此,信息公开是公众参与的前提。我国目前尚未制定《信息公开法》或相似法律,只有 2008 年由国务院颁布并实施的《政府信息公开条例》。由于条例的法律地位较低,与相关法律尤其是《保密法》不相协调,规定的信息公开义务主体仅限于行政机关及具有公共管理职能的组织和企事业单位,而不包括立法机关、司法机关、政党、社会团体等,因此,公众获取政府信息的权利仍然受到相当大的掣肘。

《行政程序法》的立法目的是为了提高行政运作过程中的"规范性"、"透明性"和"公正性"。《行政程序法》通过行政程序说明公众参与的理论依据、制度规范以及具体程序规定等,旨在确保立法和行政过程对公众参与的接纳。我国目前还未出台《行政程序法》,只是在《行政处罚法》、《行政复议法》、《行政许可法》、《行政强制法》、《立法法》、《城乡规划法》等法律法规中对公众参与做了原则性规定。这导致行政裁量权过大,出现公众参与走过场、效果不明显等现象,甚至带来公众参与热情下降等不良后果。

公民组织化参与是较公民个人参与更有效的方式,涉及到非政府组织(NGO)的地位和作用。我国迄今还没有一部社会组织法,尚处在依靠有关行政法规和部门规章规范的初级阶段。现有法规规章主要规范登记程序,既缺乏对社会组织的权益保障,也缺乏对社会组织与其他组织及个人之间权利义务关系的明确规定。另外,由于《新闻法》尚未制定,新闻媒体在公众参与过程中的权利和责任不甚明了,导致其对公众参与的支撑性作用也非常有限。

总的来看,我国促进和保障公众参与到包括低碳发展在内的公共事务中的法律环境还远未形成。因此,应推动加快上述四个方面的立法工作,以不断适应我国公众参与公共生活的热情不断高涨的现实。

第二节 政策措施体系

有关公众参与方面的法律法规或规章制度,主要是对公民和社会组织的参与权力及行为予以保障,而无法规定公众必须参与公共生活的基本义务,且不具备激发公众参与热情的作用。因此,制定一系列包括倡导、激励等在内的配套政策措施将明显提高公众合法、合理参与低碳发展的效率。这些措施应该覆盖低碳发展公众参与的各个环节,包括个人低碳实践、参与低碳政策制定、执行监督和低碳传播等多个方面。

公众参与低碳发展的主体包括公众个人和组织化的公众(即 NGO),二者在参与低碳发展中的主要作用则主要包括是两个层面:一是法律法规和政策的制定与监督,二是日常生活的低碳实践和宣传。

一、参与决策监督篇

对于立法和政策制定层面,根据国外有关公众参与立法和政策制定过程和机制的研究,结合国内公众和 NGO 参与低碳发展立法和政策制定的现状和不足,本研究发现低碳发展公众参与不仅需要权利保障,还需要激励公众参与的积极性,即在弥补公众因为参与低碳发展立法和政策制定所造成的损失的同时,还要给予参与者额外的物质奖励和精神激励。结合国外公众参与低碳政策立法的经验,本研究具体提出以下政策建议:

(一)加强对参与低碳发展立法和政策制定的个人和社会组织的物质奖励和精神激励

政府部门和法制机构应当给予参与低碳立法和政策制定的公众个人和社会组织相应的物质报酬,以弥补其为法律法规和政策制定过程中由于收集资料、表达意见、参加听证会和论证会等各种形式付出的交通费、误工费和食宿费等。如果公众所提供的意见被政府采纳,政府和法制机构还应当给与其一定额度的物质奖励或"积极低碳公民"或"积极低碳 NGO"等荣誉称号。

(二)降低低碳环保领域 **NGO** 的准入门槛,给予 **NGO** 一定的税收优惠政策

政府和环境保护部门应当建立低碳发展 NGO 数据库,放开低碳发展和环境保护领域 NGO 的非竞争性,在一定程度上允许 NGO 自由的建立和发展,降低低碳环保 NGO 的注册资金门槛并简化审批流程,同时给予其一定的税收优惠政策或者免税政策,以促进低碳环保 NGO 的发展。政府和环境保护部门应

当优先采购参与低碳发展建言献策和法律政策制定的 NGO 的社会化服务,这既能激励低碳环保 NGO 积极参与低碳发展的法律法规和政策制定,又能推动低碳发展 NGO 在低碳社会建设中发挥更大作用。

(三)奖励和保护对低碳发展违法违规现象的监督举报

公民和社会组织在参与低碳发展过程中可以对涉及违反国家环境保护法、高耗能高排放、造成严重污染、拒不执行低碳生产工艺标准、制造假冒伪劣低碳产品、技术和服务不符合低碳产品认证标准的相关企业进行举报。举报和投诉行为应当受到政府部门的保护和奖励。

(四)增加低碳发展公众参与的财政预算和专项资金,为公众参与提供资金保障

首先,公众参与低碳发展法律法规和政策制定的全过程对资金投入的依赖度较高,故应纳入财政预算。其次,对低碳发展 NGO 的社会化服务采购需要大量专项资金。再次,环境保护部门低碳发展机构的设置亦需要一定的财政支持。最后,对低碳能源、低碳技术和产品的财税补贴等完全依靠财政投入,故建议可以将对高碳企业和产品征收的碳税,投入到低碳发展的财政预算和专项资金中。

二、参与宣传倡导篇

对于公众参与低碳发展的宣传倡导,已有低碳发展公众参与现状调研显示,88.97%的被调查者通过新闻、报刊、电视等传统主流媒体了解低碳,同时网络作为新媒体也已成为一个有效的传播手段。已有数据也表明,公众首选的传播渠道是学校,其次是政府部门,再次是居委会。但是,调查显示,已有传播渠道的传播效果并不十分理想,大多数被调查者只是对"低碳"有所关注,但是对其详细含义和实践方式则不甚了解,因此很难进行有意识的低碳生活意识转变并身体力行。这意味着低碳生活方式的倡导不仅仅需要知识性和理念性的说教传播,更需要富有创意的互动式、情景式的传播方式。基于此,本研究提出以下政策建议:

（一）加强电视、报刊、广播等传统主流媒体和网络等新媒体的传播力度，丰富传播形式

政府部门应当在主流媒体，如电视、报刊和广播等，常设低碳生活频道、低碳生活栏目和低碳生活创意节目，持续不断的向普通公众传播低碳发展低碳生活知识。低碳生活节目可以采用互动式的节目形式，包括低碳知识有奖竞赛、低碳发明家、低碳家庭和社区秀等，以增加低碳生活知识传播的趣味性、生动性和适用性。同时，在网络媒体上，可以通过建立各种低碳发展和低碳生活论坛，开办网络互动性的节目，吸引更多公众参与低碳发展相关讨论。

（二）政府采购低碳环保 NGO 服务，发挥低碳环保组织的专业价值

低碳发展和环境保护领域 NGO 相对于普通公众，对低碳发展和低碳生活拥有更多的专业知识和行动热情。目前，我国致力于低碳发展的 NGO 已经深入学校、社区、企业和村庄，开展了大量有关低碳生产和生活的宣传和示范活动。例如，"酷中国——低碳中国行"在全国若干城市的社区宣传活动，就属于政府采购 NGO 服务的经典案例。低碳环保 NGO 具有相对丰富的专业知识和更为新颖富有创意的宣传手法，以及更多同国内外相同领域 NGO 的交流互动，促使其在深入社区、学校和企业的宣传过程中能够发挥更大的作用。建议政府和环境保护部门在加强对低碳发展 NGO 监管引导的同时，积极采购其社会化宣传服务，用以更好的实现低碳发展的宣传效果，并促进更多的公众参与到低碳发展和低碳生活的行动中来。

（三）完善和健全国民教育的低碳发展教育培训体系，支持社会中介机构的低碳培训活动

建议政府部门将低碳发展和建立低碳社会这两个概念相互融合，同时融入贯穿到幼儿、小学、中学至大学的教育培训体系之中，实现从娃娃抓起。同时，加强高等教育中碳减排技术和应对气候变化技术的人才培养。鼓励社会创办低碳发展的培训、咨询和认证机构，充分发挥市场对资源配置的作用，推动绿色低碳产业的繁荣发展。

（四）通过政府的低碳采购和低碳招标，树立低碳发展的社会经济示范效应

政府部门应率先以低碳办公、低碳采购、低碳招标等形式向社会树立标

杆,为市场注入低碳财税政策之外的另一种经济刺激。政府的低碳行为,尤其是低碳采购和低碳招标,能够自动将不符合低碳要求的生产厂家、企业和投标方拒之门外,为低碳的生产厂家、企业和投标方提供更多的发展机会,从而在提升绿色低碳产业的竞争力的同时,推动我国产业结构的优化升级。

三、个人低碳生活实践篇

对于低碳发展公众参与的现状调研表明,普通公众对低碳具有一定的关注度,但是了解并不多,真正的参与更少。即便是目前调研所看到的低碳行为,也有绝大部分是和经济收入水平相关的,即很多公众都是因为勤俭节约的生活习惯导致了客观的、无意识的"低碳"行为。调查数据表明,公众有意识的低碳行为并不多,主要受经济因素、相关知识储备、实践可操作性以及基础设施和资源性等多方面因素所限制,导致未能在主观上实现低碳发展和低碳生活的公众参与。因此,本研究提出以下政策建议,以支持和激励公众有意识的参与低碳发展:

(一)**倡导建设低碳社会,践行低碳生活,贴近公众日常生活**

对于普通公众来说,低碳发展这一概念仍较为抽象,故建议大力宣传和提倡低碳社会建设,帮助这一概念更为具体的呈现在公众视野中,逐步达到遍及每一个公民。实质上,低碳社会相比低碳发展包容性更强,因而对低碳社会概念的推广能够从切身利益的角度更有力的吸引普通公众参与到低碳生活实践中,继而激励公众参与低碳发展。

(二)**编制低碳衣食住行宣传册,指导公众选择低碳生活方式**

政府和环境保护等低碳发展相关机构应召集低碳领域的专家、NGO 的实践者以及低碳公民共同编制公众日常衣食住行的低碳生活手册、低碳家庭手册、低碳社区手册、低碳学校手册,并在政府网站、社区居委会、学校发放,普及低碳生活知识与理念,从而促进普通公众参与低碳发展。

(三)**提高低碳产品、技术和服务补助,引导公众的理性低碳消费**

政府应当给予低碳节能建筑、低碳建材、低碳新能源汽车、低碳节能电器等更多的优惠补贴政策,引导公众对低碳产品的倾向性消费;政府应当给予本地应季的蔬菜水果和肉类更多的补贴和优惠政策,引导公众消费本地应季的果蔬和肉类等食品;政府应给予新能源、可再生能源、生物质能源、资源循环再利用的企业和生产厂家更多的优惠补贴和创业贷款政策,大力支持低碳节能技术和产品的研发,降低节能低碳产品的生产成本,提高资源的利用效率,为公众的低碳消费提供更多合理的选择。

(四)建设便民低碳基础设施,引导公众参与低碳生活

政府应当在城市建设覆盖范围广、便利而廉价的地铁和快速轨道交通系统,引导公众出行更多选择公共交通方式,降低私家车出行;为城区道路建设多条自行车道,并提供便民的公用自行车,方便公众选择;合理规划城市布局,将生活、工作、娱乐休闲等城市功能混合,减少公众的出行距离;普及垃圾分类回收知识,引导社区和家庭严格处理垃圾,促进垃圾的回收再利用,对于可以回收的垃圾进行再次利用,不能回收的可以通过焚烧并利用焚烧热量进行供电或供暖;在农村建立定点垃圾回收站,实现垃圾分类回收再利用,农民可以把垃圾分类卖给垃圾回收站;居民小区和大型工程的建设应当邀请公众通过网上和线下等各种渠道对建筑工程的低碳节能技术进行投票选择并发表意见;老旧居民区应当进行太阳能供热、建筑隔热以及节电节水改造等。

(五)奖励低碳发明创新,支持低碳技术研发和相关创业

政府不仅要促使低碳概念融入公民具体生活中,还应当鼓励和倡导公众积极主动的参与到政策体系的建设中,为低碳发展和低碳生活建言献策。政府有关部门应当建立并完善低碳技术研发奖励机制,并设立专项的低碳发明创意奖励资金,以激励在各种低碳创意大赛中脱颖而出的低碳发明家。政府还应当激励和支持进行低碳技术研发的公司和个人,对在低碳产业领域创业的企业给予倾斜性的财税政策和优惠贷款还款政策。

(六)引介、编制碳足迹计算标准,加强碳足迹认证机构管理

公众参与低碳发展,无论是以个人形式还是以组织化形式,如果没有低碳标准,一切都无从谈起。同理,如果低碳产品没有一个统一的衡量标准,低碳认证充满随意性,那么低碳产品市场也将非常混乱,影响公众对低碳产品的信任,进而影响低碳消费。因此,政府和低碳发展有关部门应引介、普及国内外已有的碳足迹计算方法与标准,编制适合城乡等不同空间尺度及地域特征的碳足迹计算系统。同时,政府和低碳发展机构还应加强对低碳认证机构的监督和管理,确保低碳产品认证标准严格统一,从而为公众参与低碳发展提供良好的信度和效度,增强公众对低碳标准和认证的信任,助推低碳发展公众参与。

四、政府组织保障篇

为了促进公众参与低碳发展,除了需要提供一揽子的对公民个人、社会组织和企业的激励和支持性的政策措施体系,还需要一个健全的专职组织机构来统筹和协调中国低碳发展公众参与的相关全部事宜,同时需要加强政府和其他国家的低碳发展技术研发合作与公众参与经验的交流与学习。这个组织机构须是自上而下的组织系统,有专门的财政预算和专职人员或兼职人员。因此,建议采用以下政策措施:

(一)建立低碳发展的组织体系

(1)成立由总理为首席代表的低碳发展公众参与中央委员会;

(2)委员会由国家发改委、财政部、教育部、环保部、农业部等各部委部长和低碳发展气候变化相关专家组成,不超过 50 人;

(3)委员会负责对国家或地方低碳路线图、低碳减排规划、低碳发展实施情况、低碳发展法律法规政策、低碳发展教育、宣传和培训等事项提供建议和咨商;

(4)中央委员会下设各地级市低碳发展公众参与委员会,委员会由市长兼任首席代表,其他委员由市政府其他部门官员和地方低碳发展技术专家构成;

(5)委员会的运作费用由财政列支;

(6)委员会首席代表对地方或国家低碳发展状况负主要责任,首席代表须定期向相应级别的人民代表大会汇报低碳发展吸纳的建议、措施成效以及低碳发展的实行情况等。

(二)加强国家低碳发展领域的国际合作与交流

大力开展与发达国家政府、企业、NGO 等在低碳发展公众参与领域的合作与交流,充分学习和借鉴其先进的制度、模式、方法和资源等多方面经验,从发达国家引进资金、技术等,全面提升我国低碳发展公众参与的能力和水平,以及我国低碳发展公众参与的深度与广度。

第三节 《低碳发展公众参与促进办法》设计

一、设计原则

(1)问题导向原则。制定低碳发展公众参与促进办法草案,需要明确当前公众参与低碳发展中存在的问题,进而寻找到解决问题的办法,并依此制定低碳发展公众参与促进办法的若干条例,鼓励、保护公民的低碳行为,以便公众更好地参与低碳发展。

(2)不侵犯行政权与企业自主经营权原则。低碳发展公众参与促进办法要保证企业的自主经营权的完备和政府行政权的独立,要实现公众参与、政府行政与企业经营之间的平衡。

(3)多方借鉴原则。在借鉴英国、日本、澳大利亚等国制定的低碳发展中公众参与若干条例以及国内《信息公开条例》、《环境影响评价公众参与办法》等诸多法律法规和政策的基础上,提出旨在增强公众低碳意识、鼓励公众参与低碳生活、企业践行低碳生产、监督不低碳行为等的具体措施,作为制定低碳发展公众参与促进办法草案的基础。

(4)有序参与原则。办法的制定要为公民的制度化参与提供保障,实现有序参与。

二、《低碳发展公众参与促进办法》(建议稿)

《低碳发展公众参与促进办法》(建议稿)

第一章 总 则

第一条 为减缓气候变暖,履行低碳节能减排国际承诺,建设低碳社会,促进低碳经济可持续发展,应大力促进低碳发展公众参与工作。依据《"十二五"控制温室气体排放工作方案》以及国家发展改革委有关开展低碳省区和城市低碳园区、低碳社区试点工作的有关通知和要求等有关规定,制定本办法。

第二条　本办法所称公众,是指具有完全行为能力的自然人以及社会组织,包括非政府组织和非营利组织(以下非政府组织和非盈利组织统称为NGO)。

第三条　本办法所称公众参与主要指普通公民以及公民的组织化代表NGO参与低碳发展的相关政策法规的立项、起草、审查、实施等环节并提出意见,政府及其环境保护行政主管部门决定是否采纳并及时反馈的活动。本办法同时鼓励公民以宣传倡导、转变个人生活方式、发明创造低碳技术和产品、监督投诉等方式参与低碳发展。

第四条　公众参与遵循广泛、平等、民主、公开和便利的原则。

第五条　县级以上环境保护行政主管部门应当设立专门的低碳发展机构,并且配备专职人员对公众提出的意见进行整理、归类和分析,进行认真研究处理。

第六条　低碳发展公众参与范围:

(一)以法定方式参与低碳发展立法;

(二)参与低碳发展政策的制定和低碳发展规划的编制;

(三)参与建设项目的环境影响评价和低碳评价工作;

(四)建设项目竣工、环境保护设施和低碳验收工作;

(五)对环境保护部门低碳发展机构的工作提出意见和建议;

(六)对节能违法行为进行监督、检举和控告;

(七)对环境保护行政主管部门及其工作人员玩忽职守、滥用职权、徇私舞弊等行为进行检举和控告;

(八)对低碳城市和低碳社区的建设建言献策;

(九)法律、法规及政策规定的其他行为。

第二章　公众获取信息

第七条　为确保公众的低碳发展知情权,县级以上环境保护行政主管部门须公布以下信息：

（一）环境保护和低碳发展的法律法规、政策措施和其他规范性文件；

（二）国家和省市低碳发展节能减排的政策、规划和计划；

（三）本行政区域节能减排的目标数据和现状数据；

（四）各类低碳减排标准、低碳产品认证标准和碳足迹计算标准；

（五）碳税征收的项目、依据、标准和程序；

（六）经调查核实的公众对高耗能高排放问题或者对企业高碳高耗能的信访、投诉案件及其处理结果；

（七）重大低碳补助资金项目；

（八）建设项目低碳评估情况；

（九）高耗能高排放以及低能耗低排放的企业名单；

（十）拒不执行已生效的环境行政处罚决定的企业名单；

（十一）低碳示范城市、低碳社区、低碳学校和低碳企业创建结果；

（十二）国家环境保护行政主管部门认定的低碳技术目录以及低碳产品和技术认证机构运营资质情况；

（十三）环境保护行政主管部门低碳发展机构的主要职责、机构设置、办事程序、办事时限、服务承诺及其联系方式等情况；

（十四）法律法规和政策规定应当公开的其他环境信息。

第八条　环境保护行政主管部门公开政府和企业低碳节能减排信息，不得危及国家安全、公共安全、经济安全和社会稳定。公民、法人和其他组织使用公开的低碳节能减排信息，不得损害国家利益、公共利益和他人的合法利益。

第九条　企业须向公众明示产品、技术和服务相关的碳足迹数据，公众对企业的产品、技术和服务的碳足迹数据拥有知情权。

第十条　公众获取县级以上环境保护行政主管部门公布的低碳信息的方式：

（一）通过书信、电子邮件、传真、电话等方式向环境保护部门查询或者上门走访查询以及查阅环境保护部门提供的环境信息刊物和政策法规汇编等；

（二）通过政府环保网站获取政府部门主动公开的各类环保信息；

（三）通过报纸、电视、广播、刊物等新闻媒体获得环境信息；

（四）公众可以向环境保护行政主管部门申请获取政府环境信息；

（五）有关需求的其他方式。

第十一条　公众获取企业公布的低碳信息的方式：

（一）通过产品或服务的说明书；

（二）通过生产厂家或企业的网站；

（三）通过生产厂家或企业的产品或服务项目列表；

（四）通过生产厂家或企业的产品或服务的宣传册或广告；

（五）通过电视、报纸、广播和网络各大主要媒体公布的行业低碳排名等其他方式。

第十二条　公众通过书信、电子邮件、传真、电话或走访形式提出获取低碳信息要求的，环境保护行政主管部门应在接到要求后15个工作日内予以答复。不能在15个工作日内作出答复的，经环境保护行政主管部门专门机构负责人同意，可以适当延长答复期限，并书面告知申请人，但答复期限最长不得超过30个工作日。

第三章　公众参与低碳政策法规的立项

第十三条　公众可以通过信函、传真、电子邮件等书面方式向政府法制机构提出低碳政策法规制定、修改或者废止的意见，意见应当包括法规政策的名称，制定，修改或者废止的理由，可行性和必要性，需要解决的主要问题和措施等内容。

政府法制机构应当在政府法制机构网站上公布接受意见的信函地址、传真电话及电子邮件地址等有关信息。

政府法制机构应当在收到公众意见之日起5个工作日内，通过政府法制机构网站公开公众意见。

第十四条　政府法制机构应当对公众提出的法规政策制定、修改或者废止意见进行研究或者转交相关部门研究。相关部门应当在收到政府法制机构转交意见之日起30个工作日内将处理意见回复政府法制机构。对可行的意见，政府法制机构应当在拟订年度低碳法规政策工作计划时予以采纳。

政府法制机构应当在收到公众意见之日起 45 日内或者收到相关部门回复意见之日起 15 日内,将处理意见通过政府法制机构网站公开。

第十五条　政府法制机构拟订的政府年度低碳发展法规政策制定工作计划应当在上报政府常务会议或者全体会议讨论前通过政府网站、政府法制机构网站等征求公众意见。

征求公众对年度低碳发展法规政策制定工作计划的意见时,应当公开以下内容:

(一)法规政策名称、起草部门、主要内容、起草依据、必要性和可行性;

(二)征求意见的起止时间;

(三)公众提出意见的途径;

(四)其他需要说明的问题。

政府法制机构拟订的年度法规政策制定工作计划征求公众意见的时间不得少于 15 日。

第四章　公众参与低碳发展法规政策的起草

第十六条　列入年度低碳发展法规政策制定工作计划的法规政策,起草部门在送审稿提交政府法制机构审查前,应当向社会发布公告,征求公众意见。公告应当包括以下内容:

(一)法规政策起草的背景资料、制定目的、必要性及可行性;

(二)说明法规政策制定对相关人员或者群体可能产生的影响;

(三)征求意见的起止时间;

(四)公众提交意见的途径;

(五)征求意见稿全文或者公众获得征求意见稿全文的途径;

(六)联系部门;

(七)信函地址、联系电话、传真及电子邮箱。

第十七条　法规政策起草部门依照本办法第十六条发布公告的,应当采取以下公开方式:

(一)通过法规政策起草部门的网站发布;

(二)在本级行政区域内具有一定影响的媒体公布全文或者发布指引;

（三）在政府网站或者政府法制机构网站上设置公告的链接。

法规政策起草部门征求公众意见的时间不得少于 30 日。

第十八条　法规政策起草部门应当在收到公众意见之日起 5 个工作日内，通过法规政策起草部门的网站公开公众意见。

第十九条　低碳发展法规政策起草部门发布公告后，应当通过座谈会征求公众意见，也可以根据拟制定法规政策影响的范围、受影响的类别、影响程度等情况，通过开放式听取意见、听证会、论证会等方式广泛征求公众意见。

法规政策起草部门须邀请低碳发展领域的 NGO 负责人参加听证会、论证会，并听取意见。

第二十条　座谈会是指法规政策起草部门就法规政策拟解决的主要问题、拟采取的主要措施和拟确立的主要制度，召开由公众代表参加的听取意见的会议。

法规政策起草部门应当在召开座谈会的 5 个工作日前，将举行会议的时间、地点和主要议题以公告形式向社会公布，并同时通知政府法制机构。政府法制机构应当派相关人员参加。

法规政策起草部门应当在座谈会召开后的 5 个工作日内，根据现场会议记录整理制作座谈会会议记录，并通过法规政策起草部门的网站向社会公开。

第二十一条　开放式听取意见是指法规政策起草部门在一定时间内、在指定地点公开听取公众意见的方式。

法规政策起草部门决定采取开放式听取意见的，应当在举行日期的 5 个工作日前，将开放式听取意见的时间、地点等有关事项向社会公布。

公众可以在规定的时间内，在指定地点以书面或者口头形式反映自己的意见。对于口头提出的意见，法规政策起草部门的工作人员应当记录在案，并由意见人签名确认。

法规政策起草部门应当在开放式听取意见结束后的 5 个工作日内，将公众的意见通过法规政策起草部门的网站向社会公开。

第二十二条　听证会是指法规政策起草部门组织公众代表就涉及公众重大利益的事项通过申辩、质证等方式听取意见的程序。听证会依照下列程序组织：

（一）听证会公开举行,法规政策起单部门应当在举行听证会的 30 日前公告听证会的时间、地点、听证内容和报名办法;

（二）法规政策起草部门应当综合考虑地区、职业、专业知识背景、表达能力、受法规政策影响程度等因素,从听证会报名者中合理选择听证代表;

（三）参加听证会的有关机关、组织和公民,有权对起草的法规政策提问和发表意见;

（四）听证会应当制作笔录,如实记录发言人的主要观点和理由。法规政策起草部门应当在听证会结束后的 5 个工作日内,将听证会笔录通过法规政策起草部门的网站向社会公开。

第二十三条　论证会是指由法规政策起草部门组织有关专家对其中存在争议的专业技术性问题进行论证的会议。

法规政策起草部门应当在论证会结束后的 5 个工作日内,根据论证结果形成书面报告,经参加论证会人员签名确认后,通过法规政策起草部门的网站向社会公布。

第二十四条　法规政策起草部门应当对收到的公众意见进行整理、归类和分析,形成公众参与法规政策起草情况的说明。

公众参与法规政策起草情况的说明应当包括以下内容:

（一）公众参与形式;

（二）公众意见的概述;

（三）公众意见的采纳情况及理由。

法规政策起草部门可以根据需要组成专家咨询委员会,研究公众意见,论证其合理性并提出处理意见。

第二十五条　法规政策起草部门应当在向政府法制机构报送法规政策送审稿的同时附具公众参与法规政策起草情况的说明。

第二十六条　法规政策起草部门应当在向政府法制机构报送法规政策送审稿的同时移交公众参与法规政策起草过程中以下文件的电子文本:

（一）法规政策起草部门发布的公告;

（二）公众意见;

（三）座谈会或者开放式听取意见、听证会、论证会的有关记录;

（四）公众参与法规政策起草过程的其他相关文件。

第二十七条　政府法制机构自行起草的法规政策,依照本办法第十六条至第二十四条的有关规定进行。

第五章　公众参与低碳发展法规政策的审查

第二十八条　政府法制机构应当在审查法规政策送审稿的同时,审查部门报送的公众参与法规政策起草情况的说明。说明内容不符合第二十四条规定或者法规政策起草部门未按本办法组织公众参与工作的,市政府法制机构应当将法规政策送审稿退回起草部门,并要求其依照本办法重新组织公众参与工作。

第二十九条　政府法制机构在法规政策送审稿经过审查修改后,形成法规政策草案征求意见稿,在提交政府常务会议或者全体会议讨论之前,应通过政府法制机构网站征求公众意见,征求意见的时间不得少于15日。

政府法制机构应当在收到公众意见之日起5个工作日内,通过政府法制机构网站公布公众意见。

政府法制机构认为法规政策草案征求意见稿中所涉及的有必要进一步听取公众意见的主要问题,可以通过座谈会、论证会等形式听取公众意见,有关程序依照本办法第二十条、第二十三条的有关规定进行。

第三十条　政府法制机构应当客观公正地对待公众意见,综合各方面意见后对法规政策进行修改,并形成公众参与情况的说明。

公众参与情况的说明应当包括以下内容:

（一）公众参与形式;

（二）法规政策起草过程中征求公众意见的情况;

（三）法规政策草案采纳公众意见的情况及理由。

政府法制机构应当在法规政策草案提请市政府常务会议或者全体会议讨论时附具公众参与情况的说明。

第六章　公众参与低碳发展法规政策的实施

第三十一条　政府法制机构应当在法规政策颁布之日起30日内,采取以下方式公布公众参与情况的说明及法规政策文本：

（一）通过政府法制机构网站发布；

（二）在本级行政区域内具有一定影响的媒体发布指引；

（三）在政府网站上设置相关的链接。

第三十二条　政府法制机构可以对颁布实施一年以上的法规政策实施情况进行评估。

政府法制机构对法规政策进行评估的,应当通过政府法制机构网站征求公众意见。

政府法制机构应当在收到公众提出的评估意见之日起 5 个工作日内,通过政府法制机构网站公布公众意见。

政府法制机构应当通过政府法制机构网站公布法规政策实施情况的评估报告。

第七章　附　则

第三十三条　政府法制机构应当通过政府法制机构网站建立法规政策制定公众参与的电子卷宗。电子卷宗应当包括以下内容：

（一）法规政策制定的背景资料；

（二）法规政策制定过程的公众参与记录；

（三）法规政策正文和公众参与情况的说明；

（四）与公众参与相关的其他材料。

公众直接查询电子卷宗存在困难的,可以直接向政府法制机构查询。

第三十四条　本办法自 2014 年××月××日起施行。

第八章

"酷中国——全民低碳行动"计划

　　2009年11月,中国政府承诺,到2020年单位国内生产总值二氧化碳排放比2005年下降40%—45%。二氧化碳排放主要来源于工业企业,但居民个人生活排放也在一国排放总量中占相当比例。中国科学院研究报告中显示,1999—2002年间,我国的二氧化碳排放总量中约有30%是由满足居民生活需求造成的①。未来我国经济依然会保持稳定增长势头,个人生活所产生的二氧化碳排放量在二氧化碳排放总量中所占的比重还会进一步提高。因此,充分重视个人生活行为产生的二氧化碳排放,积极营造低碳、绿色的社会氛围,正确引导低碳生活方式,对于实现我国减排承诺非常重要。

　　《中华人民共和国国民经济和社会发展第十二个五年规划纲要》(以下简称《纲要》)中提出单位国内生产总值能源消耗降低16%,单位国内生产总值二氧化碳排放降低17%的约束性指标。《纲要》中还提到,"倡导文明、节约、绿色、低碳消费理念,推动形成与我国国情相适应的绿色生活方式和消费模式。""探索建立低碳产品标准、标识和认证制度,建立完善温室气体排放统计核算制度,逐步建立碳排放交易市场,推进低碳试点示范。"②

　　为此,在国家发展和改革委员会应对气候变化司和环境保护部宣传教育司指导下,环境保护部宣传教育中心、国家应对气候变化战略研究和国际合作

---

① 中国科学院:《关于我国碳排放问题的若干政策与建议》。
② 国务院:《中华人民共和国国民经济和社会发展第十二个五年规划纲要》。

中心和美国环保协会（Environmental Defense Fund）主办，中国民促会绿色出行基金承办的"酷中国——全民低碳行动计划"（简称酷中国项目），致力于国内低碳家庭碳排放调查研究和低碳生活的宣传倡导。该项目以在全民中倡导低碳环保的生活方式和应对气候变化为主题，为实现我国十二五期间的二氧化碳减排目标作出贡献。

第一节　酷中国项目的总体设计

在酷中国项目活动设计中，选取了"学校"、"社区"、"企业"作为核心受众，并由这三个群体辐射到全社会。活动开展的方式是线上线下互动，即互联网上活动和现场活动彼此呼应。在网上（cool. 5igreen.org）使用碳计算器，通过学校、社区、企业等渠道，组织个人或者家庭填写计算器，对于日常生活中的碳排放进行计算。线下则通过低碳巡展、低碳夏令营等形式，开展面对面的参与式互动，达到提高意识和改善行为的效果。

在活动的开展区域上，酷中国项目以国家发改委确定的低碳省市（广东省、陕西省、辽宁省、湖北省、云南省和天津市、重庆市、深圳市、厦门市、南昌市、贵阳市、杭州市、保定市）以及北京和上海为核心开展区域，然后逐步向全国其他省市拓展。

2008—2010年，酷中国项目曾在辽宁省、天津市等9省11市开展了试点活动，完成了《2009年中国9城市家庭碳排放调查报告》，获得了我国第一手的家庭碳排放数据。2011年10月19日，项目在天津市正式启动。正式启动后，预计活动周期为5年，至2015年结束。

酷中国项目时间跨度比较长，活动开展的范围比较广。在实施过程中，系列子项目依次或者同时启动，包括：2011低碳巡展活动、低碳学校之低碳小管家活动、2013"低碳生活进社区"活动、城市居民低碳意识调查、社区低碳生活馆建设、低碳企业联盟等。

第二节 酷中国主要开展的子项目

一、2011低碳巡展活动

低碳巡展是通过面对面的体验式互动,增加人们对低碳生活的认识和了解。通过现场志愿者的讲解和演示,告诉人们怎样改变自己的生活习惯,从而减少生活中的碳排放。

2011年10月16日—12月28日,历时74天,一场大规模的、连续穿越了5省10市的低碳巡展陆续展开。巡展依次走过了天津市、辽宁省、保定市、陕西省和重庆市、贵阳市、云南省、广东省、深圳市、厦门市、南昌市、湖北省、杭州市、上海市、北京市15个省市。行程1万1千多公里。

酷中国项目所到之处,受到了当地协办单位省市发改委和环保厅/局的高度重视,部门主要领导都出席了活动的开幕式。当地的环保宣教中心承担了主要的协调工作。现场参与群众累计超过38000人。

图8-1 深圳站的小朋友们听取现场讲解

由于低碳巡展所需场地较大,所以 15 个城市的巡展都是在户外进行,地点分为两种。一种是学校,既有中小学,如沈阳 120 中学和深圳宝安中学附属小学,也有大学,如厦门大学和浙江工业大学。另外一种是在人流密集的繁华广场,如西安的大雁塔广场和昆明的南屏广场。除提前组织的社区居民、环境友好企业的职工代表以及学生代表来参加外,还有很多自发来参加的市民。

本次低碳巡展有两个突出的亮点:

(一)青年环境友好使者

低碳巡展过程中,共有 100 多名"青年环境友好使者"以及 200 多名大学生和中学生志愿者参加了现场讲解。

千名青年环境友好使者行动项目是由环境保护部会同全国人大环资委、全国政协人资环委等八部委共同主办的活动。"青年环境友好使者"的任期为 2 年,在任期内,使者可以利用寒暑假或周末,深入基层开展宣讲培训活动,受众不得低于 1000 人。每位青年使者都有义务承诺在日常生活中采取环境友好的生活方式,并影响更多的人深入了解环保,参与环境保护、节能减排等行动。

图 8-2 杭州站的"青年友好使者"队伍

"青年环境友好使者"带动下的学生志愿者,发挥了青年人在环境保护事业中的生力军作用,从而带动全社会共同关注环保,使低碳的理念深入人心并转化为全民自觉行动。

图 8-3 厦门站的志愿者接受低碳生活咨询

(二)七个一的降碳倡议

酷中国项目行程的每一站启动仪式上,人们都能听到响亮的声音:"承诺每周绿色出行一天,每周素食一天,每周手洗一次衣服,每周少看一小时电视,每周少搭一次电梯,每周收集一次洗澡水冲厕所,每周少喝一个瓶装水"……"酷中国,救地球,履行 7 个降碳承诺,大家一起行动吧!"

在开始的几站,都是由"青年环境友好使者"带领学校、社区和企业代表倡议。在南昌站,国际生态学校的校长熊焕义自告奋勇,上台倡议。低碳巡展在南昌市繁华的街区举行,吸引了很多过路的行人驻足聆听。当天晚上的江西卫视,还完整播出了熊焕义校长的 7 条倡议。之后,上海站、北京站都是由校长带领大家读诵倡议书,赋予低碳倡议更加深刻的意义。

二、2013 年"低碳生活进社区"巡展

(一)2013"低碳生活进社区"巡展的背景

《"十二五"控制温室气体排放工作方案》把开展低碳社区试点作为推进控制温室气体排放工作的重要抓手。该《方案》提出"开展低碳家庭创建活动,制定节电节水、垃圾分类等低碳行为规范,引导社区居民普遍接受绿色低

图8-4　贵州站的志愿者宣读低碳生活倡议书

碳的生活方式和消费模式。"①

　　社区作为城市最基本的组成单元,其规划、建设和运营,以及居民的低碳意识和行为,对于实现整体的碳减排目标具有重要的意义。为此,酷中国项目将2012—2013年的活动重点定位在低碳社区。

　　(二)巡展的主要城市

　　酷中国项目从2013年4月19日开始至6月17日,在武汉、广州、深圳、杭州、上海、青岛、济南、天津、沈阳、保定、北京共11个城市开展了"低碳生活进社区"活动。

表8-1　"低碳生活进社区"巡展城市基本情况表

城市	时间	地点	现场人数 (约)	当地配套活动
武汉	4月19日	常青花园社区	3000	换客大会、爱心拍卖会
广州	4月24日	花都区政府广场	5000	环保企业低碳产品展, 低碳手工艺品展

① 国务院:《"十二五"控制温室气体排放工作方案》(国发[2011]41号)。

续表

城市	时间	地点	现场人数 （约）	当地配套活动
深圳	4 月 27 日	海裕社区	1000	低碳童画展、环保手语
杭州	5 月 5 日	万科良渚文化村	3000	跳蚤市场、垃圾分类宣传
上海	5 月 8 日	杨浦区黄兴公园	2000	低碳知识展
青岛	5 月 13 日	方兴地产社区	2000	环保成果展
济南	5 月 16 日	银座商城花园店广场	6000	低碳产品展
天津	5 月 19 日	北辰区长瀛新都会广场	2000	环保体验游戏
沈阳	5 月 24 日	仙女湖公园	2000	社区家庭节能档案展
保定	6 月 5 日	军校广场	5000	六五环境日宣传
北京	6 月 17 日	首都博物馆	5000	低碳互动游戏

（三）巡览的主要内容

2013 年"低碳生活进社区"巡展的主要内容有:巡展启动/热场仪式、"低碳之家"房车展示、低碳知识展板展示、低碳互动体验、低碳产品展示、低碳问卷调查、地方特色活动等。

在整个巡展过程中,低碳产品生产企业积极参与,将他们的低碳展品向大众进行了展览展示,太阳能产品和节能灯产品几乎在每一个城市都有展出。另外,地方还展出了许多特色展品,例如,广州站现场展示了电动汽车,济南站展出了秸秆制作的绿色用纸等。

（四）2013 年巡展亮点

1."低碳之家"房车

本次巡展的一个亮点就是"低碳之家"房车。房车是一个由节能材料制作的房屋,采用整体拖车的方式进行移动。

房屋安装了节能窗,节能窗应用含 90% 氢气的空气隔层、具有隔温效果的温屏膜、提高密封度的铝隔条与密封胶等技术,具有隔热保温效果。

屋顶采用 LED 的低碳照明设备。房屋右侧安装了节水花洒、洗手间触碰式节水龙头,以及一杯水节水马桶,利用灯光效果,演示了洗澡水和洗脸水可以重复使用来冲洗厕所。

图 8-5　济南站银座商城花园店广场活动现场

图 8-6　广州站参加垃圾分类游戏的社区居民

图 8-7 北京站手绘独一无二环保袋

图 8-8 广州站电动能源车展示

房屋中配备了一级节能产品冰箱和二级节能产品空调,利用醒目的国家能效标识,提醒消费者在购买家电时选用高能效的节能电器。

房屋左侧的厨房演示了节能效果达到 50% 的"合金蜂窝体"聚能灶和节水龙头。

图 8-9　太阳能产品展区

图 8-10　群众有秩序地参观"低碳之家"

　　房屋的内壁上有一棵由 20 只灯泡组成的"灯树","灯树"左边为 10 只普通白炽灯,右边为 10 只节能灯。"灯树"可以通过观众的手"触"来点亮,左边白炽灯显示的即时能耗约是 250 瓦,右边节能灯的能耗约为 38 瓦;而从照明效果上看,灯光偏黄的白炽灯反而不如光色白亮的节能灯。

图 8-11　"低碳之家"内的节能灯"树墙"

图 8-12　"低碳之家"内的节能灶具

　　房屋中所有设备通过 iPad 系统进行统一控制。在阳光充足的条件下,房屋的照明用电可以完全由太阳能来提供。

　　在房屋墙面上,还设置了 4 块显示屏,反复播放环保宣传片和讲解房屋内低碳节能设施的原理和效果。

　　2013 年 9 月 14—20 日全国科普周期间,低碳房车也参加了展出。开幕的第一天,中共中央政治局委员、国务院副总理刘延东等一行莅临酷中国展区。刘延东等领导不仅对这种展示形式表示赞赏,还亲手按动开关,感受节能灯墙上展示的白炽灯和节能灯的亮度对比。

2.丰富多彩的当地配合活动

除了以上酷中国项目统一组织的活动,各地还组织了丰富多彩的地方特色活动。例如,武汉市常青花园的社区居民开展了闲置物品的交换活动,并举办了家庭手工制品拍卖会,现场拍出的 4000 多元收入都将用于社区公益。广州市举办了居民、中小学生和幼儿园小朋友的低碳手工艺品展。杭州市小学生在良渚文化村的垃圾分类展示馆现场用厨房废油制作肥皂。沈阳市社区代表展示了他们自 2008 年以来一直在社区推行的"家庭减排档案",一本本手工制作的档案,不仅收集了家庭节水、节电、节气的方法和窍门,还把家庭水电费下降后的原始票据详细地附在后面。

图 8-13　杭州站的小学生在利用废油制作肥皂

三、低碳小管家活动

从 2011 年开始,酷中国项目深入学校,在全国各地开展了线上和线下的一系列活动。线上活动采取了"学校+社区/孩子+父母"的互动模式,即学生自愿报名,在酷中国网站(cool.5igreen.org)注册成为"低碳小管家",并负责记录家庭每月的能源消耗情况。通过在线提交相关数据,网上碳计算器可以准确地算出"低碳小管家"的家庭温室气体排放量,并对家庭碳排放情况做出分析,提出改进建议。"低碳小管家"还把他们平时的低碳行动照片上传到网上进行展示和交流。

图 8-14 低碳小管家手洗衣服

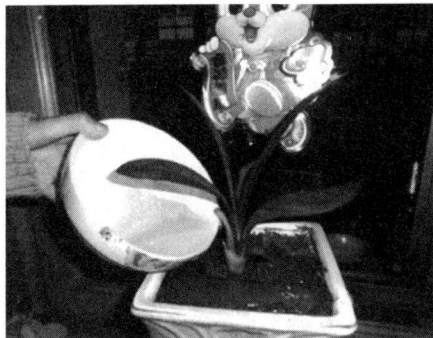

图 8-15 低碳小管家用淘米水浇花

2011—2012 年度,共有 2724 所学校的 41608 名学生在网上进行了注册。根据每个注册用户参与活动及所发作品的情况,系统自动对用户的积分进行统计,并根据积分以及项目参与的积极度,评选出了 49 名优秀低碳小管家、100 所优秀学校和 100 名优秀指导教师。

优秀低碳小管家和部分优秀教师参加了酷中国 2012 北京暑期夏令营。夏令营以低碳环保为主题,营员们先后参观了北京市环境监测中心、高安屯垃圾填埋场、餐厨废弃物处理厂、生活垃圾焚烧发电厂、北京市植物园环境教育基地以及故宫博物院、清华大学等地。孩子们在感受古都北京浓厚的历史文化氛围的同时,也受到了保护环境的教育和启发。

2012—2013 年度,共有 3230 所学校的 39066 名学生在网站上成为注册用户,几乎每个人都作出了"七个一"的减排承诺,每月将他们家庭的碳排放情况上传到网站,并参加了网上低碳知识问答、图片拍客等互动。2013 年 7 月13—18 日,39 名优秀低碳小管家代表参加了酷中国 2013 内蒙古夏令营。读万卷书不如行万里路,在夏令营期间,营员们领略了内蒙古大草原的雄伟壮阔,从实践中学到了很多低碳环保知识,并通过一系列能力拓展活动提升了自己的团队合作意识。

图 8-16　2013 酷中国内蒙古低碳夏令营

四、中国城市社区居民低碳意识调查

为了了解中国社区居民低碳意识现状,进一步提高"酷中国——全民低碳行动计划"实施的针对性,环保部宣传教育中心、美国环保协会、中国人民大学新闻与社会发展研究中心公共传播研究所联合发起了全国 9 个城市社区居民低碳意识调查。

该调查于 2012 年 10 月至 2013 年 1 月在全国 9 个城市的居民社区发放了 601 份调查问卷。覆盖的 9 个城市分别为北京、上海、广州、长春、哈尔滨、济南、武汉、贵阳、保定。本调查设计的"酷中国项目—城市社区居民低碳意识调查"问卷分为七个部分:受调查社区居民人口统计基本特征、对气候变化的认知、对低碳生活的认知、低碳知识获取渠道与低碳传播意愿、个人低碳生活行为状况、对低碳社区建设的认知、低碳意识自我评价。

对 601 份社区居民填答的调查问卷进行有效性分析后,主要结论如下:

1.在居民对气候变化的认知方面,六成受访者经历过极端气象灾害;逾六成受访者不了解"什么是气候变化",对气候变化与人类活动的关系意识不够强。

2.居民对低碳生活的理解主要体现在生活方式、碳排放量、生活作息三个方面;大部分受访者能区分食品是否低碳;近75%的受访者不知道家电能效等级分类;九成受访者认为"低碳生活"非常重要;"低碳生活"也被高度认可为一种符合时代潮流的环保时尚。

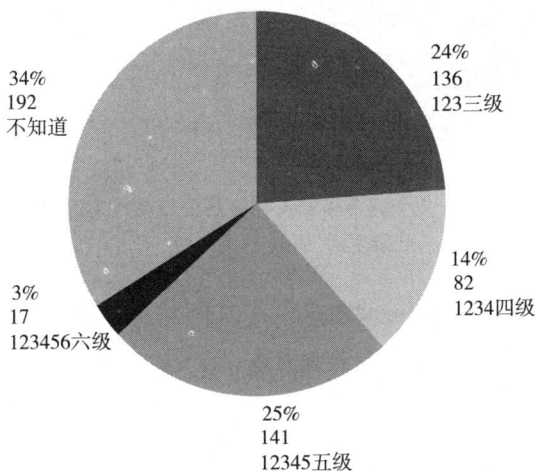

图8-17　9个城市受调查社区居民对家电能效标识的认知情况

3.居民获取低碳知识的渠道较为多样,看电视位列第一;大部分受访者愿意参与低碳传播活动。

4."随手关灯"、"节约用水"、"出行乘公共交通或自行车、步行""购买节能型电器"、"自备耐久购物袋"、"不浪费食物"、"夏天空调温度不低于26度"六种行为依次成为受访者最经常采取的低碳生活行为。

5.60%的受访者愿意"尽量改变自己",践行低碳生活;产品的节能与环保性已成为人们购买产品的重要参考指标之一;受访者购买节能产品或绿色食品的意愿很强,但大多数受访者只能接受比普通产品价格涨幅不多的节能产品。

6.绝大部分受访者对低碳社区有着较正确的理解;在对现在生活的社区进行"低碳化"改造方面,"垃圾分类"成为受调查社区居民认为最重要的一项措施。其次,太阳能照明、绿化滴灌、小区中水处理也是受访者认为较为重要

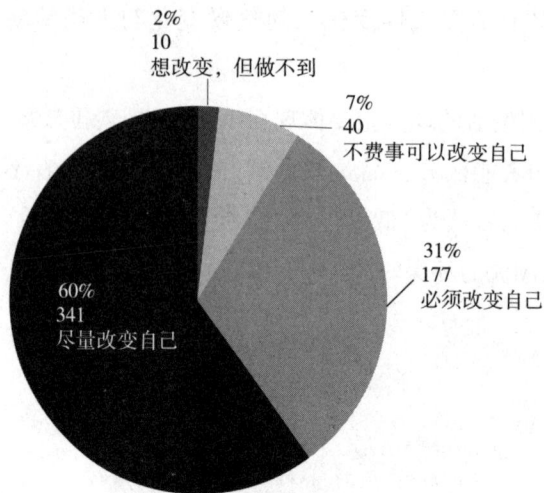

图8-18　9个城市受调查社区居民日常行为习惯与
"低碳生活"冲突时的态度

的改造措施。而自行车租赁、设立二手置换集市、网上物业管理系统、社区摆渡车等较为新颖、前卫的模式并未成为重点议题。

五、社区低碳生活馆建设

酷中国项目开展的社区巡展活动受到了广大居民的广泛欢迎,其中,展览展示是一种非常有效地提高公众低碳意识和培养公众低碳行为的方式。但是,巡展不但成本高,操作难度大,而且维持时间相对短暂,难以形成持续性影响。因此,在酷中国项目对一些社区设立的固定的低碳展示馆进行考察后,决定资助和参与建设社区层面的低碳生活展示馆,希望能够通过相对固定的"阵地",开展与社区和附近居民的优质互动,提升居民的低碳意识,培养低碳绿色的生活和消费方式。

酷中国项目在北京市西城区第一图书馆的"低碳生活馆示范项目"于2012年12月4日正式挂牌,并开始接待来访公众。图书馆作为公众文化服务窗口,在低碳生活的宣传倡导方面具有独特优势。在酷中国项目的帮助下,保定市东方家园社区、杭州市钱潮社区和哈尔滨市兆麟社区的低碳生活馆也正在筹建过程中。

图 8-19　北京市西城区图书馆低碳生活馆一角

第三节　项目成果和传播影响力

一、项目获得了社区群众和学校学生的广泛参与

酷中国项目在 2011 年低碳巡展和 2013 年的"低碳生活进社区"活动中，活动范围涉及到 5 省 13 市，到场群众达 74700 人。由于活动期间媒体的放大效应，粗略估计，项目的辐射人群已超过 3000 万人。

2011 年以来开展的低碳小管家活动，网上注册的中小学生达 80674 人，由于每个学生上报的是家庭碳排放，并且负责对家人的低碳生活方式宣传，以每个家庭影响人数为 4 人计，项目影响人数可达 32 万多人。

二、项目引起了媒体的持续关注

酷中国项目在新浪网开设了官方微博，并在新浪环保首页进行了重点推荐。2011 年每个地方的低碳巡展活动,都通过项目的官方微博进行了直播。杭州站与新浪环保一起,举行了现场的微博互动,共收到参与微博 300 多条。报道酷中国项目的媒体有新华社、中国新闻社、人民日报、中央电视台、中国环境报、人民网、新浪网、网易、搜狐以及地方媒体等 100 多家,2011 年巡展期间收集到的原创新闻达 112 篇。2013 年在"低碳生活进社区"巡展期间,中国环境报、人民日报海外版、文汇报、人民网、新华网、中国新闻网、凤凰网以及许多地方日报、晚报和电视台、网站共计近 200 家都对该次巡展活动进行了报道。

"酷中国——全民低碳行动 5 省 10 市倡导低碳并在德班大会引关注"入选 2011 中国应对气候变化和低碳发展十大新闻。

三、项目作为气候变化公众参与活动典型案例

在 2010、2011、2012 和 2013 年,酷中国项目连续 4 年作为公众参与应对气候变化的典型案例,被写入《中国应对气候变化的政策与行动》白皮书。

2011 年,酷中国项目的阶段性成果在南非德班的联合国气候变化峰会的中国角展出,引起了诸多国际气候峰会代表的关注。2012 年,酷中国项目作为中国 NGO 应对气候变化的代表性行动在联合国多哈气候峰会上进行了展示。

图 8-20　2011 年酷中国项目在德班气候峰会上

附 件 一

关于公众对低碳发展认知与参与度调查问卷

您好！本问卷是为给国家发改委提供制定政策的依据,需做有关低碳节能的调查,希望如实填写下列表格。谢谢!

表一

(注:请把√打在字母上或括弧里,表格的直接把√打在所回答的问题上)

1.您家中使用的能源	电能	煤气	煤	太阳能	生物质能(沼气)	
2.您家庭每月用电	小于 50 度	51—100 度	101—200 度	201—300 度	301—400 度	400 度以上
3.您家夏天空调温度		22 度下	22—26 度	26—28 度		28 度以上
4.您家庭每月用煤气量	5 m³ 以下	5—10m³	10—15 m³	15—20 m³	20 m³ 以上	
5.您家庭每月用水量为	3 吨以下	3—5 吨	5—8 吨	8—11 吨	11—15 吨	15 吨以上
6.您最常用城内交通工具		步行	自行车	电动自行车	私家车	公交车
7.您 500 公里上出行采用	长途汽车	火车	飞机	私家车	其他(注明)	
8.您现在用手帕吗	一直在用,感觉很好	一直在用,虽然麻烦	偶尔会用	从来不用,纸巾方便	想用,但麻烦就不用了	
9.一次性筷子、纸杯	不用	很少用	外出用	有就用	外出自带筷子、水杯	
10.您买东西自带袋子	从来不带	很少带	较多时间带	总是带	常常自己带布袋	
11.参与垃圾分类	参加过	常参加	偶尔参加	很少参加	看不懂垃圾分类的标识	
12.废电池和旧手机处理	到小区换礼品	放到专门的回收点	没时间去换或放	没专门回收地点		

续表

13.用完电器拔掉插头	立即拔掉	会拔掉	忘记拔掉	不拔掉	饮水机不用时断电
14.您电脑会处于待机状态吗?	没有电脑	偶尔待机	经常待机	不待机,用了就关机	
15.每年不必要衣服	少买1件	少买2件	少买3件	不买	不买奢华衣服
16.购买蔬菜水果状况	买本地蔬菜水果	买外地的	买空运的	订购有机菜	其它

1.您知道"低碳发展"的概念吗?

A.从未听过　B.听过,但不知含义　C.知道含义　D.知道大概内容

E.对含义内容较熟

2.您主要是通过以下哪种渠道了解低碳发展相关知识的? (可多选)

A.新闻、报刊、电视　B.专业工作　C.科普活动　D.企业培训有关知识

E.聚会聊天　F.居委会、社区宣传活动　G.村子里面的活动

H.网络,短信,微博,微信　I.会议　J.商店广告　K.社交活动

L.其他(请注明　)

3.您认为公众参与低碳生活是否必要?

A.非常必要　B.必要　C.说不清楚　D.没有必要　E.应该是政府的事情

F.应该是企业的事情　G.应该是发达地区的事情

H.应该与每个人息息相关

4.您是否有考虑过日常生活方式中的碳排放对环境的影响?

A.经常反思,并注重节能减排　B.偶尔会考虑,但不以为意

C.不会考虑,因为和自己无关　D.不太注意自己是否有考虑

5.您觉得采取哪些有效措施可以使大家更加了解低碳,参与低碳生活? (请排序,最重要的答案排在前面,次重要的答案排在第二位,依次递减)

A.学校加强节能低碳知识的教育,从孩子的培养开始

B.政府部门举办宣传低碳生活的志愿服务活动,培养和教育人们低碳节能

C.居委会、村委会等组织人们观看有关低碳主题的电影和纪录片

D.企业对员工加强节能低碳知识的教育

E.企业生产低碳节能产品投入市场

F.征收高碳耗能产品税 G.大力投入对节能低碳的广告宣传

H 其他(请注明)

6.您了解了低碳的理念后,会积极参与低碳生活吗?

A.一定积极主动参加 B.规定要求参加就参加 C.可能参加

D.不会参加

7.若不参与低碳生活,是哪些原因让您不愿参与其中?（可多选）

A.会降低生活质量 B.花费更多金钱 C.离现实生活太远

D.个人低碳对环境影响不大 E.对其不了解

F.低碳节能的关键在政府、企业、公众的传统习惯

8.购买各类家用产品时,下面那些内容您更关注?（最多选 3 项）

A.产品品牌 B.产品价格 C.有环保标识 D.市场环节是否破坏了环境

E.厂商在公众心目中履行环境保责任的口碑 F.其他(请注明)

9.您对中国低碳发展的同时保持较高的增长有信心吗?

A.非常有信心 B.有信心 C.没信心 D.说不好

10.关于节能建筑材料等环保材料:

(1)您对建筑节能是否了解?

A.没听说过 B.不了解 C.了解 D.很了解 E.采用过环保材料

(2)您认为目前大部分工程主要在哪些方面采用绿色节能措施?（可多选）

A.采暖 B.照明 C.水循环 D.其他(请注明)

(3)若您居住的建筑是非节能建筑,您是否愿意进行节能改造?

A.不愿意 B.视建筑情况而定 C.视国家政策而定 D.非常愿意

(4)您购头房屋与装修过程中,您采用了哪些低碳措施?

A.节约能源 B.节约资源 C.建筑墙面保温或者隔热 D.废水回收系统

E.没有考虑(因为成本高,或者其他原因)

11.您家里家用电器有哪些?（可多选）

A.电视机 B.冰箱 C.洗衣机 D.微波炉 E.烤炉 F.电磁炉

G.油烟机 H.空调 I.音响设备 J.灯具 K.沐浴用具

L.电动保健器械 M.您家用电量最大的电器是(请注明　)

12.实现低碳生活,进行低碳发展,您认为政府应该做些什么?(请排序,排序方法同第5题)

A.制定合理的政策法规,加大对低碳生活推广和监督力度

B.建立健全低碳消费的制度体系,引导公众合理消费

C.加大科研力度,增加对低碳产品和低碳技术的研发投入

D.加大宣传力度,向公众普及低碳生活知识,推动群众观念尤其消费习惯的改变

E.开展低碳发展试点　F.开征碳税　G.推行碳交易　H.其他(请说明　)

13.您认为减缓气候变暖和一个国家的经济发展是否存在矛盾?

A.存在很大矛盾　B.只有很小矛盾　C.没有矛盾　D.不知道　E.其他(请注明　)

14.国家实施低碳发展,您的看法是什么?(请排序,排序方法同第5题)

A.影响 GDP 增长　B.影响就业　C.低碳的生活方式不适合

D.国家趁机增税(如碳税)　E.没有,讲空话,不可能改变生活习惯

F.其他(请注明　)

15.您认为低碳发展的实现,重点在于(请排序,排序方法同第5题)

A.公众意识的普遍提高　B.相关政策,法律法规的完善

C.公众日常生活模式的改变　D.企业的技术革新

E.其他(请注明　)

16.您对于低碳发展还有什么建议?(可以写在背面)

17.您的年龄

A.20 岁以下　B.21~30 岁　C.31~40 岁　D.41~50 岁

E.51~60 岁　F.61 岁以上

18.您的性别、家庭情况、居住地

A.男　B.女　C.未婚　D.结婚　E.家庭人员数(　)　F.城市　G.农村

H.请填写您居住地区名:

19.您的受教育程度

A.小学　B.初中　C.高中　D.大专　E.本科　F.硕士

G.博士　H.博士后

20.您的社会角色

A.工人　B.农民　C.教师　D.学生(小学生,初中生,高中生,大专,本科,硕士,博士,博士后)　E.军人　F.公务员　G.公司职员　H.技术人员　I.私营业主　J.科研人员　K.离退休人员　L.其他(请注明　)

21.您的家庭月收入状况(人民币)

A. 2000 元以下　　B. 2000 元~3000 元　　C. 3000 元~4000 元　　D. 4000元~5000 元

E. 5000 元~8000 元　F. 8000 元~10000 元　G. 1 万元~1.5 万元

H. 1.5 万元~2 万元　I. 2 万元~2.5 万元　　J. 2.5 万元~3 万元　　K. 3 万元~3.5 万元

L. 3.5 万元~4 万元　M. 4 万元~4.5 万元　N. 4.5 万元以上

填表人电话:　　　　　　　填表人姓名:

再一次谢谢您为我国低碳发展做出的贡献!

附 件 二

关于中小学生对低碳发展
认知与参与度调查问卷

亲爱的同学们,你们好!我们家园的美丽,需要我们每个人的参与,为给国家发改委提供制定政策的依据,需做有关低碳生活的调查,希望如实填写下列表格。

学校所在城镇 (请把√打在字母上或者括弧内)

你的年级: 年龄: 岁 性别:A.男 B.女 C.农村 D.城市

低碳小管家是计算每月用电,水,煤气等产生的碳足迹,你愿意当吗		很 愿 意,有意思	愿意,但不知道怎么算	不 太 愿意,太麻烦,没有时间	我已经是低碳小管家了
你几层楼可不做电梯	3层	4层	5层	6层	其他(注明)
你会重复用使用过的纸张吗?		常常用	不常用	不会用	其他(注明)
你用电子邮箱吗?		常常用	不常用	没有用	用手写纸质的信件	没有电子邮箱
用一次性筷子、纸杯		不用	很少用	外出用	有就用	外出自带筷子、水杯
参与垃圾分类		参加过	常参加	偶尔参加	很少参加	看不懂分类标识
废电池和旧手机处理		参与小区换礼品活动	放到专门回收点	没时间去换或放	没专门回收点

续表

你上下学常使用的交通工具是？		步行	骑自行车	坐公交车	坐私家车
用完电器拔掉插头	立即拔掉	会拔掉	忘记拔掉	不拔掉	其它（注明）
你会对同学和好友推荐低碳产品吗？		推荐过	推荐	可能推荐	不会推荐
你会接受同学和好友推荐给你的低碳产品吗？		已经接受过	接受	可能接受	不会接受
你们学校开展了宣传低碳小标兵活动吗？		没有开展	开展了	我是低碳标兵	我参加了宣传

1.你了解"低碳生活"概念吗？

A.从未听过　B.听过,但不知含义　C.知道含义　D.知道大概内容

E.对含义和内容较熟

2.你知道温室效应或温室气体吗？

A.不知道　B.听说过,但不知道意思　C.知道　D.很了解

3.你主要是通过以下哪种方式了解低碳生活的相关知识的？（可多选）

A.父母的教育培养　B.学校的宣传教育　C.电视　D.商店广告

E.报刊或杂志　F.网络聊天　G.电话聊天　H.聚会聊天

I.家住的小区宣传板

J.短信　K.微信　L.其他(请注明　)

4.你认为低碳生活应该做哪些事？（可多选）

A.不乱扔垃圾　B.植树造林　C.随手关水,关灯

D.坐公交车或步行上下学　E.洗澡爱用盆浴

F.节省纸张,回收废纸　G.拒绝使用高排量车　H.不知道

5.你觉得下面的哪些行为给全球气候环境造成明显不好的影响？（可多选）

A.工业排放二氧化碳　B.日常出行不离汽车　C.过度使用空调

D.爱使用一次性筷子　E.商业和日常生活大量使用能源

F.破坏森林　G.不知道　H.其他

6.如果你看到路上有垃圾,你会把它捡起来扔进垃圾桶吗？

A.不会,因为害羞　B.会,低碳要从小事做起　C.没人看到时就会

D.没有想过这个问题

7.看到有人随手丢弃垃圾,你会怎么做?

A.劝他(她)捡起来　　B.自己捡起来正确处理　　C.看心情

D.不理会　　E.没有想过

8.你将你带到教室的垃圾怎么处理?

A.把它放在课桌里　　B.下课后把它扔进垃圾桶

C.随手扔掉　　D.没有想过

9.生活学习中,有很多节约的好习惯,可以让我们为保护森林作出贡献,以下的行为你知道并做到了哪些?(可多选)

A.将旧练习本中未用完的纸张装订起来,做草稿本

B.收集用过的草稿纸和旧作业本及试卷,找到合适的途径,送到造纸厂重新加工成可以使用的纸张

C.节约用纸,把草稿纸写满,不要只写几个数字就扔掉

D.尽量节约用纸,无论是手纸还是餐巾纸,能用手帕代替的就用手帕代替

E.在废报纸上练习写毛笔字和画国画

F.有些包装纸,方便筷或竹签使用后可以回收利用,做成手工艺品,美化生活

10.当你最后一个离开教室的时候,你会把灯、电风扇关掉吗?

A.会　　B.偶尔会　　C.不会　　D.教室会自动关闭　　E.其他

11.当你了解了低碳生活的知识后,你会对父母和身边亲人朋友进行宣传吗?

A.已经宣传过　　B.偶尔会　　C.可能会　　D.不会

12.你觉得从身边哪些小事做起,可以为低碳生活做贡献?(可多选)

A.交换、捐赠、改造多余废旧品　　B.将生活学习废弃物分类处理

C.拒绝塑料袋　　D.节约用水.用电　　E.远离一次性用品

F.有计划地购物,适度消费,减少浪费　　G.争做低碳生活推广志愿者

13.你知道"低碳发展"的概念吗?你觉得小孩子有必要了解吗?

A.从未听过　　B.听过,但不知含义　　C.知道含义　　D.知道大概内容

E.对含义和内容较熟　　F.有必要了解　　G.了解还应该参与

H.没有必要了解

14.对于"低碳生活"你还有什么话要说？

发问卷者姓名 发卷者联系方式

再一次谢谢你为我国低碳发展做出的贡献！

附 件 三

城市绿色出行选择与偏好抽样调查问卷

问卷编号:

城市绿色出行选择与偏好
抽样调查问卷

尊敬的女士/先生:

您好,非常感谢您在百忙之中接受我们的访问。本次调查希望了解居住在杭州市的居民(18 周岁以上)对绿色出行的选择与偏好,您的回答将为我们对杭州城市交通出行提出改善建议提供重要参考,谢谢!

中国科学院虚拟经济与数据科学研究中心

调查日期:2013 年　月　日　调查员:　调查地点:

被调查者居住地:　区　街道　小区(大院)

被调查者工作地:　区　路/街/胡同　(楼/大厦)

一、出行方式选择

Q11　您家中拥有几辆车(仅限汽车):_____

①无;　②1 辆;　③2 辆及以上

Q12　您每天上下班需要的单程时间约为：_____

①15 分钟以内；　②15—30 分钟；　③30—45 分钟；　④45—60 分钟；

⑤60—90 分钟；　⑥90 分钟以上

Q13　您每天早晨的出发时间为：_____

①7：00 以前；　②7：00—7：30；　③7：30—8：00；　④8：00—8：30；

⑤8：30—9：00；　⑥9：00 以后

Q14　请您对以下交通方式的便利程度进行排序：第一位：_____；第二位：_____；第三位：_____

①私家车；　②步行；　③自行车；　④摩托车或电动车；

⑤单位班车；　⑥单位配车；　⑦出租车；　⑧公交车；　⑨地铁/轻轨

Q15　请您对以下交通方式的舒适程度进行排序：第一位：_____；第二位：_____；第三位：_____

①私家车；　②步行；　③自行车；　④摩托车或电动车；

⑤单位班车；　⑥单位配车；　⑦出租车；　⑧公交车；　⑨地铁/轻轨

Q16　您上班通勤的交通方式是：

①公共交通及其组合方式；　②全程步行；　③全程自行车；　④全程摩托车或电动车；　⑤全程私家车；　⑥全程出租车；　⑦全程单位班车/单位配车

如果您选择①（公共交通）时请回答 Q17，否则无需回答：

Q17　您的通勤路线是：（若不需换乘，仅填写路段 1、路段 2 和路段 5）

路段 1（居住地至公交站点）：交通方式_____（步行，自行车，电动车/摩托车，出租车，私家车），所需时间_____分钟，候车时间_____分钟

路段 2：交通方式_____（公交，地铁/轻轨），所需时间_____分钟

路段 3：换乘及候车时间_____分钟，交通方式_____（公交，地铁/轻轨），所需时间_____分钟

路段 4：换乘及候车时间_____分钟，交通方式_____（公交，地铁/轻轨），所需时间_____分钟

路段 5（公交站点至工作地）：交通方式_____（步行，自行车，电动车/摩托车，出租车，私家车），所需时间_____分钟

Q18 您每月上下班的交通费大概为：_____

①100 元以下；②100 元—200 元；③200 元—500 元；④500 元—1000 元；⑤1000 元以上

Q19 您是否有交通补贴：_____

①有；②部分；③没有

二、情景模拟

如果您没有采用公共交通通勤，请回答 Q21—Q24

Q21 您不选择公共交通通勤的原因是：_____

①换乘麻烦 ②发车间隔太长 ③不准时 ④舒适性差 ⑤不灵活 ⑥票价高

Q22 如果步行到最近站点需要 1—3 分钟，您是否会选择乘坐公交车通勤？①是 ②否；是否会选择乘坐地铁或轻轨通勤？①是 ②否

3—5 分钟，您是否会选择乘坐公交车通勤？①是 ②否；是否会选择乘坐地铁或轻轨通勤？①是 ②否

5—10 分钟，您是否会选择乘坐公交车通勤？①是 ②否；是否会选择乘坐地铁或轻轨通勤？①是 ②否

10—15 分钟，您是否会选择乘坐公交车通勤？①是 ②否；是否会选择乘坐地铁或轻轨通勤？①是 ②否

15—20 分钟，您是否会选择乘坐公交车通勤？①是 ②否；是否会选择乘坐地铁或轻轨通勤？①是 ②否

Q23 如果候车及换乘需要 1—3 分钟，您是否会选择乘坐公交车通勤？①是 ②否；是否会选择乘坐地铁或轻轨通勤？①是 ②否

3—5 分钟，您是否会选择乘坐公交车通勤？①是 ②否；是否会选择乘坐地铁或轻轨通勤？①是 ②否

5—10 分钟，您是否会选择乘坐公交车通勤？①是 ②否；是否会选择乘坐地铁或轻轨通勤？①是 ②否

10—15 分钟，您是否会选择乘坐公交车通勤？①是 ②否；是否会选择乘坐地铁或轻轨通勤？①是 ②否

15—20 分钟,您是否会选择乘坐公交车通勤? ①是　②否;是否会选择乘坐地铁或轻轨通勤? ①是　②否

Q24　如果公交票价下降 50%,您是否会选择乘坐公交车通勤? ①是②否;是否会选择乘坐地铁或轻轨通勤? ①是　②否

下降 40%,您是否会选择乘坐公交车通勤? ①是　②否;是否会选择乘坐地铁或轻轨通勤? ①是　②否

下降 30%,您是否会选择乘坐公交车通勤? ①是　②否;是否会选择乘坐地铁或轻轨通勤? ①是　②否

下降 20%,您是否会选择乘坐公交车通勤? ①是　②否;是否会选择乘坐地铁或轻轨通勤? ①是　②否

下降 10%,您是否会选择乘坐公交车通勤? ①是　②否;是否会选择乘坐地铁或轻轨通勤? ①是　②否

如果您拥有私家车,请回答 Q25—Q26,如果您家庭没有私家车则无需回答:

Q25　您生活出行用车的频率大概是一周_____次

Q26　如果每升油价上涨 0.5 元,您是否减少开车上班次数:①减少②不减少;是否减少生活用车次数:①减少　②不减少;

上涨 1 元,您是否会减少开车上班次数:①减少　②不减少;是否减少生活用车次数:①减少　②不减少;

上涨 1.5 元,您是否会减少开车上班次数:①减少　②不减少;是否减少生活用车次数:①减少　②不减少;

上涨 2 元,您是否会减少开车上班次数:①减少　②不减少;是否减少生活用车次数:①减少　②不减少;

上涨 2.5 元,您是否会减少开车上班次数:①减少　②不减少;是否减少生活用车次数:①减少　②不减少;

Q27　如果您出行目的地区域收取每天 10 元的拥堵费,您是否减少开车上班次数:①减少　②不减少;减少生活用车次数:①减少　②不减少;

每天收取 15 元,您是否会减少开车上班次数:①减少　②不减少;减少生活用车次数:①减少　②不减少;

每天收取 20 元,您是否会减少开车上班次数:①减少　②不减少;减少生活用车次数:①减少　②不减少;

每天收取 30 元,您是否会减少开车上班次数:①减少　②不减少;减少生活用车次数:①减少　②不减少;

每天收取 50 元,您是否会减少开车上班次数:①减少　②不减少;减少生活用车次数:①减少　②不减少;

Q28　如果您出行目的地停车费为 4 元/小时,您是否会减少生活用车次数:①减少　②不减少;

停车费为 8 元/小时,您是否会减少生活用车次数:①减少　②不减少;

停车费为 12 元/小时,您是否会减少生活用车次数:①减少　②不减少;

停车费为 16 元/小时,您是否会减少生活用车次数:①减少　②不减少;

停车费为 20 元/小时,您是否会减少生活用车次数:①减少　②不减少;

三、对绿色出行的了解程度

Q31　您选择出行方式的主要考虑因素是:第一位:_____;第二位:____;第三位:_____

①安排行程的灵活程度(是否独立和自由);②舒适程度;③便利性(是否快捷和准时);④安全性;⑤费用;⑥环境保护;⑦锻炼身体;⑧其他_____

Q32　您认为机动车尾气排放影响到您的身体健康了吗?_____

1 没有影响　②影响很小　③影响很大

Q33　您是否会向身边的人提倡采用绿色出行方式(如步行/自行车/公共交通等)?_____

①是;②否

Q34　如果推广每月一天绿色出行日,提倡采用步行/自行车/公共交通通勤,您是否愿意参加?_____

①是;②否

四、个人与家庭情况

Q41　年龄_____①20 岁以下　②20—29 岁　③30—39 岁　④40—49

岁　⑤50—59 岁　⑥60 岁及以上

Q42　性别_____①男　②女

Q43　学历_____①初中及以下　②高中　③大学大专　④研究生及以上

Q44　职业类型_____①公务员　②教师及科研人员　③金融保险房地产、高科技公司　④工业企业　⑤商业餐饮　⑥专业技术人员(会计、律师、医生等)　⑦自由职业　⑧学生　⑨其他

Q45　您的家庭人口数为_____人;全职工作人口数为_____人;有学龄青少年(包括幼儿园)(_____)人?

Q46　您的家庭月总收入为_____①3000 元以下　②3000 元—4999 元　③5000 元—9999 元　④1 万元—1.5 万元　⑤1.5 万元—2 万元　⑥2 万元—3 万元　⑦3 万元以上

Q47　您现在居住住房产权是_____①已购房　②租房　③借住(由亲戚/朋友免费提供)④宿舍。您在现在居住的住房内已居住(_____年)?

为了保证调查的质量,我们可能会抽样回访,恳请您留下联系方式:先生/女士电话:

研究保证:您的上述信息仅作科学研究之用,并将给予严格的保密。谢谢您的合作!

附 件 四

城市绿色生活选择与偏好抽样调查问卷

<table>
<tr><td>研究保证:本次调查数据仅作科学
研究之用,并且给予严格的保密。</td><td>问卷编号:</td></tr>
</table>

城市绿色生活选择与偏好
抽样调查问卷

尊敬的女士/先生:

您好,非常感谢您在百忙之中接受我们的访问。本次调查希望了解居住在北京市的居民(16 周岁以上)对绿色生活的选择与偏好,您的回答将为我们对北京能源价格调整及节能产品推行提出改善建议提供重要参考,谢谢!

调查日期:2013 年   月   日   调查员: 调查时间   时   分至   时   分

被调查者居住地: (详细地址)

一、生活方式

Q1   您家庭平均每月电费支出是:

150 元以下;②50 元—115 元;③115 元—200 元;④200 元以上;⑤不知道

Q2   您认为现在电费开支水平如何:

1 比较低;②略低于一般;③一般;④略高于一般;⑤比较高

Q3　您平时生活中会注意节水节电吗?

1 会;　②偶尔会;　③不会;　④无所谓

Q4　您家庭所使用的电器有哪些,是否属于节能产品:

	家庭所使用的电器有哪些			是否属于节能产品	
	有(请标明几台)	已用几年	无	是	否
照明			—	(LED)	
冰箱					
空调					
电视					
微波炉					
洗衣机					
电磁炉					

Q5　您了解如何计算家电产品的耗电量和电费情况吗?

①会;　②粗略计算;　③不会

Q6　请问您家的空调是以下哪种(请多选)?

1 台:　2 台:　3 台及以上:

①直频空调;②变频空调;③壁挂式;④立柜式;

⑤高能效(1,2 级);　⑥低能效(3 级以下);　⑦不清楚

Q7　请问您家的空调使用时间是哪几个月:

夏季(　)月至(　)月,使用时间大概是每天(　)个小时;

冬季(　)月至(　)月,使用时间大概是每天(　)个小时。

Q8　请问您家的热水器是以下哪种?

①电热能热水器;　②燃气能热水器;　③太阳能热水器

Q9　请问您家暖气的情况:

①集中供暖;　②自采暖;　③无

二、电价变动对居民生活影响

(2012 年 7 月 1 日起,北京实行阶梯电价(以年为周期),每户家庭月均用

电在 240 度以内为 0.4883 元/度;月均用电量在 241—400 度,上涨 0.05 元/度;月均用电量为 400 度以上,上涨 0.3 元/度。)

Q10 如果居民电价上涨,你会注意节约用电吗?

①会;②基本保持原来的生活习惯,但会减少一些用电器的使用;③无所谓

Q11 电价对您用电量的影响:

1.如果电价涨 10%,您愿意降低多少用电量? 减少多少电器使用时间?

	10%	20%	30%	40%	50%以上
用电量					
空调(减少使用时间)					
热水器(减少使用时间)					
照明(减少使用时间)					

B.如果电价涨 20%,您愿意降低多少用电量? 减少多少电器使用时间?

	10%	20%	30%	40%	50%以上
用电量					
空调(减少使用时间)					
热水器(减少使用时间)					
照明(减少使用时间)					

C.如果电价涨 30%,您愿意降低多少用电量? 减少多少电器使用时间?

	10%	20%	30%	40%	50%以上
用电量					
空调(减少使用时间)					
热水器(减少使用时间)					
照明(减少使用时间)					

D.如果电价涨 40%,您愿意降低多少用电量? 减少多少电器使用时间?

	10%	20%	30%	40%	50%以上
用电量					
空调(减少使用时间)					
热水器(减少使用时间)					
照明(减少使用时间)					

E.如果电价涨 50%,您愿意降低多少用电量? 减少多少电器使用时间?

	10%	20%	30%	40%	50%以上
用电量					
空调(减少使用时间)					
热水器(减少使用时间)					
照明(减少使用时间)					

Q12　如果电价上涨,您会在购买家电时考虑耗电量,选择节能产品吗?

①会;　②不会

Q13　您在购买家电的时候,会计算购买高能效产品支付的成本与节省电费的情况吗?

①会;　②粗略计算;　③不会

Q14　现有电价水平下,您对于节能产品的购买意愿:

A.在现有电价水平下,您愿意多付 10%的价格用于购买节能产品吗?

①会;　②不会

B.在现有电价水平下,您愿意多付 20%的价格用于购买节能产品吗?

①会;　②不会

C.在现有电价水平下,您愿意多付 30%的价格用于购买节能产品吗?

①会;　②不会

D.在现有电价水平下,您愿意多付 40%的价格用于购买节能产品吗?

①会;　②不会

E.在现有电价水平下,您愿意多付 50%或以上的价格用于购买节能产品吗?

①会; ②不会

Q15 电价上涨,对您购买节能产品意愿的影响:

A.如果居民电价涨 10%,您愿意多支付普通产品的 (请选择)用于购买节能产品?

不会	10%	20%	30%	40%	50%及以上

B.如果居民电价涨 20%,您愿意多支付普通产品的用于购买节能产品?

不会	10%	20%	30%	40%	50%及以上

C.如果居民电价涨 30%,您愿意多支付普通产品的用于购买节能产品?

不会	10%	20%	30%	40%	50%及以上

D.如果居民电价涨 40%,您愿意多支付普通产品的用于购买节能产品?

不会	10%	20%	30%	40%	50%及以上

E.如果居民电价涨 50%及以上,您愿意多支付普通产品的用于购买节能产品?

不会	10%	20%	30%	40%	50%及以上

Q16 如果电价上涨,您认为节能补贴是否会对您购买节能产品有影响?

①非常; ②一般; ③很少; ④无所谓

Q17 节能补贴的补贴幅度为产品价格的 ,会促使您购买节能产品?

①10%以下; ②10%—20%; ③20%—30%; ④30%以上

三、低碳生活的了解程度

Q18　您认为低碳生活方式有哪些(可多选)？

①节约用电　②生活用水循环使用　③购买环保高能效产品　④使用低碳排放能源　⑤电器无人使用时关闭总电源　⑥出行选择公共交通工具　⑦其他

Q19　您认为低碳生活方式对低碳减排,改善环境有多大作用？

①很大；　②一般；　③很小；　④无所谓

Q20　您知道家电能效标识及耗电情况吗？

①清楚；　②一般；　③很少；　④无所谓

Q21　您在选择产品的时候会关注其节能与否吗？

①一定会；　②大多会；　③有时；　④基本不会

Q22　影响您选择节能家电的主要因素是(请排序)：_____

①价格；　②节能补贴；③性能；④节省用电；⑤环境保护；⑥其他_____

四、个人与家庭情况

Q23　年龄_____①20 岁以下　②20—29 岁　③30—39 岁　④40—49 岁　⑤50—59 岁　⑥60 岁以上

Q24　性别　①男　②女

Q25　学历_____①初中及以下　②高中　③大学大专　④研究生及以上

Q26　您的家庭人口(包括您及与您共住在您现住房内的所有家庭成员)数为_____人；

①是　②否_____有学龄前儿童；①是　②否_____有老人。

Q27　您的家庭月总收入为_____

①3000 元以下　②3000 元—4999 元　③5000 元—9999 元　④1 万元—1.5 万元　⑤1.5 万元—2 万元　⑥2 万元—3 万元　⑦3 万元以上

Q28　您现在居住住房面积为多少平方米_____,住房年代是_____

①60 平方米以下　②60—90 平方米　③90—110 平方米　④110—200

平方米　⑤200平方米以上

　　为了保证调查的质量,我们可能会抽样回访,恳请您留下联系方式:
先生/女士　电话:
　　研究保证:您的上述信息仅作科学研究之用,并将给予严格的保密。谢谢
您的合作!

附 件 五

"酷中国"项目——城市社区居民
低碳意识调查

亲爱的居民朋友:您好!

您可能已经通过媒体报道和切身体会感受到了全球气候变化引发的极端自然现象及其对人类生产生活甚至生命财产带来的恶劣影响。您可能已经了解到"少开一天车"、"少用一个塑料袋"这样的低碳行动可以为应对气候变化做出积极的贡献。

本调查由"酷中国——全民低碳行动计划"实施,旨在动员全民参与低碳行动,同时,为政府部门制定低碳发展战略提供科学依据。

您参与本次调查就是对全民低碳行动的重要贡献。您的个人信息是匿名提供,只为调查研究使用,所以请如实填写不用顾虑。您对每一个问题的真实想法对我们的调查研究非常重要。填写时请打√。谢谢您的支持!

1.您的性别　1)男　2)女

2.您的年龄　1)20 岁以下　2)21—35 岁　3)36—45 岁　4)46—59 岁 5)60 岁以上

3.您的学历　1)初中及以下　2)高中或中专　3)大学　4)研究生(硕士/博士)

4.您的家庭年收入　1)5 万及以下　2)6 万元—10 万元　3)11 万元—15 万元　4)16 万元—20 万元　5)21 万元—25 万元　6)26 万元以上

5.您的职业　1)政府机关人员　2)事业单位职员　3)企业职工　4)自

由职业者　5)学生　6)离退休　7)其他(自填)＿＿＿＿＿＿

6.您所在的城市名称＿＿＿＿＿＿　社区名称＿＿＿＿＿＿

7.您所在的地区,近年来是否有过以下极端气象?(可多选)

1)几十年一遇的暴雨　2)几十年一遇的暴雪　3)几十年一遇的洪水

4)几十年一遇的干旱　5)几十年一遇的狂风　6)没有过以上极端气象

7)其他(请写)＿＿＿＿＿＿

8."气候变化"指的是:(单选)

1)由人类活动直接或间接改变全球大气环境

2)气候随时间的任何变化,包括自然变化和人类活动的影响

3)天气的变化

4)不知道

9.气候变化可能带来各种全球环境问题,包括:(可多选)

1)地面平均气温上升

2)北极冰层溶化,被冰封十几万年的史前致命病毒复活,导致全球陷入疫症恐慌,人类生命受到严重威胁

3)海水受热膨胀,冰川溶解,海平面上升,淹没人类居住的部分岛屿、海滨

4)气候反常,海洋风暴增多

5)土地干旱,沙漠化面积增大　6)其他(请写)＿＿＿＿＿＿

10.您听说过以下哪些词汇?(可多选)

1)白色污染　2)温室效应　3)有机食品　4)碳中和　5)京都议定书

6)碳交易　7)联合国气候报告　8)哥本哈根气候会议

11.您理解的"低碳生活"是指:(可多选)

1)生活作息时所耗用的能量要尽力减少,从而降低温室气体(特别是二氧化碳)的排放量,减少对大气的污染

2)低能量、低消耗、低开支的生活方式,主要是从节电、节气和回收三个环节来改变生活细节

3)代表着更健康、更自然、更安全,返璞归真地去进行人与自然的活动

4)减少二氧化碳排放,选择"低碳生活",是每位地球公民应尽的责任

5)我不太了解"低碳生活"的含义

12.您认为下列哪些食品更"低碳"？（多选）

1)应季节食品　2)反季节食品　3)本地食品　4)外地食品

5)简包食品　6)精包装食品　7)温室蔬菜

13.您知道家电能效标识分为几级？（单选）

1)123 三级　2)1234 四级　3)12345 五级

4)123456 六级　5)不知道

14.您认为以下哪些"低碳生活"习惯相对更重要？（选择10项）

1)出门购物,尽量自己带环保袋,无论是免费或收费的塑料袋,都减少使用

2)旅游时自带喝水杯、牙具、拖鞋,减少使用一次性杯子、牙具和拖鞋

3)出门少开车,尽量多乘公共交通工具,或骑行或步行

4)尽量使用耐久性筷子、饭盒,避免使用一次性餐具

5)养成随手关闭电灯、电器电源的习惯,减少待机状态

6)尽量少用冰箱、空调,购买食品要适量,多使用电风扇

7)用淘米水洗碗、浇花,节约用水

8)尽量减少汽车后备箱中堆放杂物,降低汽车耗油量

9)少吃肉,因为肉食是排碳量极大的食品

10)少喝瓶装的水、饮料,减少运输和塑料垃圾

11)多在室内种植花草、植物,吸收人体排出的碳

12)少用白炽灯,多用节能灯

13)手机一旦充电完成,立即拔掉手机充电插头

14)使用电脑时,尽量使用低亮度,避免运行不必要的程序

15)使用传统的发条闹钟,替代电子闹钟

16)选择晾晒衣物,避免使用干衣机

17)在室外跑步代替在跑步机上跑步

18)冰箱存放食物量以占容积80%为宜,过多过少都费电,食品之间至少留10毫米空隙

19)少坐飞机,飞机从停机坪升到空中所排出的二氧化碳等于3600台汽

车的排放量

20)少买不必要的衣服。服装在生产、加工和运输过程中消耗大量的能源,同时产生废气、废水等污染物

15.您认为"低碳生活"对于保护地球、遏制气候变化重要吗?

1)非常重要　2)比较重要　3)一般　4)比较不重要　5)非常不重要

16.对于以下低碳生活行为,您是如何做的?

	1.总是	2.经常	3.有时	4.很少	5.从不
1)不浪费食物					
2)避免购买不必要物品					
3)自备耐久购物袋					
4)垃圾分类					
5)少吃肉					
6)废旧物品尽量再利用					
7)避免使用一次性物品					
8)随身携带水杯					
9)节约用水					
10)夏天空调温度不低于26度					
11)随手关灯					
12)购买节能型电器					
13)出行乘公共交通或自行车、步行					
14)低楼层不乘坐电梯					
15)尽量少开车出行					

17.您觉得低碳生活和行为给您带来了哪些影响?（影响最大的3项）

1)低碳生活使我对周围环境的爱心和责任感增强

2)低碳生活节省了开支

3)低碳生活显得寒酸,觉得没有面子

4)低碳生活使生活不方便,生活质量下降

5)购买节能产品增加了成本

6)使自己成为低碳一族,环保时尚,符合时代潮流

18.您愿意多花一些钱购买对环境有益的节能产品或绿色食品吗？

1)不愿意(选1直接跳至20题)　2)愿意(选2继续答19题)

19.您愿意多花多少钱购买对环境有益的节能产品或绿色食品？

1)不超过5%　2)5%—10%　3)11%—20%　4)21%—30%　5)31%—50%

20.您家现在拥有的低碳节能产品包括:(可多选)

1)节能冰箱　2)节水洗衣机　3)低能耗电视　4)节能空调　5)节能灶具

6)节能烟机　7)节能灯　8)节水龙头　9)节水马桶

10)太阳能热水器　11)新能源汽车或混合动力汽车　12)其他_____

21.购买各类家用产品时,您更关注以下哪些指标？（选最重要的3种）

1)生产商品牌与信誉　2)产品质量　3)产品价格　4)产品节能与环保性

5)厂商对环境保护的态度　6)其他_____

22.当您的行为、习惯与"低碳生活"发生冲突时,您会怎么做？（单选）

1)必须改变自己　2)尽量改变自己　3)不费事可以改变自己

4)想改变,但做不到　5)完全不想改变

23.您认为"低碳社区"的概念是？

1)社区能源消耗和二氧化碳的排放处于较低的水平　2)社区居民形成一种低碳生活理念和生活方式　3)节约和降低各种能源消耗,包括节水节电节约资源　4)倡导绿色交通　5)不清楚

24.您认为下列哪些"低碳化"改造对您居住的社区更重要？（选更重要的5个）

1)小区中水处理　2)雨水回收系统　3)绿化滴灌　4)太阳能照明

5)分户计量供暖　6)垃圾分类　7)自行车租赁　8)社区摆渡车

9)设立二手置换集市　10)网上物业管理系统

11)外墙保温及节能建材改造　12)楼内公共照明节能改造

13)其他_____

25.您认为低碳社区建设主要依靠哪些方面？（选择更重要的5个）

1)投入资金,实施社区低碳化改造　2)补贴居民家庭,保证节能产品入户

3)社区组织(如居委会)大力倡导,开展活动　4)政府低碳政策、法规的制定

5)居民自己养成低碳意识和行为　6)民间环保组织参与推广宣传

7)新闻媒体加大宣传力度　8)低碳产品确实能为居民节省经济开支

9)低碳行为成新时尚　10)中国传统的节俭习惯

26.您目前的"低碳"知识主要通过哪些途径获得?(选最主要的5个)

1)参加社区内开展的低碳活动　2)参加自己单位、学校开展的低碳活动

3)自己查阅书籍、宣传资料　4)亲朋好友、邻居之间的交谈

5)看电视　6)听广播　7)访问互联网站　8)看微博信息

9)户外广告(如公交站台、楼宇电梯广告牌)　10)参与本次调查是第一次知道低碳　11)其他_____

27.您认为,以下哪些方式更能帮助您理解气候变化问题和低碳行为?(选重要的5种)

1)听低碳讲座,有专业人士面对面讲解

2)阅读气候变化和低碳相关材料

3)看到媒体新闻里反映气候变化的严重性、可怕场面

4)看到媒体新闻里讲低碳行为的具体做法、感人故事

5)观看低碳主题的文艺演出

6)参观低碳主题的摄影展

7)看到户外的低碳公益广告或标语

8)收到倡导低碳行动的手机短信

9)成为民间低碳环保组织的成员,亲自组织低碳行动

10)通过微博等社交媒体跟很多人在线讨论低碳问题

11)亲身体验低碳行动,如少开一天车、熄灯一小时

12)亲自到受到气候变化影响的地方去看看

13)其他_____

28.您通过什么方式与他人交流气候变化、低碳问题?(选最经常的3种)

1)我会主动跟朋友聊气候变化、低碳问题

2)我不会主动跟人聊气候变化、低碳问题,但家人朋友聊起时,我会加入

3)我会通过微博、邮件、短信等方式转发气候变化、低碳有关的新闻

4)我是环保、低碳行动的志愿者或环保组织成员,向活动参加者宣讲或发资料

5)我不太了解低碳,因此很少跟他人分享相关信息

6)我了解一些低碳问题,但是认为没有必要与他人分享信息

7)其他

29.如果有机会,您会参加低碳传播活动吗?(可多选)

1)自己一定会参加 2)自己会参加,同时,建议身边的人参加

3)如果活动有吸引力,会参加 4)如果有时间,会参加

5)不会参加,工作太忙 6)不会参加,这样活动解决不了什么问题

30.您对以下判断的赞同程度是:

	1.非常赞同	2.比较赞同	3.一般	4.比较不赞同	5.非常不赞同
1)气候变化是全球问题,应该动员全世界的人行动					
2)中国低碳行动对缓解全球气候问题将做出重要贡献					
3)中国人口众多,碳排放总量高,更应该加速低碳行动					
4)中国人口众多,但人均碳排放低,应该要求其他人均排放高的国家加速低碳行动					
5)了解气候变化、参与低碳行动使我感觉自己更像有责任感的中国公民					
6)了解气候变化、参与低碳行动使我感觉自己更像有责任感的世界公民					
7)我是普通公民,贡献有限,但相信全球公民一起行动的力量					
8)我只是一个普通人,力量太有限了,全球低碳行动不缺我一个					

续表

	1.非常赞同	2.比较赞同	3.一般	4.比较不赞同	5.非常不赞同
9)气候变化导致的海平面上升严重威胁到了南太平洋岛国人民的生存。我不希望南太平洋岛国居民失去生存之地,愿意用低碳行动帮助他们					
10)南太平洋岛国距离中国太远了,我爱莫能助					

31.您如何评价自己的低碳意识?

1)非常强　2)比较强　3)一般　4)比较弱　5)非常弱

———————谢谢您参与本次调查———————

后　记

国家发展和改革委员会于 2012 年启动了《中国低碳发展宏观战略研究项目》，向社会招标了系列研究课题，其中包括《中国低碳发展公众参与战略研究》（课题编号：201315）。北京大学、中国经济体制改革研究会、中国传媒大学、中国国际民间组织合作促进会绿色出行基金会共同承担了该研究课题。为加强研究力量，课题还邀请中国人民大学、中国农业大学参加了本课题的研究工作。

本书是在《中国低碳发展公众参与战略研究》课题研究报告基础上形成的。前言由李国平执笔；第一章《低碳发展公众参与的缘起及概念内涵》和第二章《低碳发展公众参与的国际案例》由北京大学政府管理学院赵成根教授的研究团队完成，主要成员包括刘红岩、杨守涛、魏娜、方怡、田和璧和吴雪尧；第三章《低碳发展公众参与的现状基础》由中国农业大学经济管理学院刘丽副教授的研究团队完成，主要成员包括仇泸毅、龚洋冉、朱劭佳、尚纹如、董美玲、崔子贤、张芝毓和李皙宇，中国农业大学经管学院工商管理系 10 级、11 级和 12 级的部分同学参加了问卷调查；第四章《低碳发展公众参与的互动机理》由中国人民大学经济学院石敏俊教授的研究团队完成，主要成员为相楠和谌丽；第五章《低碳发展公众参与的总体目标、总体战略及战略重点》由北京大学政府管理学院李国平教授和孙铁山副教授的研究团队完成，主要成员包括陈曦、张杰斐、王帅、梁岩、侯韵、方晓晖、金航、刘红岩、席强敏、吴爱芝、赵浚竹、王志宝、原嫄和李楠；第六章《低碳发展公众参与的宣传、教育和培训》由国家应对气候变化战略研究和国际合作中心张志强副研究员和中国传媒大学鞠立新副教授的研究团队完成，主要成员包括徐庭娅、李玉洁、胡乐、王颖、肖羽、肖卓慧；第七章《低碳发展公众参与的政策设计》由中国经济体制改革研究会冯楚军高级研究员的研究团队完成，主要成员为赵迪；第八章《"酷中国——全民低碳行动"计划》由中国国际民间组织合作促进会绿色出行基金会费轶群高级研究员的研究团队完成，主要成员为张灵鸽。本书统稿工作主要由李国平、孙铁山、陈曦负责完成。

本书形成（课题研究）过程中始终得到《中国低碳发展宏观战略研究项目》专家组的专业指导和项目管理办公室的行政支持，相关专家在各主要环节（课题开题、中期评审、结题评审）都给出了中肯的指导意见。为完成本书的研究和写作工作，课题组先后多次到多个省区和城市进行调研、访谈和问卷调查，对给予调研、访谈、问卷调查工作以协助的相关机构、企业和个人表示衷心的感谢。

本书的出版得到了人民出版社姜玮女士的帮助，特此致谢。

本书是多家研究机构、数十位该领域专家学者和研究人员通力合作形成的专业性研究成果。但限于理论水平与实践经验，本书难免存在肤浅与不足之处，著者全员诚恳希望得到广大读者的批评指正。

李国平

2016 年 7 月 1 日

责任编辑:姜　玮

图书在版编目(CIP)数据

中国低碳发展公众参与战略研究/李国平 等 著. —北京:人民出版社,2017.4
(中国低碳发展宏观战略丛书/解振华,张勇 主编)
ISBN 978－7－01－016780－0

Ⅰ.①中…　Ⅱ.①李…　Ⅲ.①节能-经济发展-研究-中国　Ⅳ.①F124

中国版本图书馆 CIP 数据核字(2016)第 235603 号

中国低碳发展公众参与战略研究
ZHONGGUO DITAN FAZHAN GONGZHONG CANYU ZHANLÜE YANJIU

李国平 等　著

人民出版社 出版发行
(100706　北京市东城区隆福寺街 99 号)

北京汇林印务有限公司印刷　新华书店经销

2017 年 4 月第 1 版　2017 年 4 月北京第 1 次印刷
开本:710 毫米×1000 毫米 1/16　印张:20
字数:281 千字

ISBN 978－7－01－016780－0　定价:58.00 元

邮购地址 100706　北京市东城区隆福寺街 99 号
人民东方图书销售中心　电话 (010)65250042　65289539